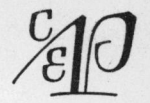

Sammlung
Poeschel
P 94

Michael Heinhold

Buchführung
in Fallbeispielen

Zweite, erweiterte und überarbeitete Auflage

C.E. Poeschel Verlag Stuttgart

CIP-Kurztitelaufnahme der Deutschen Bibliothek

Heinhold, Michael:
Buchführung in Fallbeispielen /
Michael Heinhold. – 2., erw. u. überarb. Aufl. – Stuttgart : Poeschel, 1984
   (Sammlung Poeschel ; P 94)
   ISBN 3-7910-9138-7

NE: GT

ISBN 3-7910-9138-7

© J.B. Metzlersche Verlagsbuchhandlung
und Carl Ernst Poeschel Verlag GmbH in Stuttgart 1984
Satz: Walter Huber, Ludwigsburg
Druck: Kaisser-Druck GmbH, 7335 Salach
Printed in Germany

Vorwort zur ersten Auflage

Das vorliegende Buch ist aus meinen Vorlesungs- und Übungsveranstaltungen an der Technischen Universität München hervorgegangen.

Es soll sich vor allem an Studenten wirtschaftswissenschaftlicher Fachrichtungen wenden.

Das Hauptargument, das letztlich zu dem didaktischen Konzept der Dreiteilung in Einführung, Aufgaben und Lösungen führte, wurde von Studenten vorgebracht, die an der Vielzahl von Buchführungslehrbüchern bemängelten, daß Aufgaben mit Musterlösungen entweder in zu knapper Form und isoliert im Lehrtext verstreut, oder aber am Ende eines Buches bzw. als gesonderter Band aus dem Sachzusammenhang herausgerissen werden.

Bei der Verfassung habe ich mir das Ziel gesteckt, den Aufbau des Buches entsprechend den Bedürfnissen des Lernenden nach unmittelbar nachfolgender Vertiefung des eben Gelernten anhand praktischer Beispielfälle zu gestalten.

Derjenige, der sich erstmals mit der Materie der kaufmännischen Buchführung befaßt, sollte nicht versäumen, zunächst die Lerneinheiten 1–8 in eben dieser Reihenfolge gründlichst zu studieren, denn hier wird das System der Doppik mit Bestands- und Erfolgsbuchungen, dem Zusammenhang von der Eröffnungsbilanz, über die Buchung auf den Konten bis zur Schlußbilanz hergeleitet. Auch die Lerneinheit 6 über die organisatorischen Grundlagen, Lerneinheit 7 über die Abgrenzung des Erfolgs in Betriebserfolg und neutralen Erfolg, sowie Lerneinheit 8 über Mehrwertsteuerbuchungen, gehören nach meiner Ansicht zum unentbehrlichen Grundlagenwissen.

Der weitere Stoff ist so aufbereitet, daß jede Lerneinheit eine eigenständige, vollständige und von anderen Lerneinheiten unabhängige Darstellung des jeweils besprochenen Problems gibt. Hierdurch wird ein gezieltes Nachschlagen isolierter Fragen erleichtert, ebenso wie ein individuelles Anpassen an Vorlesungsgliederungen ermöglicht wird.

Um den in jeder Lerneinheit besprochenen Problemkomplex weiter aufzuschlüsseln, sind zu Beginn jeder Einheit Lernziele formuliert.

Die Zusammensetzung und Gewichtung der Lehrinhalte in diesem Buch erfolgte nach eingehender Analyse von Studienplänen und Vorlesungsgliederungen an zahlreichen wirtschaftswissenschaftlichen Fachbereichen deutscher Universitäten.

Bamberg, Juni 1979 *Michael Heinhold*

Vorwort zur zweiten Auflage

Unter Beibehaltung des bewährten didaktischen Konzeptes der Dreiteilung in theoretische Einführung, praktische Fallbeispiele und Lösungen, wurde das Buch inhaltlich erweitert und aktualisiert. Insbesondere bei den Buchungen im Anlagevermögen schien mir eine Vertiefung und Ausweitung des gebotenen Stoffes wichtig zu sein. Dies erfolgt zum einen durch Hinzunahme einer neuen Lerneinheit 11 über Leasinggeschäfte, zum anderen durch Berücksichtigung zusätzlicher Anlagenbuchungen in Lerneinheit 10.

Die anderen Lerneinheiten wurden teilweise neu untergliedert und stofflich erweitert.

Wegen der neuen handelsrechtlichen Bilanzierungsvorschriften aufgrund der unmittelbar bevorstehenden Änderung des Handelsgesetzbuches, im folgenden jeweils als HGB-Entwurf (HGB-E) bezeichnet, war es erforderlich, den Buchhaltungsstoff aus rechtlicher Sicht zu aktualisieren. Das Buch berücksichtigt in vollem Umfang die neue Rechtslage. Aus diesem Grunde wurde auch der Anhang über Bilanzierungs- und Bewertungsvorschriften vollständig neu bearbeitet.

Wien und München, Juni 1984 *Michael Heinhold*

Inhaltsverzeichnis

Lerneinheit 1: Inventur und Inventar 1

(Tätigkeiten bei der Inventur / Gliederung und Erstellung des Inventars / Ermittlung des Reinvermögens [Eigenkapitals] / Berechnung des Periodenerfolgs durch Inventarvergleich)

Lerneinheit 2: Die Bilanz 7

(Unterschied zwischen Inventar und Bilanz / Grundform einer Bilanz / Die Bilanzgleichung / Bilanzveränderungen)

Lerneinheit 3: Konto, Buchungssatz und Abschluß von Bestandskonten 13

(Auflösung der Bilanz in Bestandskonten / Buchen auf Bestandskonten / Der Buchungssatz / Abschluß von Bestandskonten und Erstellen der Schlußbilanz)

Lerneinheit 4: Erfolgswirksame Buchungen 19

(Unterschied zwischen bestands- und erfolgswirksamen Vorfällen / Aufwendungen und Erträge / Aufwandskonten, Ertragskonten, das GuV-Konto / Gemischte Konten / nicht erfolgswirksame Eigenkapitalveränderungen [das Privatkonto])

Lerneinheit 5: Von der Eröffnungsbilanz zur Schlußbilanz .. 26

(Eröffnungsbilanzkonto und Schlußbilanzkonto / Unterschiede zwischen Bilanzkonto und Bilanz / Der Einfluß der Inventur auf die Bilanz / Buchungsablauf von der Eröffnung bis zum Abschluß)

Lerneinheit 6: Organisatorische Grundlagen des Buchens . 31

(Unterscheidung zwischen Grundbuch und Hauptbuch / Die wichtigsten Buchhaltungsformen / Durchschreibebuchführung / das amerikanische Journal / EDV-Buchführung / Außer-Haus-Buchführung / Vereinheitlichung der Kontenbezeichnungen durch Kontenrahmen / Branchenkontenrahmen)

Lerneinheit 7: Die sachliche Abgrenzung 44

(Betriebserfolg, Kosten und Leistung / neutraler Erfolg / Abgrenzungssammelkonto und Betriebsergebniskonto)

Lerneinheit 8: Buchungen mit Mehrwertsteuer 49

(steuerpflichtige Umsätze / Mehrwertsteuer und Vorsteuer / Bruttoverfahren und Nettoverfahren)

Lerneinheit 9: Einzelprobleme der Verbuchung des Warenverkehrs 57

(Bezugskosten und Vertriebskosten / nachträgliche Preisnachlässe [Boni / Skonti] / Rabatte / private Warenentnahme / Brutto- und Nettoabschluß der Warenkonten)

Lerneinheit 10: Anschaffung, Herstellung, Abschreibung und Verkauf von Anlagegütern 67

(Aktivierung von Anschaffungs- und Anschaffungsnebenkosten / selbsterstellte Anlagen / Erhaltungsaufwand und Herstellungsaufwand / Anzahlungen auf Anlagen / direkte und indirekte Abschreibung / lineare und degressive Abschreibung / geringwertige Wirtschaftsgüter / Verkauf abgeschriebener Anlagen)

Lerneinheit 11: Leasing von Anlagegütern 76

(Zurechnung des Leasingguts zum Leasinggeber oder Leasingnehmer / Operate Leasing / Finanzierungsleasing / Aktivierung der Anschaffungskosten / Aufteilung der Leasingraten in Aufwands- und Tilgungsteil / Abschreibungen / umsatzsteuerliche Behandlung)

Lerneinheit 12: Abschreibung und Wertberichtigung von Forderungen 84

(Arten von Forderungen / MwSt-Korrektur bei der Abschreibung / direkte/indirekte – Einzel-/Pauschalabschreibung / Zahlungseingang auf abgeschriebene Forderungen)

Lerneinheit 13: Lohn- und Gehaltsbuchungen 93

(Brutto- und Nettolöhne und -gehälter / einfache Lohnbuchungen / Lohnvorschüsse / Arbeitnehmer-Warenentnahmen / Vermögenswirksame Leistungen)

Lerneinheit 14: Besondere Probleme der Industriebuchführung: Materialverbrauch und Produktion auf Lager 98

(Verbrauch von Roh-, Hilfs- und Betriebsstoffen / Buchhalterische Probleme bei der industriellen Produktion: Lagerproduktion / Das Gesamtkostenverfahren / Das Umsatzkostenverfahren)

Lerneinheit 15: Die kalkulatorischen Kosten 107

(Das Wesen der kalkulatorischen Kosten als erfolgsneutrale Kosten / Arten der kalkulatorischen Kosten und ihre Verbuchung / kalkulatorische Kosten in der Praxis)

Lerneinheit 16: Buchungen beim Wechselverkehr 115

(Der Wechsel als Zahlungsmittel / Das Buchen von Wechselschuld und Wechselforderung / Diskont und Spesen / Die Verwendung des Wechsels / Wechselprolongation / Wechselprotest)

Inhalt

Lerneinheit 17: Zeitliche Abgrenzung und Rückstellungen 125
(Das Wesen der Rechnungsabgrenzungsposten / transitorische Posten / antizipative Posten – sonstige Forderungen und sonstige Verbindlichkeiten / Damnum / Rückstellungen)

Lerneinheit 18: Die Buchung von Steuern 133
(aktivierungspflichtige Steuern / Kostensteuern / Steuern als neutraler Aufwand / Durchlaufsteuern / Privatsteuern)

Lerneinheit 19: Wertpapier- und Devisenbuchungen 137
(Arten von Wertpapieren und zugehörige Konten / Kauf und Verkauf von Dividendenpapieren / Kauf und Verkauf von Zinspapieren / Devisenbuchungen)

Lerneinheit 20: Metageschäfte und Kommissionsgeschäfte 146
(Das Wesen des Metageschäfts / Buchung von Metageschäften / Die Einkaufskommission und ihre Verbuchung / Die Verkaufskommission und ihre Verbuchung)

Lerneinheit 21: Die Hauptabschlußübersicht 158
(Zweck und Form / Die Bedeutung der einzelnen Spalten)

Lerneinheit 22: Die Verbuchung des Erfolgs bei Unternehmen verschiedener Rechtsformen 166
(Die buchungstechnische Behandlung des Erfolgs bei Einzelunternehmen / Die stille Gesellschaft / Gewinn- und Verlustverteilung bei der OHG / Die Gewinnverteilungstabelle / Besonderheiten bei der Kommanditgesellschaft [KG] / Gewinnverwendung und Gewinnverteilung bei der AG und GmbH)

Anhang 1: Die kaufmännischen Grundsätze ordnungsmäßiger Buchführung und Bilanzierung 175

Anhang 2: Bilanzierungs- und Bewertungsvorschriften für die Handels- und Steuerbilanz in übersichtlicher Gesamtdarstellung 178

Anhang 3: Gesetzestexte zur Buchführung und Bilanzierung 187

Anhang 4: Branchenkontenrahmen 206

Literaturverzeichnis 209

Stichwortverzeichnis 210

Angaben zum Autor 221

Lerneinheit 1: Inventur und Inventar

Lernziele

- *Tätigkeiten bei der Inventur*
- *Gliederung und Erstellung des Inventars*
- *Ermittlung des Reinvermögens (Eigenkapitals) aus dem Inventar*
- *Berechnung des Periodenerfolgs durch Vergleich zweier Inventare.*

Einführung

In § 39 HGB wird gefordert, daß jeder Kaufmann am Ende eines Wirtschaftsjahres sein Vermögen und seine Schulden feststellen muß. Die hierzu erforderliche Tätigkeit heißt **Inventur.** Bei allen körperlichen Vermögensgegenständen ist eine **körperliche Bestandsaufnahme** erforderlich. Die vorhandenen Wirtschaftsgüter werden ihrer Menge nach ermittelt durch Messen, Zählen oder Wiegen. Die festgestellten mengenmäßigen Bestände sind in DM zu bewerten.

Bei Forderungen und bei Schulden erfolgt eine **wertmäßige Bestandsaufnahme.** Grundsätzlich ist jeder Vermögensgegenstand und jede Schuld einzeln zu erfassen und zu bewerten (Grundsatz der Einzelbewertung). Lediglich bei gleichartigen Gegenständen sind Sammelbewertungen handelsrechtlich und steuerrechtlich erlaubt (z. B. Anzahl der gelagerten Bierflaschen × durchschnittlicher Flaschenpreis bei Brauereien).

Bei der Inventur müssen alle Gegenstände, die zum Unternehmen gehören, erfaßt werden, auch wenn diese sehr alt sind und ihnen nur noch geringer Wert zuzuschreiben ist (z. B. abgeschriebene Maschinen).

Die Inventur, also die Tätigkeit der Bestandsaufnahme, schlägt sich in einem Verzeichnis, dem **Inventar,** nieder. Im Inventar sind alle Vermögensgegenstände und alle Schulden nach ihrer Art, ihrer Menge und ihrem Wert genau und einzeln aufgeführt.

Das Inventar besteht immer aus den drei folgenden Bestandteilen:

A. Vermögen
B. Schulden
C. Reinvermögen = Eigenkapital (= Vermögen − Schulden).

Die Vermögenswerte im Inventar sind nach zunehmender Liquidität geordnet. Es beginnt mit dem Anlagevermögen (Grundstücke, Gebäude, Maschinen), es folgt das Sachumlaufvermögen (Vorräte, Rohstoffe, Hilfsstoffe, Betriebsstoffe), abschließend das Finanzumlaufvermögen (z. B. Forderungen, Bankguthaben, Bargeld). Die Schulden sind nach der Fälligkeit in langfristige und kurzfristige Schulden zu unterteilen.

Aus dem Vergleich der Inventare zweier Geschäftsjahre läßt sich der **Jahreserfolg** berechnen:

Reinvermögen am Ende des Wirtschaftsjahres
./. Reinvermögen zu Beginn des Wirtschaftsjahres
+ Entnahmen des Unternehmers
./. Einlagen des Unternehmers
= Jahreserfolg

Da sog. Privatentnahmen und Einlagen des Unternehmers zwar das Reinvermögen mindern oder erhöhen, aber mit dem vom Unternehmen erwirtschafteten Erfolg nichts zu tun haben, müssen sie hier entsprechend berücksichtigt werden.

Aufgaben

Der Stuhlfabrikant Anton S. ermittelte bei der Inventur zum 31.12. 19.. die folgenden Bestände. Erstellen Sie aus seinen Aufzeichnungen ein Inventar gemäß § 39 HGB und ermitteln Sie den Jahreserfolg. Das Reinvermögen (Eigenkapital) des Vorjahres betrug DM 421.500,−. Der Unternehmer hat sich im August des Geschäftsjahres ein neues Privatauto für DM 20.000,− gekauft, das er mit Firmengeldern bezahlt hat (= Entnahme). Sein altes Privatauto, den Mercedes 280, M−ZZ 991, hat er der Firma als Firmenwagen überlassen (= Einlage). Wert DM 15.000,−.

Bestandsliste:
Schreibtischdrehstuhl, 5beinig Mod. Luxe, 100 Stück je DM 240,−
dto., Modell Standard, 250 Stück je DM 150,−
Stahlrohr Stapelstuhl, Mod. »Konferenz«, 300 Stück je DM 100,−
Einfach-Holzstuhl, ohne Polster, 200 Stück je DM 20,−
dto., mit Polster, 200 Stück je DM 35,−
Schreibtischstuhl Mod. »Chef«,

LE 1: Inventur und Inventar

Holz mit Armlehne und Sitzpolster, 100 Stück je DM 50,–
Sperrholz, 25 mm, 1000 qm je DM 25,–
dto., 20 mm, 1500 qm je DM 20,–
Rundholz, ⌀ 80 mm, 800 m je DM 1,–
dto. ⌀ 40 mm, 500 m je DM 0,80
Bretter, Fichte, 250 × 30 mm, 200 qm, je DM 6,–
Stahlrohr, verchromt, ⌀ 20 mm, 800 m, je DM 4,–
Bezugsstoff, 100 Ballen, je DM 200,–
Schaumstoff, Qualität I, 300 kg, je DM 5,–
Schaumstoff, Qualität II, 400 kg, je DM 3,–
Leim, 300 kg je DM 4,–
Holzlackfarbe, hochglänzend, DM 8,– je kg: weiß 200 kg, schwarz 50 kg, rot 80 kg
Holzlackfarbe, matt, DM 10,– je kg: weiß 200 kg, rot 50 kg, grün 150 kg
sonstige Kleinteile (Nägel, Schrauben usw.) DM 1.200,–
1 Hobelmaschine, Mod. X 3, DM 12.500,–
1 dto., DM 13.000,–
1 dto., DM 8.000,–
1 Kreissäge, Mod. Standard 50, DM 12.000,–
1 dto., DM 8.000,–
1 Rohrbiegegerät, DM 1.000,–
4 Lackspritzapparaturen, Airless, neu, je DM 1.500,–
sonstige Werkstattausstattung (Werkbänke, Schränke, Werkzeug usw. lt. beiliegender Liste) DM 25.000,–
Geschäftsgrundstück mit Werkhalle, München, Seestr. 12, DM 100.000,–
Geschäftsgrundstück mit Lagerhalle, München, Baumallee 17, DM 50.000,–
Ausstellungsräume, Stuttgart, Ringstr. 13, DM 60.000,–
1 Lieferwagen, Ford Transit, (M–KK 17), DM 20.000,–
1 VW-Kastenwagen, (M–KI 1307), DM 6.000,–
1 dto. (M–A 1227), DM 8.000,–
1 LKW, Mercedes (M–YZ 1007), DM 30.000,–
1 PKW Mercedes 280 SE, (M–ZZ 991), DM 15.000,–
1 Kugelkopfschreibmaschine, DM 3.000,–
1 dto., DM 4.500,–
1 Fakturiermaschine, Modell Rapid, DM 4.000,–
1 Elektronische Tischrechenmaschine, DM 3.000,–
sonstige Büroausstattung (Schreibtische, Schränke usw. lt. beiliegender Liste), DM 15.000,–
Bankguthaben bei A-Bank, Kto-Nr. 210100, DM 25.000,–
dto. B-Bank, Kto-Nr. 100/17, DM 8.000,–
Postscheckguthaben, PA München, Kto-Nr. 111 111-800, DM 4.300,–
Kassenbestand, DM 2.100,–
Hypothekenschulden bei Hypobank AG, DM 80.000,–
Darlehensschuld bei A-Bank, DM 120.000,–
Verbindlichkeiten gegen Lieferanten:
Müller KG DM 18.000,–, Großeinkaufs-GmbH DM 15.000,–, Holzkontor OHG DM 25.000,–, Bürobedarfs-GmbH DM 55.000,–

Forderungen gegen Kunden: Hotelausstattungs-GmbH DM 20.000,–,
Möbelgroßhandels-KG DM 30.000,–, Fa. Mayer OHG DM 80.000,–,
Fa. Berger GmbH DM 50.000,–.
Wechselschulden: Bayer. Sägemaschinen AG, DM 8.000,–, Fa. Müller
DM 4.000,–

Lösungen

Inventar der Firma Anton S. zum 31.12. 19 . .

A) Vermögensteile

	DM	DM
I. Anlagevermögen		
1. *Grundstücke und Gebäude*		
Geschäftshaus in München, Seestr. 12	100.000,–	
Lagerhalle in München, Baumallee 17	50.000,–	
Ausstellungshalle, Stuttgart, Ringstr. 13	60.000,–	210.000,–
2. *Maschinen*		
1 Hobelmaschine, Mod. X3	12.500,–	
1 dto.	13.000,–	
1 dto.	8.000,–	
1 Kreissäge, Mod. Std. 50	12.000,–	
1 dto.	8.000,–	
1 Rohrbiegegerät	1.000,–	
4 Lackspritzgeräte, Airless, neu, je 1.500,–	6.000,–	60.500,–
3. *Fuhrpark*		
1 LKW, Ford Transit, M–KK 17	20.000,–	
1 LKW, VW Kasten, M–KI 1307	6.000,–	
1 dto., M–A 1227	8.000,–	
1 LKW, Mercedes, M–YZ 1007	30.000,–	
1 PKW, Mercedes 280, M–ZZ 991	15.000,–	79.000,–
4. *Geschäftsausstattung*		
1 Schreibmaschine, Modell Kugelkopf	3.000,–	
1 dto.	4.500,–	
1 Fakturiermaschine, Modell Rapid	4.000,–	
1 elektron. Tischrechner	3.000,–	
sonstige Betriebs- und Geschäftsausstattung lt. beigefügter Einzelaufstellung (fehlt hier)	15.000,–	
Werkstattausstattung, lt. beigefügter Einzelaufstellung (fehlt hier)	25.000,–	54.500,–
Summe: Anlagevermögen		*404.000,–*
II. Umlaufvermögen		
1. *Fertige Erzeugnisse und Waren*		
100 Stück Drehstuhl, Mod. »Luxe«, je 240,–	24.000,–	
250 Stück dto., Mod. Standard, je 150,–	37.500,–	

LE 1: Inventur und Inventar

300 Stück Stapelstuhl, »Konferenz« je 100,–	30.000,–	
200 Stück Holzstuhl, o. Polster, je 20,–	4.000,–	
200 Stück dto., m. Polster, je 35,–	7.000,–	
100 Stück Schreibtischstuhl »Chef« je 50,–	5.000,–	107.500,–

2. Rohstoffe

1000 qm Sperrholzplatten, 25 mm, je 25,–	25.000,–	
1500 qm dto., 20 mm, je 20,–	30.000,–	
800 lfm. Rundholz ⌀ 80 mm, je 1,–	800,–	
500 lfm. dto. ⌀ 40 mm, je 0,80	400,–	
200 qm Bretter, Fichte, 250 × 30 mm je 6,–	1.200,–	
800 lfm. Stahlrohr, verchromt, ⌀ 20 mm, je 4,–	3.200,–	
100 Ballen, Bezugsstoffe, versch. Farben, je 200,–	20.000,–	
300 kg Schaumstoff, Qual. I, je 5,–	1.500,–	
400 kg dto., Qual. II, je 3,–	1.200,–	83.300,–

3. Hilfs- und Betriebsstoffe

300 kg Leim, je 4,–	1.200,–	
330 kg versch. Farben, hochglänzend, je 8,–	2.640,–	
400 kg dto., matt, je 10,–	4.000,–	
Kleinteile (Schrauben, Nägel etc.)	1.200,–	9.040,–

4. Forderungen aus Lieferungen und Leistungen

Hotelausstattungs-GmbH	20.000,–	
Möbelgroßhandels KG	30.000,–	
Fa. Maier OHG	80.000,–	
Fa. Berger GmbH	50.000,–	180.000,–

5. Bankguthaben

A-Bank, Kto. Nr. 210100	25.000,–	
B-Bank, Kto. Nr. 100/17	8.000,–	
Postscheck, München, Kto-Nr. 111111–800	4.300,–	37.300,–

6. Bargeld	2.100,–
Summe: Umlaufvermögen	419.240,–
Summe der Vermögensteile	823.240,–

B) Schulden

	DM	DM
I. Langfristige Schulden		
1. Hypothek, Hypobank-AG	80.000,–	
2. langfristiges Darlehen bei A-Bank	120.000,–	200.000,–

II. Kurzfristige Schulden

1. Lieferantenschulden

Müller KG	18.000,–	
Großeinkaufs-GmbH	15.000,–	
Holzkontor OHG	25.000,–	
Bürobedarfs-GmbH	55.000,–	113.000,–

2. Wechselschulden (Akzepte)
Akzept an Sägemaschinen AG	8.000,–	
Akzept an Fa. Müller KG	4.000,–	12.000,–

Summe der Schulden 325.000,–

C) Ermittlung des Reinvermögens DM

Summe der Vermögensteile 823.240,–
∕. Summe der Schulden 325.000,–

= Reinvermögen (Eigenkapital) 498.240,–

Die Ermittlung des Jahreserfolgs

Reinvermögen am Jahresende	+	DM 498.240,–
∕. Reinvermögen zu Jahresbeginn	–	DM 421.500,–
+ Entnahmen	+	DM 20.000,–
∕. Einlagen	–	DM 15.000,–
Jahreserfolg (Gewinn)		DM 81.740,–

Lerneinheit 2: Die Bilanz

Lernziele

- *Unterschied zwischen Inventar und Bilanz*
- *Grundform einer Bilanz*
- *Bilanzgleichung*
- *Bilanzveränderungen*

Einführung

Da im **Inventar** alle Vermögenswerte und Schulden einzeln aufgezeichnet werden müssen, ist es sehr umfangreich und unübersichtlich. Der Gesetzgeber hat deshalb noch eine kürzer gefaßte Zusammenstellung vorgeschrieben, die Bilanz.

Die Bilanz unterscheidet sich vom Inventar formal und inhaltlich:

	Inventar	Bilanz
formale Unterschiede	*sog. Staffelform:* die einzelnen Positionen erscheinen untereinander	*sog. Kontoform:* Gegenüberstellung von Vermögen auf der linken Seite und Schulden sowie Eigenkapital auf der rechten Seite
inhaltliche Unterschiede	enthält Mengenangaben und Wertangaben jeder Vermögensgegenstand und jede Schuld wird einzeln angeführt	enthält nur Wertangaben gleichartige Positionen werden zu Gruppen zusammengefaßt (z. B. Grundstücke, Fuhrpark, Maschinen usw.)

Die Bilanz ist also eine verkürzte Form des Inventars. Sie besteht aus zwei Seiten:

Die Aktivseite zeigt an, welche Vermögenswerte im Unternehmen vorhanden sind. Wie im Inventar ist die Aktivseite nach steigender Liquidierbarkeit der Vermögensteile gegliedert.

Die Passivseite gibt Auskunft über die Herkunft der investierten Mittel. Sie enthält deshalb das Eigenkapital und das Fremdkapital.

Grundform einer Bilanz

Aktiva (= Mittelverwendung)	Passiva (= Mittelherkunft)

Anlagevermögen
Sachanlagen
z. B. Grundstücke
     Gebäude
     Maschinen
Finanzanlagen
z. B. Beteiligungen
     Wertpapiere d. AV
     langfristige Darlehen
immaterielle Anlagen
z. B. Rechte
     Patente
     Lizenzen
 	
Umlaufvermögen
Vorräte
z. B. Roh-, Hilfs- und
     Betriebsstoffe
     fertige und unfertige
     Erzeugnisse
     Waren
Finanzumlaufvermögen
z. B. Forderungen an Kunden
     sonstige Forderungen
     Besitzwechsel
     Bankguthaben, Bargeld
	Eigenkapital
	z. B. gezeichnetes Kapital
	     Rücklagen
	     Gewinn-/Verlustvortrag
	     Jahresüberschuß/Jahres-
	     fehlbetrag
	
	Fremdkapital
	langfristig
	z. B. Anleihen
	     Hypotheken
	     langfristige Verbindlichkeiten
	kurzfristig
	z. B. Verbindlichkeiten aus
	     Lieferungen
	     Bankschulden
	     Schuldwechsel
	     sonstige Verbindlichkeiten

Da sich das Eigenkapital als Differenz zwischen Vermögen und Schulden berechnet, gilt immer:

Summe aller Aktiva = Summe aller Passiva.

Diese sog. Bilanzgleichung kann nie durchbrochen werden. Sie ist das wesentliche Merkmal des Systems der doppelten Buchführung.

LE 2: Bilanz

Bilanzveränderungen durch Geschäftsvorfälle:

Jeder Geschäftsvorfall führt zur Veränderung der Bilanz. Gleichgültig, wie kompliziert ein Geschäftsvorfall sein mag, es kann sich nur einer der vier möglichen Veränderungstypen einer Bilanz ergeben:

Aktivtausch
  Ein (oder mehrere) Aktivposten nimmt zu, gleichzeitig nimmt ein anderer (oder mehrere andere) Aktivposten ab.
  Beispiel: Barabhebung vom Bankkonto.

Passivtausch
  Ein (oder mehrere) Passivposten nimmt zu, gleichzeitig nimmt ein anderer (oder mehrere andere) Passivposten ab.
  Beispiel: Ein Gläubiger wird als Gesellschafter aufgenommen, so daß aus Fremdkapital Eigenkapital wird.

Bilanzverlängerung
  (sog. Aktiv-Passiv-Mehrung): Durch den Geschäftsvorfall nehmen sowohl ein (oder mehrere) Aktivposten als auch ein (oder mehrere) Passivposten zu.
  Beispiel: Wareneinkauf auf Ziel (d.h. auf Kredit).

Bilanzverkürzung
  (sog. Aktiv-Passiv-Minderung): Sowohl auf der Aktiv- als auch auf der Passivseite nimmt ein (oder mehrere) Posten ab.
  Beispiel: Barrückzahlung einer Schuld.

Aufgaben

Leiten Sie aus dem Inventar von Lerneinheit 1 die Bilanz ab.
Während des Geschäftsjahres finden die nachfolgenden Geschäftsvorfälle statt.
Geben Sie jeweils an, um welche Art von Bilanzveränderung es sich hierbei handelt.

1. Barverkauf von Waren (DM 25.000,–)
2. Eine Lieferantenschuld wird in ein langfristiges Darlehen umgewandelt (DM 10.000,–)
3. Wir begleichen eine Lieferantenschuld per Bankscheck (DM 5.000,–)
4. Zielkauf von Rohstoffen (DM 10.000,–)
5. Ein Kunde zahlt seine Schulden: bar DM 20.000,–, per Bankscheck DM 10.000,–

6. Wir eröffnen ein neues Postscheckkonto und überweisen hierauf von unserem Bankkonto DM 10.000,–
7. Ein Kunde sendet Waren zurück, da sie erhebliche Qualitätsmängel aufweisen (DM 5.000,–)
8. Wir kaufen aus Spekulationsgründen 100 Aktien zum Kurs von DM 80,– an der Börse. Unsere Bank wickelt diese Transaktion für uns ab.
9. Der Unternehmer entnimmt aus der Firmenkasse DM 4.000,– zu privaten Zwecken.
10. Wir heben vom Bankkonto DM 10.000,– ab.
11. Ein Grundstück wird gekauft, Kaufpreis DM 200.000,–, wir bezahlen per Bankscheck DM 80.000,–, bar DM 10.000,–, und DM 110.000,– decken wir durch Hypothekenaufnahme.
12. Kauf eines neuen LKW für DM 100.000,–. Ein alter LKW, der mit DM 30.000,– zu Buche steht, wird in Zahlung gegeben, die Differenz überweisen wir von unserem Bankkonto.
13. Der Unternehmer bringt ein Grundstück in das Unternehmen ein. Der Wert des Grundstückes beträgt DM 80.000,–, es ist jedoch mit einer Hypothek von DM 30.000,– belastet.
14. Ein Lieferwagen, der mit DM 8.000,– zu Buche steht, wird zum Buchwert verkauft. Der Käufer zahlt per Bankscheck.

Lösungen

Aus dem Inventar von S. 4 leitet sich folgende Bilanz ab:

Bilanz
der Fa. Anton S.
zum 31. 12. 19 ...

Aktiva		Passiva	
I. Anlagevermögen		I. Eigenkapital	498 240,–
Grundstücke und Gebäude	210 000,–	II. Langfristiges Fremdkapital	
Maschinen	60 500,–	Hypotheken	80 000,–
Fuhrpark	79 000,–	Darlehen	120 000,–
Betriebs- und Geschäftsausstattung	54 500,–		

LE 2: Bilanz   11

Bilanz
der Fa. Anton S.
zum 31. 12. 19 ...
(Fortsetzung)

Aktiva   Passiva

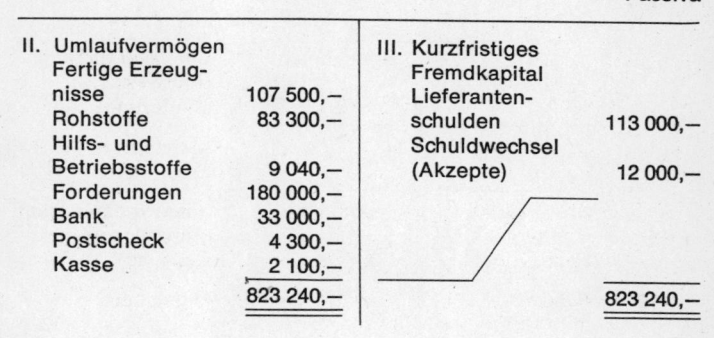

II. Umlaufvermögen		III. Kurzfristiges Fremdkapital	
Fertige Erzeugnisse	107 500,–	Lieferantenschulden	113 000,–
Rohstoffe	83 300,–	Schuldwechsel (Akzepte)	12 000,–
Hilfs- und Betriebsstoffe	9 040,–		
Forderungen	180 000,–		
Bank	33 000,–		
Postscheck	4 300,–		
Kasse	2 100,–		
	823 240,–		**823 240,–**

Die Bilanzveränderungen, die aus den Geschäftsvorfällen resultieren, zeigt folgende Übersicht:

Gesch.-Vorfall	Bilanzveränderungstyp		
1	Waren – Kasse +		Aktivtausch
2		Darlehen + Lieferer –	Passivtausch
3	Bank –	Lieferer –	Bilanzverkürzung (Aktiv-Passiv-Minderung)
4	Rohstoffe +	Lieferer +	Bilanzverlängerung (Aktiv-Passiv-Mehrung)
5	Bank + Kasse + Forderungen –		Aktivtausch
6	Bank – Postscheck +		Aktivtausch
7	Waren + Forderungen –		Aktivtausch

Gesch.-Vorfall	Bilanzveränderungstyp		
8	Wertpapiere + Bank −		Aktivtausch
9	Kasse −	Eigenkapital −	Bilanzverkürzung (Aktiv-Passiv-Minderung)
10	Bank − Kasse +		Aktivtausch
11	Grundstücke + Bank − Kasse −	Hypotheken +	Bilanzverlängerung (Aktiv-Passiv-Mehrung)
12	Fuhrpark + Fuhrpark − Bank −		Aktivtausch
13	Grundstücke +	Eigenkapital + Hypothek +	Bilanzverlängerung (Aktiv-Passiv-Mehrung)
14	Fuhrpark − Bank +		Aktivtausch

Lerneinheit 3: Konto, Buchungssatz und Abschluß von Bestandskonten

Lernziele

- *Auflösung der Bilanz in Bestandskonten*
- *Buchen auf Bestandskonten*
- *Abschluß von Bestandskonten und Erstellen der Schlußbilanz*
- *Buchungssatz*

Einführung

Es wäre zu umständlich, wenn man nach jedem Geschäftsvorfall eine neue Bilanz erstellen müßte. Man sammelt deshalb die Veränderungen der einzelnen Bilanzposten gesondert auf den Konten. Jede Bilanzposition erhält ein eigenes **Konto.** Man kann ein Konto praktisch wie eine eigene Bilanz für eine bestimmte Position auffassen. Je nachdem, ob das Konto für einen Passiv- oder einen Aktivposten eingerichtet wird, unterscheidet man Passiv- und Aktivkonten.

Die Anfangsbestände werden in den Konten auf dieselbe Seite geschrieben wie in der Bilanz.

Ebenso wie die Bilanz ist das Konto eine zweiseitige Rechnung. Die linke Seite heißt Soll, die rechte Seite heißt Haben.

Eine Eintragung (Buchung) auf der linken Seite heißt **Sollbuchung** oder Lastschrift, eine Eintragung auf der rechten Seite heißt **Habenbuchung** oder Gutschrift.

Anfangsbestand und Zugänge werden jeweils auf einer Seite gebucht, Abgänge und Endbestand auf der anderen Seite.

Beim **Aktivkonto** stehen
  im Soll: Anfangsbestand und Zugang,
  im Haben: Abgang und Endbestand.

Beim **Passivkonto** stehen
  im Haben: Anfangsbestand und Zugang,
  im Soll: Abgang und Endbestand.

Die Ermittlung des Endbestandes heißt Saldieren. Man berechnet den **Saldo (Endbestand),** indem man die kleinere Kontoseite

LE 3: Konto, Buchungssatz und Abschluß von Bestandskonten

von der größeren substrahiert und die Differenz (den Saldo) auf die kleinere Seite schreibt. Hierdurch wird das Konto abgeschlossen. Auf diese Weise gilt im abgeschlossenen Konto immer:
Soll = Haben.

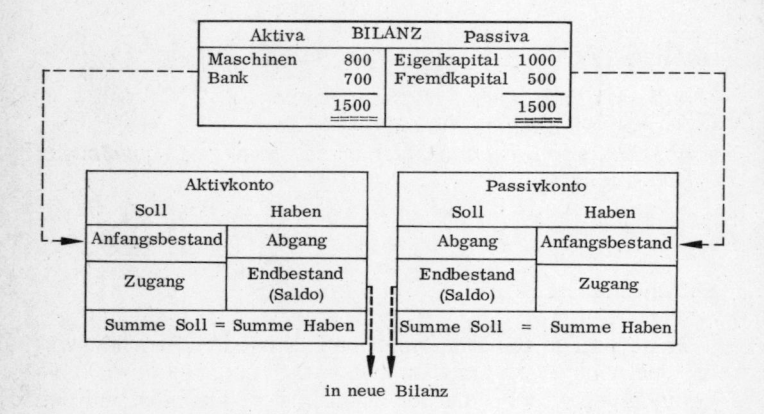

	Aktiva	BILANZ	Passiva	
	Maschinen	800	Eigenkapital	1000
	Bank	700	Fremdkapital	500
		1500		1500

Aktivkonto		Passivkonto	
Soll	Haben	Soll	Haben
Anfangsbestand	Abgang	Abgang	Anfangsbestand
Zugang	Endbestand (Saldo)	Endbestand (Saldo)	Zugang
Summe Soll = Summe Haben		Summe Soll = Summe Haben	

in neue Bilanz

Da von jedem Geschäftsvorfall mindestens zwei Bilanzpositionen betroffen sind, werden zur Buchung mindestens zwei Konten benötigt.

Beispiel: Eine Verbindlichkeit von DM 5.000,– wird bar zurückbezahlt. Der Kassenbestand beträgt DM 20.000,–. Die Schulden des Unternehmens belaufen sich auf DM 80.000,–.

Soll	Kassekonto		Haben
Anf. best.	20.000	Abgang	5.000
		Endbest. (Saldo)	15.000
	20.000		20.000

Soll	Konto Verbindlichkeiten		Haben
Abgang	5.000	Anf. best.	80.000
Endbest. (Saldo)	75.000		
	80.000		80.000

Es gilt also der Grundsatz:

Keine Buchung ohne Gegenbuchung in gleicher Höhe

Die Gegenbuchung bei der Eintragung des Saldos (Endbestands) in das jeweilige Konto erfolgt in der neuen Bilanz, genauer

LE 3: Konto, Buchungssatz und Abschluß von Bestandskonten

im sog. Schlußbilanzkonto. Auf diese Weise entsteht die neue, aufgrund von Geschäftsvorfällen geänderte Bilanz

Übersicht: Bestandsbuchungen

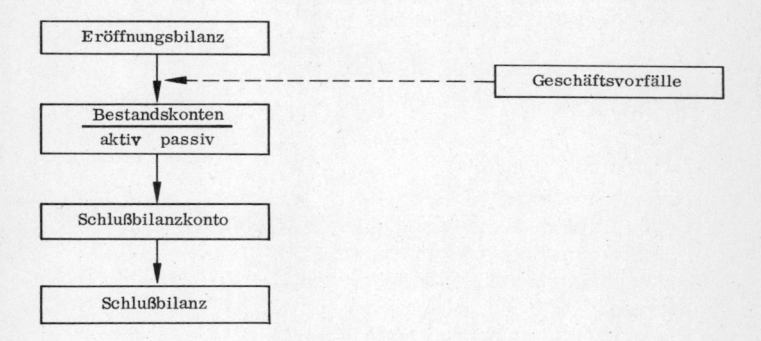

```
┌─────────────────────┐
│  Eröffnungsbilanz   │
└──────────┬──────────┘
           │        ┌─────────────────────┐
           │◄─ ─ ─ ─┤  Geschäftsvorfälle  │
           ▼        └─────────────────────┘
┌─────────────────────┐
│   Bestandskonten    │
│   aktiv   passiv    │
└──────────┬──────────┘
           ▼
┌─────────────────────┐
│  Schlußbilanzkonto  │
└──────────┬──────────┘
           ▼
┌─────────────────────┐
│    Schlußbilanz     │
└─────────────────────┘
```

Der Buchungssatz dient zur Vorbereitung der Buchung auf den Konten:
Er heißt:
Sollkonto an Habenkonto, Betrag.
Für das obige Beispiel also:
Verbindlichkeiten an Kasse, DM 5.000,–.

Vor dem Wort »an« steht das Konto mit Sollbuchung, nach dem Wort »an« steht das Konto mit Habenbuchung, abschließend der Betrag.

Sind von einem Geschäftsvorfall mehrere Konten in Soll und Haben betroffen, dann erscheint der jeweilige Betrag sofort nach der Nennung des Kontos, z.B.
Verbindlichkeiten 5.000,–
an Bank 3.000,–
an Kasse 2.000,–

In der Praxis wird der Buchungssatz sofort auf die zu buchenden Belege geschrieben, dies erfolgt mit Hilfe eines Kontierungsstempels.

Sollkonto	Habenkonto	Betrag
Verbindlichkeiten		5.000
	Bank	3.000
	Kasse	2.000

Aufgaben

Geben Sie für die Geschäftsvorfälle von Lerneinheit 2 (S. 9) die Buchungssätze an. Eröffnen Sie die Konten, buchen Sie die Geschäftsvorfälle auf den Konten, schließen Sie die Konten ab und erstellen Sie das Schlußbilanzkonto.

Lösungen

Buchungssätze:

1. Kasse an Waren 25.000
2. Lief. Verbindlichkeiten an Darlehen 10.000
3. Lief. Verbindlichkeiten an Bank 5.000
4. Rohstoffe an Lief. Verbindlichkeiten 10.000
5. Kasse 20.000
   Bank 10.000 an Forderungen 30.000
6. Postscheck an Bank 10.000
7. Waren an Forderungen 5.000
8. Wertpapiere an Bank 8.000
9. Eigenkapital an Kasse 4.000
10. Kasse an Bank 10.000
11. Grundstücke 200.000
    an Hypotheken 110.000
    an Bank 80.000
    an Kasse 10.000
12. Fuhrpark 100.000
    an Fuhrpark 30.000
    an Bank 70.000
13. Grundstücke 80.000
    an Eigenkapital 50.000
    an Hypothek 30.000
14. Bank an Fuhrpark 8.000

LE 3: Konto, Buchungssatz und Abschluß von Bestandskonten

Buchung der Geschäftsvorfälle auf T-Konten

Aktivkonten

Grundstücke und Gebäude

AB	210 000	SBK	490 000
(11)	200 000		
(13)	80 000		
	490 000		490 000

Forderungen

AB	180 000	(5)	30 000
		(7)	5 000
		SBK	145 000
	180 000		180 000

Maschinen

AB	60 500	SBK	60 500

Fuhrpark

AB	79 000	(12)	30 000
(12)	100 000	(14)	8 000
		SBK	141 000
	179 000		179 000

Bank

AB	33 000	(3)	5 000
(5)	10 000	(6)	10 000
(14)	8 000	(8)	8 000
SBK	132 000	(10)	10 000
		(11)	80 000
		(12)	70 000
	183 000		183 000

BGA

AB	54 500	SBK	54 500

Waren

AB	107 500	(1)	25 000
(7)	5 000	SBK	87 500
	112 500		112 500

Postscheck

AB	4 300	SBK	14 300
(6)	10 000		
	14 300		14 300

Rohstoffe

AB	83 300	SBK	93 300
(4)	10 000		
	93 300		93 300

Kasse

AB	2 100	(9)	4 000
(1)	25 000	(11)	10 000
(5)	20 000	SBK	43 100
(10)	10.000		
	57 100		57 100

H + B-Stoffe

AB	9 040	SBK	9 040

Wertpapiere

(8)	8 000	SBK	8 000

LE 3: Konto, Buchungssatz und Abschluß von Bestandskonten

Passivkonten

Eigenkapital

(9)	4 000	AB	498 240
SBK	544 240	(13)	50 000
	548 240		548 240

Darlehen

SBK	130 000	AB	120 000
		(2)	10 000
	130 000		130 000

Lief. Verbindlichkeiten

(2)	10 000	AB	113 000
(3)	5 000	(4)	10 000
SBK	108 000		
	123 000		123 000

Hypothek

SBK	220 000	AB	80 000
		(11)	110 000
		(13)	30 000
	220 000		220 000

Schuldwechsel

SBK	12 000	AB	12 000

Schlußbilanzkonto

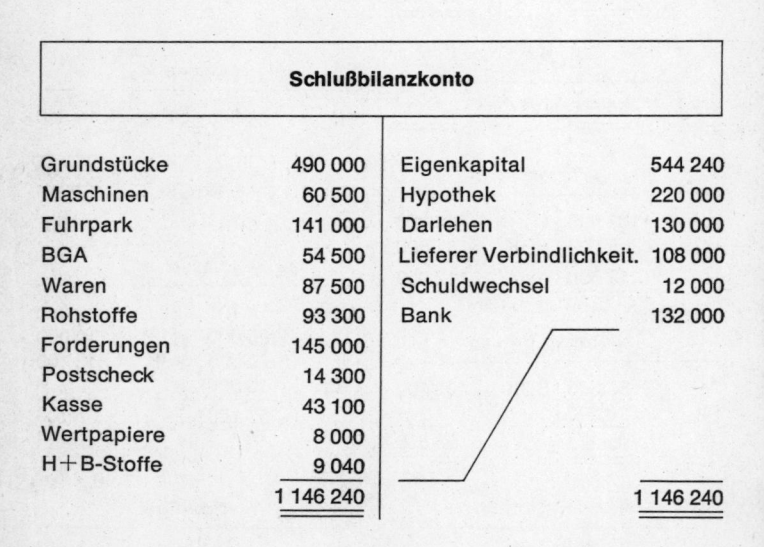

Grundstücke	490 000	Eigenkapital	544 240
Maschinen	60 500	Hypothek	220 000
Fuhrpark	141 000	Darlehen	130 000
BGA	54 500	Lieferer Verbindlichkeit.	108 000
Waren	87 500	Schuldwechsel	12 000
Rohstoffe	93 300	Bank	132 000
Forderungen	145 000		
Postscheck	14 300		
Kasse	43 100		
Wertpapiere	8 000		
H+B-Stoffe	9 040		
	1 146 240		1 146 240

Abkürzungen: AB = Anfangsbestand   SBK = Schlußbilanzkonto

Lerneinheit 4: Erfolgswirksame Buchungen

Lernziele

- *Unterschied zwischen bestands- und erfolgswirksamen Vorfällen*
- *Aufwendungen und Erträge*
- *Aufwandskonten, Ertragskonten, das GuV-Konto*
- *Gemischte Konten*
- *nicht erfolgswirksame Eigenkapitalveränderungen (das Privatkonto)*

Einführung

Das Buchen auf Bestandskonten, so wie es bisher behandelt wurde, ist dadurch gekennzeichnet, daß
- sowohl bei der Buchung
- als auch bei der Gegenbuchung

eine eindeutige Veränderung von Beständen gegeben ist.

Es gibt nun Geschäftsvorfälle, die zwar eindeutig zu einer Bestandsveränderung auf einem Konto führen, ohne daß die korrespondierende Bestandsänderung direkt gegeben ist.

Beispiel:

Die Barzahlung von Löhnen führt eindeutig zu einer Bestandsminderung auf dem Kassekonto. Wo aber hat die Gegenbuchung zu erfolgen? Die Vermietung von Maschinen führt zu Einnahmen, also eine Kassenbestandserhöhung, ohne daß direkt ersichtlich ist, wo die Gegenbuchung erfolgen muß.

Solche Geschäftsvorfälle nennt man Aufwendungen bzw. Erträge.

Da Aufwendungen und Erträge ihre Gegenbuchung weder auf einem Vermögens- noch auf einem Schuldenkonto haben, muß zwangsläufig auf dem Eigenkapitalkonto gegengebucht werden. Das Eigenkapital fängt als Differenz (Bilanzgleichung, S. 8) alle derartigen Veränderungen in Vermögen und Schulden auf.

Aufwendungen

vermindern das Eigenkapital (z.B. Mieten, Löhne, Gehälter, Zinsen für Schulden, bestimmte Steuern, Versicherungen u.v.m.).

Erträge

erhöhen das Eigenkapital (z. B. Mieterträge, Zinserträge, Verkaufserlöse u.v.m.).

Aufwands- und Ertragskonten

Aus Gründen der Übersichtlichkeit werden Aufwendungen und Erträge nicht direkt ins Eigenkapitalkonto gebucht, da dieses dadurch zu unübersichtlich und schwer auszuwerten wäre. Man untergliedert sie vielmehr nach sachlichen Gesichtspunkten und sammelt sie zunächst auf eigenen Erfolgskonten, den Aufwands- und Ertragskonten. Da Aufwendungen und Erträge das Eigenkapital verändern, bucht man sie auf den Erfolgskonten auf derselben Seite, wie man sie im Eigenkapitalkonto buchen würde:

Aufwendungen im Soll!
Erträge im Haben!

Die Salden der Aufwands- und Ertragskonten werden wiederum nicht direkt in das Eigenkapitalkonto gebucht, sondern auf einem eigenen Erfolgssammelkonto festgehalten, dem sog. **Gewinn- und Verlustkonto.** Erst der Saldo dieses GuV-Kontos wird an das Eigenkapitalkonto abgegeben.

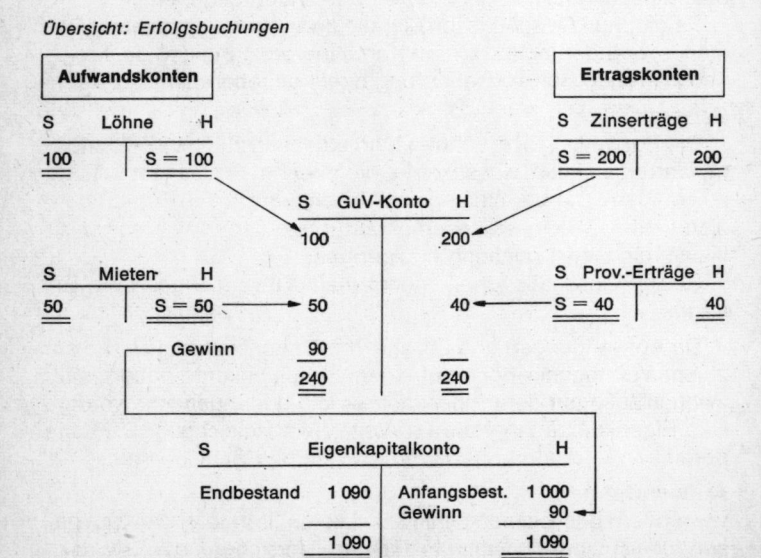

Übersicht: Erfolgsbuchungen

Aufwandskonten		Ertragskonten	
S Löhne H		S Zinserträge H	
100	S = 100	S = 200	200

	S GuV-Konto H	
	100	200

S Mieten H		S Prov.-Erträge H	
50	S = 50 → 50	40 ← S = 40	40
	Gewinn 90		
	240	240	

S	Eigenkapitalkonto	H
Endbestand 1 090	Anfangsbest. 1 000	
	Gewinn 90	
1 090	1 090	

LE 4: Erfolgswirksame Buchungen

Gemischte Konten

Es gibt Konten, die sowohl Erfolgs- als auch Bestandscharakter haben, die gemischten Konten. Hier werden Anfangsbestand und Zugänge zu Einkaufspreisen gebucht, Abgänge jedoch zu Verkaufspreisen.

Der Saldo eines gemischten Kontos würde deshalb nicht den Endbestand zu Einkaufspreisen angeben, da in den Verkaufspreisen Erfolgsanteile stecken. Erst wenn man den Endbestand zu Einkaufspreisen in der Inventur ermittelt und gebucht hat (Buchungssatz: Schlußbilanzkonto an gemischtes Konto), gibt der Saldo den reinen Erfolg wieder:

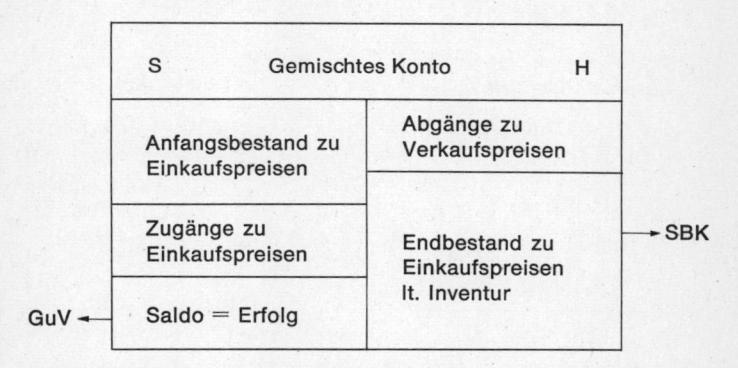

S	Gemischtes Konto	H
Anfangsbestand zu Einkaufspreisen	Abgänge zu Verkaufspreisen	
Zugänge zu Einkaufspreisen	Endbestand zu Einkaufspreisen lt. Inventur	→ SBK
GuV ← Saldo = Erfolg		

Die Aussagekraft der Buchführung kann erhöht werden, wenn man gemischte Konten vermeidet. Hierzu teilt man das gemischte Konto in zwei Konten auf, ein reines Bestandskonto und ein reines Erfolgskonto (EP = Einstandspreis).

Bestandskonto	
Anf.-Best. (EP)	Abgänge (EP)
Zugänge (EP)	Saldo = Endbestand (EP)

Erfolgskonto	
	Gewinn

In vielen Fällen weiß man beim Verkauf nicht, wie hoch die Einkaufspreise des verkauften Gutes waren. Es ist dann nicht ohne weiteres möglich, den Verkaufsgewinn sofort zu berechnen und auf das Erfolgskonto zu bringen.

Man bucht in solchen Fällen die gesamten Verkaufserlöse als Ertrag auf das Erfolgskonto, stellt am Jahresende den Endbestand laut Inventur fest, und kann so die Abgänge zu Einkaufspreisen (EP) berechnen:

Abgänge (EP) = Anfangsbestand (EP) + Zugänge (EP) − Endbestand (EP)

Durch die Buchung »Erfolgskonto an Bestandskonto« werden die Abgänge zu EP berücksichtigt. Der Gewinn ergibt sich als Saldo des Erfolgskontos.

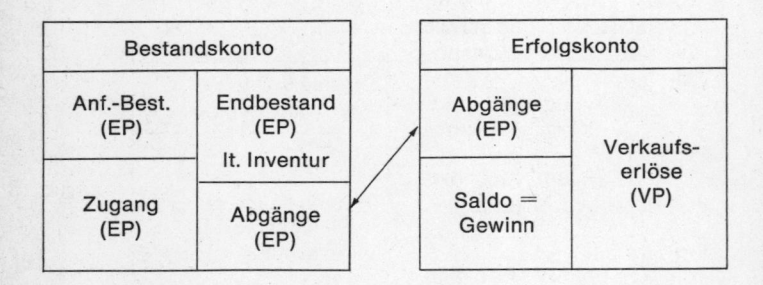

Bestandskonto		Erfolgskonto	
Anf.-Best. (EP)	Endbestand (EP) lt. Inventur	Abgänge (EP)	Verkaufs- erlöse (VP)
Zugang (EP)	Abgänge (EP)	Saldo = Gewinn	

Häufigste Anwendung ist beim Warenverkauf die Teilung des gemischten Warenkontos in ein Wareneinkaufskonto (Bestand) und ein Warenverkaufskonto (Erfolg).

Privatkonten

Außer den Aufwendungen und Erträgen gibt es noch andere Vorgänge, die das Eigenkapital verändern. Diese allerdings dürfen den Erfolg (Gewinn oder Verlust) nicht beeinflussen. Es handelt sich um die Kapitalerhöhungen oder -herabsetzungen, die dadurch entstehen, daß die Unternehmer oder Gesellschafter Kapitalteile der Unternehmung neu zuführen (sog. Privateinlage) oder entnehmen (sog. Privatentnahme). **Privateinlagen** werden direkt dem Eigenkapitalkonto gutgeschrieben. **Privatentnahmen** werden, da sie häufiger sind, zunächst auf einem Unterkonto des Eigenkapitalkontos gesammelt, dem Privatkonto. Das Privatkonto wird am Jahresende direkt an das Eigenkapitalkonto angeschlossen (Eigenkapital an Privat).

LE 4: Erfolgswirksame Buchungen

Aufgaben

Geben Sie für die folgenden Geschäftsvorfälle an, ob es sich um eine Bestands- oder eine Erfolgsbuchung handelt. Buchen Sie die erfolgswirksamen Vorgänge auf Aufwands- und Ertragskonten, erstellen Sie das GuV-Konto, ermitteln Sie den Gewinn und schließen Sie das Eigenkapitalkonto (Anfangsbestand DM 200.000,–) ab.

1. Wareneinkauf bar DM 50.000,–
2. Wir bezahlen Miete bar DM 2.000,–
3. Zu privaten Zwecken entnimmt der Unternehmer DM 15.000,–
4. Warenverkauf bar DM 20.000,–
5. Lohnzahlung bar DM 8.000,–
6. Rückzahlung einer Schuld DM 6.000,–
7. Die Bank schreibt Zinsen gut DM 500,–
8. Die Feuerversicherung wird bar bezahlt DM 600,–
9. Warenverkauf auf Ziel DM 15.000,–

Ergänzende Angaben: Warenanfangsbestand DM 10.000,–, Warenendbestand laut Inventur DM 44.000,–. (Verwenden Sie das geteilte Warenkonto)

Lösungen

1. Keine Erfolgsbuchung: Waren an Kasse 50.000
2. Erfolgsbuchung: Mietaufwand an Kasse 2.000
3. Keine Erfolgsbuchung: Privat an Kasse 15.000
4. Erfolgsbuchung: Kasse an Warenverkauf 20.000
5. Erfolgsbuchung: Löhne an Kasse 8.000
6. Keine Erfolgsbuchung: Verbindlichkeiten an Kasse 6.000
7. Erfolgsbuchung: Bank an Zinserträge 500
8. Erfolgsbuchung: Versicherungsaufwand an Kasse 600
9. Erfolgsbuchung: Forderungen an Warenverkauf 15.000

Buchung der Aufwendungen, Erträge, des Warenverkehrs und der sonstigen Kapitalveränderungen auf T-Konten (die jeweilige Gegenbuchung ist – mit Ausnahme der Abschlußbuchungen – hier nicht durchgeführt):

LE 4: Erfolgswirksame Buchungen

Wareneinkauf			
AB	10 000,–	A1)	44 000,–
1)	50 000,–	A2)	16 000,–
	60 000,–		60 000,–

Warenverkauf			
A2)	16 000,–	4)	20 000,–
A6)	19 000,–	9)	15 000,–
	35 000,–		35 000,–

Löhne			
5)	8 000,–	A3)	8 000,–

Zinserträge			
A7)	500,–	7)	500,–

Mietaufwand			
2)	2 000,–	A4)	2 000,–

Versicherungsaufwand			
8)	600,–	A5)	600,–

Privat			
3)	15 000,–	A9)	15 000,–

Vorbereitende Abschlußbuchungen:
A1) Übertragung des Warenbestands von 44.000
Schlußbilanzkonto an Wareneinkauf 44.000
A2) Berechnung und Buchung des Verkaufs zu Einkaufspreisen
Warenverkauf an Wareneinkauf 16.000

Abschlußbuchungen:
A3) GuV an Löhne 8.000
A4) GuV an Mietaufwand 2.000
A5) GuV an Versicherungsaufwand 600
A6) Warenverkauf an GuV 19.000
A7) Zinserträge an GuV 500
A8) GuV an Eigenkapital 8.900
A9) Eigenkapital an Privat 15.000

Soll	GuV		Haben
A3) Löhne	8 000,–	A6) Verkaufsgewinn	19 000,–
A4) Mieten	2 000,–	A7) Zinserträge	500,–
A5) Versicherungen	600,–		
A8) Gewinn	8 900,–		
	19 500,–		19 500,–

LE 4: Erfolgswirksame Buchungen

Soll		Eigenkapital		Haben
A9) Privat	15 000,–	AB		200 000,–
Endbestand	193 900,–	A8) Gewinn		8 900,–
	208 900,–			208 900,–

Abkürzungen: AB = Anfangsbestand

Lerneinheit 5: Von der Eröffnungsbilanz zur Schlußbilanz

Lernziele

- *Eröffnungsbilanzkonto und Schlußbilanzkonto*
- *Unterschiede zwischen Bilanzkonto und Bilanz*
- *Der Einfluß der Inventur auf die Bilanz*
- *Buchungsablauf von der Eröffnung bis zum Abschluß*

Einführung

Eröffnungsbilanzkonto (EBK)

Die Schlußbilanz des Vorjahres ist gleichzeitig Eröffnungsbilanz für das laufende Geschäftsjahr.

Wegen des Grundsatzes »keine Buchung ohne Gegenbuchung« darf das Übertragen der Anfangsbestände auf die Konten nicht ohne Gegenbuchung erfolgen. Das Konto, auf dem hier gegengebucht wird, heißt Eröffnungsbilanzkonto. Durch diesen Zwang zur Gegenbuchung enthält das Eröffnungsbilanzkonto die Positionen spiegelbildlich zur Eröffnungsbilanz; z.B.:

Waren an EBK;
EBK an Eigenkapital.

Das EBK ist ein Hilfskonto. Es ist eigentlich nur aus Gründen der Systematik erforderlich und wird deshalb in der Praxis meist nicht erstellt. Man schreibt die Zahlen der Bilanz ohne Gegenbuchung auf die Konten ab.

Schlußbilanzkonto (SBK)

Beim Abschluß der Bestandskonten wird nicht direkt in die Schlußbilanz gebucht. Die Salden der Konten werden in das Schlußbilanzkonto übertragen. Auch dieses ist ein Hilfskonto, allerdings gibt es die Bestände seitenrichtig wieder; z.B.:
SBK an Waren,
Eigenkapital an SBK.

Bilanzkonto und Bilanz.

In eine Bilanz kann grundsätzlich nicht gebucht werden. Sie wird vielmehr aus dem Schlußbilanzkonto abgeleitet.

LE 5: Von der Eröffnungs- zur Schlußbilanz

Schlußbilanzkonto	Bilanz
Jedes Konto erhält eine Position im SBK	Gleichartige Positionen können zusammengefaßt werden
Keine Gliederungsvorschriften	Gliederungsvorschriften des § 239 HGB-E
Mit Soll und Haben überschrieben	Mit Aktiva und Passiva überschrieben

Die Zahlenwerte im SBK müssen identisch sein mit den Zahlen der Schlußbilanz. Die Bilanzgleichung gilt in beiden Fällen.

Inventur und Bilanz

Stellt sich bei der Inventur heraus, daß in Wirklichkeit Bestandsveränderungen stattgefunden haben, die in der Buchführung noch nicht erfaßt sind, dann müssen die Bestände auf den Konten nachträglich erfolgswirksam korrigiert werden.

Beispiel: Die Inventur ergibt, daß Waren für DM 5.000,– gestohlen worden sind. Korrekturbuchung mit dem Buchungssatz:
Außerordentlicher Aufwand an Waren DM 5.000,–.

Von der Eröffnungsbilanz zur Schlußbilanz

Den Zusammenhang der Buchungen von der Eröffnungsbilanz zur Schlußbilanz zeigt das folgende Schaubild (vgl. S. 28).

Vorgehensfolge beim Abschluß:

- Korrekturbuchung bei Bestandsdifferenzen zwischen Inventurwerten und Buchwerten in den Konten.
- Abschluß der Erfolgskonten auf das GuV-Konto; gegebenenfalls Abschluß der gemischten Konten auf GuV-Konto und Schlußbilanzkonto.
- Abschluß des GuV-Kontos auf das Eigenkapitalkonto.
- Abschluß der Privatkonten auf das Eigenkapitalkonto.
- Abschluß aller Bestandskonten auf das Schlußbilanzkonto (Aktiv-Konten, Passiv-Konten und Eigenkapitalkonto).
- Ableiten der Schlußbilanz aus dem Schlußbilanzkonto.

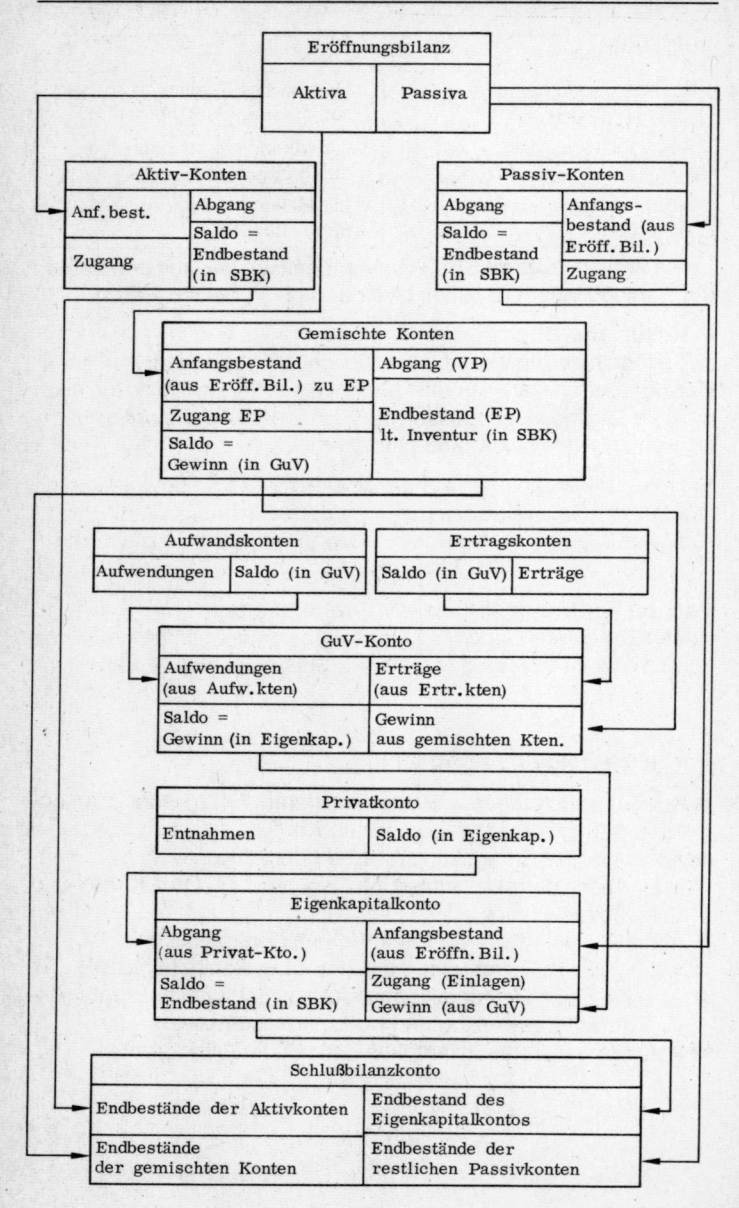

LE 5: Von der Eröffnungs- zur Schlußbilanz

Eröffnungsbilanz	
Aktiva	Passiva

Aktiv-Konten	
Anf. best.	Abgang
Zugang	Saldo = Endbestand (in SBK)

Passiv-Konten	
Abgang	Anfangsbestand (aus Eröff. Bil.)
Saldo = Endbestand (in SBK)	Zugang

Gemischte Konten	
Anfangsbestand (aus Eröff.Bil.) zu EP	Abgang (VP)
Zugang EP	Endbestand (EP) lt. Inventur (in SBK)
Saldo = Gewinn (in GuV)	

Aufwandskonten	
Aufwendungen	Saldo (in GuV)

Ertragskonten	
Saldo (in GuV)	Erträge

GuV-Konto	
Aufwendungen (aus Aufw.kten)	Erträge (aus Ertr.kten)
Saldo = Gewinn (in Eigenkap.)	Gewinn aus gemischten Kten.

Privatkonto	
Entnahmen	Saldo (in Eigenkap.)

Eigenkapitalkonto	
Abgang (aus Privat-Kto.)	Anfangsbestand (aus Eröffn. Bil.)
Saldo = Endbestand (in SBK)	Zugang (Einlagen)
	Gewinn (aus GuV)

Schlußbilanzkonto	
Endbestände der Aktivkonten	Endbestand des Eigenkapitalkontos
Endbestände der gemischten Konten	Endbestände der restlichen Passivkonten

LE 5: Von der Eröffnungs- zur Schlußbilanz

Aufgaben

Im nachstehenden Schaubild ist der Zusammenhang der Konten nochmals verkürzt dargestellt. Geben Sie die Buchungssätze zu den hier skizzierten Abschlußbuchungen an, für den Fall, daß die gemischten Konten sich auf Aktivbestände beziehen. Unterscheiden Sie sowohl beim gemischten Konto als auch beim GuV-Konto den Gewinn- und den Verlustfall.

Kontrollieren Sie Ihre Buchungssätze anhand des ausführlichen Schaubilds von S. 28.

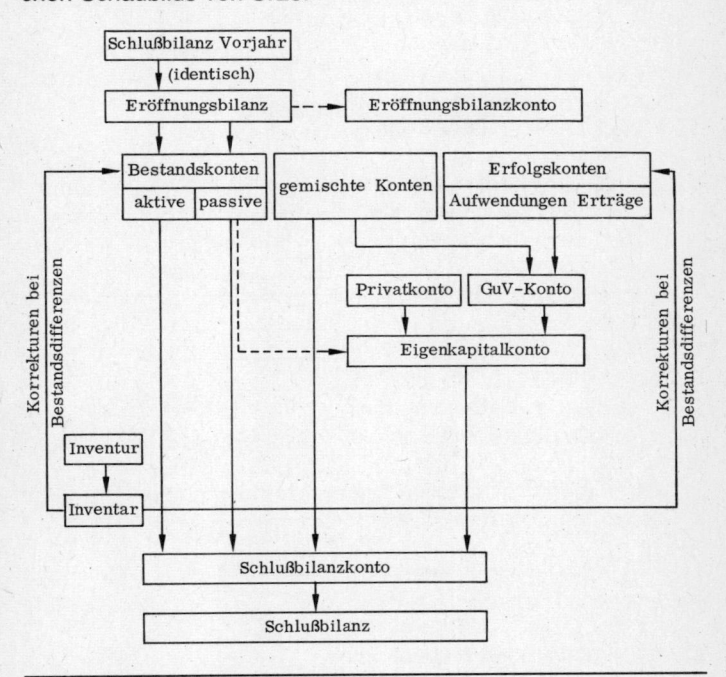

Erläuterungen zum nebenstehenden Schaubild

Abkürzungen: GuV-Konto: Gewinn- und Verlustkonto

                SBK : Schlußbilanzkonto

                EP : bewertet zu Einstandspreisen

                VP : bewertet zu Verkaufspreisen

Im Falle von Verlusten (beim Gemischten Konto und/oder beim GuV-Konto) sind die Salden entsprechend auf den anderen Kontoseiten zu buchen.

Lösung

1. Konteneröffnung:
   Aktivkonten an Eröffnungsbilanzkonto (einschl. gemischte Konten)
   Eröffnungsbilanzkonto an Passivkonten.

2. Korrekturen von Bestandsdifferenzen zwischen Buchwerten und Inventurwerten.
   Mehrbestand: Aktivkonto an Ertragskonto
   Fehlbestand: Aufwandskonto an Aktivkonto.

3. Abschluß der Erfolgskonten:
   GuV-Konto an Aufwandskonten
   Ertragskonten an GuV-Konto.

4. Abschluß des gemischten Kontos:
   Endbestand: Schlußbilanzkonto an gemischtes Konto
   Gewinn beim gemischten Konto: Gemischtes Konto an GuV-Konto
   Verlust beim gemischten Konto: GuV-Konto an gemischtes Konto.

5. Abschluß des GuV-Kontos:
   Gewinnfall: GuV-Konto an Eigenkapitalkonto
   Verlustfall: Eigenkapitalkonto an GuV-Konto.

6. Abschluß der Privatkonten:
   Eigenkapitalkonto an Privatkonto.

7. Abschluß aller Aktivkonten:
   Schlußbilanzkonto an Aktivkonten.

8. Abschluß des Eigenkapitalkontos:
   Eigenkapitalkonto an Schlußbilanzkonto.

9. Abschluß aller übrigen Passivkonten:
   Passivkonten an Schlußbilanzkonto.

Lerneinheit 6: Organisatorische Grundlagen des Buchens

Lernziele

- *Unterscheidung zwischen Grundbuch und Hauptbuch*
- *Durchschreibebuchführung manuell/maschinell*
- *Das amerikanische Journal als Buchführungsform für Kleinstbetriebe*
- *EDV-Buchführung*
- *Außer-Haus-Buchführung*
- *Vereinheitlichung der Kontenbezeichnungen durch Kontenrahmen*
- *Branchenkontenrahmen*

Einführung

Grundbuch und Hauptbuch

Die kaufmännische Buchführung heißt aus zwei Gründen doppelte Buchführung:

- Aus systematischen Gründen, weil von jedem Geschäftsvorfall zwei Konten betroffen sind, das Konto und das Gegenkonto;
- aus organisatorischen Gründen, weil jede Buchung (und Gegenbuchung) in zwei verschiedenen Büchern erfolgen muß.

Hierdurch wird erreicht, daß in dem einen Buch (dem sog. **Hauptbuch**) die Geschäftsvorfälle sachlich geordnet auf Sachkonten erfaßt werden (z.B. alle Lohnbuchungen auf dem Lohnkonto, alle Wareneinkäufe auf dem Wareneinkaufskonto usw.).

Im anderen Buch, dem sog. **Grundbuch** (auch Journal genannt), werden die Geschäftsvorfälle unabhängig von ihrer sachlichen Zusammengehörigkeit in der zeitlichen Reihenfolge ihres Auftretens erfaßt.

Bei jeder Buchung im Grund- oder Hauptbuch müssen angegeben werden:

- das Datum,
- die Art des Geschäftsvorganges,
- der zugehörige Beleg,
- der Buchungssatz mit Konto, Gegenkonto und Betrag.

Bei Buchungen auf Konten des Hauptbuches ist zusätzlich noch anzugeben, wo im Journal (meist Seitenangabe) die entsprechende Eintragung zu finden ist.
Formularbeispiele finden sich bei den Aufgaben zu dieser Lerneinheit.

Formen der Buchführung

Weil jede Buchung zweimal ausgeführt werden muß, einmal im Grundbuch und einmal auf den Sachkonten des Hauptbuchs, wurden verschiedene Verfahren zur Arbeitsvereinfachung entwickelt. Es leuchtet wohl unmittelbar ein, daß das handschriftliche Übertragen der Buchungen aus dem Hauptbuch ins Grundbuch sehr arbeitsaufwendig und sehr fehleranfällig ist.

Die technisch einfachste Abhilfe schafft die sog. **manuelle Durchschreibebuchführung.**

Kontenblätter und Grundbuchblätter besitzen genau dieselbe Einteilung in Spalten.

- Man spannt das Journalblatt (Grundbuchblatt) in eine spezielle Klemmvorrichtung.
- In eine zweite Klemmvorrichtung spannt man das jeweils benötigte Hauptbuchkonto deckungsgleich darüber.
- Durch Blaupapier oder selbstdurchschreibende Formulare wird jede Buchung auf einem Hauptbuchkonto direkt ins Grundbuch durchgeschrieben.
- Man bucht zunächst alle Sollbuchungen (bei zusammengesetzten Buchungssätzen für jede Sollbuchung eine eigene Kontokarte); anschließend bucht man alle Habenbuchungen (für jede Habenbuchung eine eigene Kontokarte).

Die **maschinelle Durchschreibebuchführung** funktioniert im Prinzip genauso; die Eintragungen erfolgen hier mit besonderen Buchungsmaschinen.

Das amerikanische Journal als Buchführungsform für Kleinstbetriebe

Dies ist die einfachste und wohl auch die einzige Form der manuellen Übertragungsbuchführung, die heute noch etwas praktische Bedeutung hat. Hier sind Grundbuch und Hauptbuch in einem einzigen Formular vereinigt. Da hier die Hauptbuchkonten im rechten Teil des Formulars nebeneinander angeordnet sind, ist diese Art der Buchführung nur für kleine Unternehmen sinnvoll, die wenige Konten benötigen. Anders als beim Durchschreibeverfahren weist das Grundbuch nur die Beträge aus, nicht jedoch die Soll- oder Habenbuchungen. Diese sind aus dem nebenstehenden Hauptbuch ohnehin ersichtlich. Ein Formularbeispiel befindet sich auf Seite 36.

EDV-Buchführung

Bei Durchführung der Buchführung mittels einer EDV-Anlage sind die sog. Stammdaten, also Daten, die sich nur sehr selten ändern, bereits in der Anlage gespeichert. Stammdaten sind z. B. Kontenbezeichnung, Kontennummer (siehe unten, Kontenplan), bei Lieferanten und Kundenkonten z. B. auch die Adressen, Bankverbindungen, vereinbarte Skonto- und Rabattkonditionen, bei Lohn- und Gehaltskonten von Arbeitnehmern z. B. Name, Anschrift, Lohngruppe, Lohnsteuerklasse, Lohnsteuerfreibeträge, Sozialversicherungsdaten usw., bei Waren- und Rohstoffkonten z. B. Artikelart, Artikelnummer, Lagerort usw.

Bei der Buchung eines Geschäftsvorfalles müssen die sog. Bewegungsdaten (Buchungsbeträge, Konten, Gegenkonten, Buchungstexte) eingegeben werden. Da sämtliche Arbeitsschritte der Verbuchung programmiert und im EDV-System gespeichert sind, erfolgt die Buchung der eingegebenen Daten automatisch richtig. Das Buchhaltungsprogramm führt sämtliche Buchungs- und Buchungsnebenarbeiten selbständig durch, z. B. Buchen der Beträge auf den angegebenen Konten, Berechnung der neuen Saldenstände, Betragsabstimmungen und Korrekturen, Erstellen von Saldenlisten, Mahnlisten für fällige Forderungen, Fälligkeitslisten für Verbindlichkeiten, Lohn- und Gehaltsabrechnungen, Umsatzsteuervoranmeldungen ans Finanzamt, Vertreterabrechnungen, Fortschreibung von Lagerbestandslisten usw.

Da auch die Abschlußarbeiten programmiert und im EDV-System gespeichert sind, ist es problemlos möglich, sowohl den Jahresabschluß als auch jederzeit Zwischenabschlüsse zu erstellen.

Der Buchhalter hat bei solchen modernen Buchungssystemen nur zu entscheiden, welche Beträge auf welchen Konten zu buchen sind. Er muß also nur den Buchungssatz erstellen und die Befehle und Daten richtig in das EDV-System eingeben.

Hier gibt es zwei Möglichkeiten:
1. Übertragen der Eingabedaten auf Datenträger (z. B. durch maschinenlesbare Belegbeschriftung – wie es bei Banküber-

weisungen und Schecks inzwischen üblich ist – oder auf Diskette, Magnetband, früher auf Lochkarten) und spätere Eingabe des Datenträgers in das EDV-System.
2. Direkte Dateneingabe in das System über Terminals. Der Buchhalter steht hier im Dialog mit dem System, die aufgerufenen Konten erscheinen auf dem Bildschirm, die Beträge werden vom Buchhalter über eine Tastatur direkt auf die entsprechende Stelle im Konto gebucht.

Bei dieser Art von Buchführung ist es an sich überhaupt nicht mehr erforderlich, daß Konten, Salden, Bilanzen usw. auf Papier geschrieben werden, da alles im EDV-System gespeichert ist (sog. Speicherbuchführung). In der Abgabenordnung und in den Einkommensteuerrichtlinien sind Vorschriften über die Speicherbuchführung enthalten. Hiernach dürfen alle Buchungsunterlagen bis auf die Bilanz auf Datenträgern aufbewahrt werden. Es muß jedoch sichergestellt sein, daß die gespeicherten Buchführungsunterlagen jederzeit lesbar gemacht werden können (sog. Ausdruckbereitschaft).

Außer-Haus-Buchführung

Vor allem kleinere Unternehmen sind oft nicht in der Lage, die hohen Kosten eines eigenen EDV-Buchhaltungssystems (z.B. Maschinenmiete, Gehälter für Programmierer usw.) zu tragen. Für solche Unternehmen besteht die Möglichkeit, die Buchführung außer-Haus, in der Regel von Steuerberatern bzw. von sog. Service-Rechenzentren, durchführen zu lassen. Diese Rechenzentren haben eine größere Anzahl von Unternehmen als Kunden, so daß die Kosten für den einzelnen Benutzer trotz Verwendung modernster Technologien vergleichsweise gering sind. Als wichtigstes Dienstleistungsunternehmen in der Bundesrepublik Deutschland ist hier die »DATEV« anzuführen, die »Datenverarbeitungsorganisation des steuerberatenden Berufs in der Bundesrepublik Deutschland e.G.«. Sie verfügt über umfassende Programmpakete zu allen Problemen des Rechnungswesens, insbesondere zur Buchführung. Über Bildschirm-Terminals in seiner Kanzlei kann jeder Steuerberater, der Mitglied bei »DATEV« ist, durch Datenfernübertragung direkt das Großrechenzentrum der »DATEV« in Nürnberg nutzen.

LE 6: Organisatorische Grundlagen des Buchens

Kontenrahmen und Kontenplan

Zur Vereinheitlichung und Vereinfachung der Buchhaltung wurden von den Wirtschaftsverbänden die Konten vereinheitlicht und mit Kennziffern (Kontennummern) versehen. Man unterscheidet den Kontenrahmen und den Kontenplan.

Kontenrahmen: Im Kontenrahmen wird wegen der großen Zahl der verschiedenen Konten eine einheitliche Ordnung zugrundegelegt.

Zusätzlich zur gleichlautenden Benennung der Konten erhalten diese einheitliche Nummern.

Der Kontenrahmen ist grundsätzlich nach dem Dezimalsystem aufgebaut in Kontenklassen, Kontengruppen, Kontenarten und nötigenfalls in weitere Untergruppierungen.

Die Kontenklasse (0–9) wird durch die erste Stelle der Kontennummer angegeben. Hierdurch werden die Konten in 10 sachlich verschiedene Gruppen gegliedert.

Die **Kontengruppe (0–9)** wird durch die zweite Ziffer der Kontennummer angegeben. Hierdurch wird die Grobeinteilung der Kontenklassen weiter verfeinert.

Beispiel:
Gemeinschaftskontenrahmen der Industrie:
Klasse 1: Finanzumlaufvermögen
Gruppe 0: Kasse
Das Kassenkonto hat folglich die Bezeichnung »10 Kasse«.

Die Verwendung der Kontenklassen und Kontengruppen ist für alle Betriebe verbindlich. Soll eine weitere betriebsindividuelle Untergliederung erfolgen, so können beliebig Dezimalen angehängt werden, etwa

100 Hauptkasse
101 Nebenkasse 1
102 Nebenkasse 2 usw.

Kontenplan: Diese betriebsindividuellen Gegebenheiten finden im Kontenplan Berücksichtigung. Er enthält nur die Konten, die von einem Betrieb tatsächlich geführt werden, wobei die Klassen- und Gruppennummern des Unternehmens (1. und 2. Dezimale) obligatorisch sind.

Ein betrieblicher Kontenplan kann also z. B. 6stellige Kontennummern enthalten.

LE 6: Organisatorische Grundlagen des Buchens

Amerikanisches Journal

Grundbuch			Hauptbuch								
Tag	Buchungstext	Betrag	Konto		Konto		Konto		GuV		Bilanz-Kto.
			Soll	Haben	Soll	Haben	Soll	Haben	Soll	Haben	Soll	Haben
1.1.	I. *Eröffnungs-buchungen*											
	– –											
	– –											
	II. *laufende Buchungen*											
	– –											
	– –											
	III. *Abschluß-buchungen*											
	– –											
	– –											

weitere Konten

Branchenkontenrahmen

Es ist offensichtlich, daß für verschiedene Branchen – aufgrund der betriebswirtschaftlichen Unterschiede – auch verschiedene Kontenrahmen erforderlich sind.

Für Industriebetriebe gibt es zwei Kontenrahmen. Der sog. **GKR (Gemeinschaftskontenrahmen der Industrie)** unterteilt die Kontenklassen nach dem Prozeßgliederungsprinzip (von den langfristig gebundenen Vermögens- und Kapitalpositionen über das Finanzumlaufvermögen, die Aufwendungen, Erträge, Kosten, zu den Lagerbeständen, den Verkaufserlösen bis hin zu den Abschlußkonten):

GKR Klasse	
0	Anlagevermögen und langfristiges Kapital
1	Finanzumlaufvermögen und kurzfristige Verbindlichkeiten
2	Neutrale Aufwendungen und Erträge (die nicht im Zusammenhang mit der Erfüllung des Betriebszweckes entstanden sind, vgl. S. 42 ff.)
3	Stoffbestände (Roh-, Hilfs- und Betriebsstoffe)
4	Kostenarten
5 6	Freigehalten für betriebsindividuelle Kontierung nach Kostenstellen
7	Bestände an Halb- und Fertigfabrikaten
8	Betriebliche Erträge (Umsatzerlöse und Bestandsveränderungen)
9	Abschlußkonten

Seit 1971 gibt es den »neuen« **Industriekontenrahmen (IKR)**, der die Kontenklassen nach der Gliederung der aktienrechtlichen Bilanz und GuV-Rechnung numeriert.

IKR	Klasse		
Rechnungskreis I	0	Sachanlagen	Aktive Bestandskonten
	1	Finanzanlagen	
	2	Vorräte, Forderungen, akt. Rechnungsabgrenzung	
	3	Eigenkapital, Wertberichtigungen, Rückstellungen	Passive Bestandskonten
	4	Verbindlichkeiten und passive Rechnungsabgrenzung	
	5	Erträge	Erfolgskonten
	6	Materialaufwendungen, Personalaufwendungen, Abschreibungen	
	7	Zinsen, Steuern und sonst. Aufwendungen	
	8	Eröffnungskonten und Abschlußkonten	
Rechnungskreis II	9	Frei für Betriebsabrechnung (Kostenarten/Kostenstellen und Kostenträgerrechnung)	

Ebenso wie beim GKR die Verwendung der Kontenklassen 5 und 6 für die Buchführung und Bilanzierung nicht erforderlich sind, sondern nur betriebsindividuell zur innerbetrieblichen Informationsverbesserung dienen, ist nach IKR die Kontenklasse 9 zu sehen.

LE 6: Organisatorische Grundlagen des Buchens

In der Praxis bundesdeutscher Industriebetriebe hat sich der Industriekontenrahmen IKR nicht durchsetzen können. Wohl wegen des Mißverhältnisses zwischen Umstellungsaufwand einerseits und geringem Informationsvorteil durch den IKR andererseits wird auch weiterhin überwiegend nach dem alten GKR gebucht.

Für **Handelsbetriebe** gibt es eigene Kontenrahmen:

Kontenkl.	Großhandel	Einzelhandel
0	Anlage- und Kapitalkonten	
1	Finanzkonten	
2	Abgrenzungskonten (neutrale Aufwendungen und Erträge)	
3	Wareneinkaufskonten	
4	Boni und Skonti	Konten der Kostenarten
5	Konten der Kostenarten	Frei für Kostenstellenkonten
6	Frei für Kostenstellenkonten und Nebenbetriebe	
7	frei	frei
8	Wareneinkaufskonten (Erlöse und Erlösschmälerungen)	
9	Abschlußkonten	

Im Anhang sind ausführliche Fassungen der Kontenrahmen abgebildet.

In diesem Buch werden keine vollständigen Kontennummern verwendet. Bei allen folgenden Beispielen wird die Kontenklasse nach GKR der Kontenbezeichnung vorangestellt.

Aufgaben

1. Entwerfen Sie Konten- und Journalformulare für die manuelle Durchschreibebuchführung und deuten Sie an, wie hierauf der Geschäftsvorfall »Forderungen an Warenverkauf, 10.000,–« zu buchen wäre.
2. Geben Sie zu den Buchungen im nachstehenden (S. 41) amerikanischen Journal die Buchungssätze an.
3. Versehen Sie die folgenden Kontenbezeichnungen mit der zugehörigen Kontenklasse nach GKR:

   a) Langfristige Verbindlichkeiten
   b) Verkaufserlöse
   c) Löhne
   d) Abschreibungen auf Produktionsanlagen
   e) Kasse
   f) Eigenkapital
   g) Privatentnahme
   h) GuV-Konto
   i) Schlußbilanzkonto
   k) Materialverbrauch
   l) Forderungen aus Lieferungen
   m) Maschinen
   n) Fuhrpark
   o) Zinsaufwand
   p) Kursgewinne
   q) Warenbestand
   r) Fertigfabrikatebestand

LE 6: Organisatorische Grundlagen des Buchens

Amerikanisches Journal, September 19..

Tag	Buchungstext	Betrag	Geschäfts-ausstattung	Kapital	Forde-rungen	Kasse	Schulden	Waren-einkauf	Waren-verkauf	versch. Kosten	GuV	Bilanzkonten
	I. *Eröffnungsbuchungen*											
1. 9.	Eröffnung Aktivkonten	20.000	5.000		2.000	4.000		9.000				20.000
1. 9.	Eröffnung Passivkonten	20.000		18.000			2.000					20.000
	II. *Laufende Buchungen*											
3. 9.	Warenverkauf bar	11.000				11.000			11.000			
5. 9.	Miete bar	1.000				1.000				1.000		
	III. Abschluß											
30. 9.	Abschluß Warenkonto	9.000						9.000	9.000			
30. 9.	Salden	5.000	5.000									5.000
30. 9.	Geschäftsausstattung	18.000		18.000								18.000
30. 9.	Kapital	2.000			2.000							2.000
30. 9.	Forderungen	14.000				14.000						14.000
30. 9.	Kasse	2.000					2.000					
30. 9.	Schulden											
30. 9.	Waren	2.000							2.000		2.000	
30. 9.	Erlöse	2.000										
30. 9.	Kosten	1.000								1.000	1.000	
30. 9.	Gewinn	1.000									1.000	1.000

Grundbuch — Hauptbuch

Lösungen

Journal   Monat September 19..   Seite 1

Tag	Buchungstext	Soll	Haben	Gegenkonto	Journal-Seite
1.1.	Beleg Nr. 1 Zielverkauf	10.000,–		Warenverkauf	1
1.1.	Beleg Nr. 1 Zielverkauf		10.000,–	Forderungen	1

Konto Forderungen

Tag	Buchungstext	Soll	Haben	Gegenkonto	Journal-Seite
1.1.	Beleg Nr. 1 Zielverkauf	10.000,–		Warenverkauf	1

Konto Warenverkauf

Tag	Buchungstext	Soll	Haben	Gegenkonto	Journal-Seite
1.1.	Beleg Nr. 1 Zielverkauf		10.000,–	Forderungen	1

LE 6: Organisatorische Grundlagen des Buchens 43

Bei der Sollbuchung (Forderung) liegt das Kontenblatt »Forderungen« deckungsgleich auf dem Journalblatt.

Bei der Habenbuchung (Warenverkauf) liegt das Kontenblatt »Warenverkauf« deckungsgleich jedoch eine Zeile tiefer auf dem Journalblatt.

2. Die Buchungssätze zum amerikanischen Journal lauten in der Reihenfolge der Eintragungen:

I. *Eröffnungsbuchungen*
Geschäftsausstattung 5.000
Forderungen 2.000
Kasse 4.000
Wareneinkauf 9.000 an Eröffnungsbilanzkonto 20.000
Eröffnungsbilanzkonto 20.000
   an Kapital 18.000
   an Schulden 2.000

II. *laufende Buchungen*
Kasse an Warenverkauf 11.000
Miete an Kasse 1.000

III. *Abschlußbuchungen*
Warenverkauf an Wareneinkauf 9.000
Schlußbilanzkonto an Geschäftsausstattung 5.000
Kapital an Schlußbilanzkonto 18.000
Schlußbilanzkonto an Forderungen 2.000
Schlußbilanzkonto an Kasse 14.000
Schulden an Schlußbilanzkonto 2.000
Schlußbilanzkonto (kein Warenbestand mehr)
   an Wareneinkauf 0
Warenverkauf an GuV 2.000
GuV an Kosten 1.000
GuV (Gewinn) an Schlußbilanzkonto 1.000

3. Die Zuordnung der Kontenklassen lautet:
   a) 0   f) 0   m) 0
   b) 8   g) 1   n) 0
   c) 4   h) 9   o) 2
   d) 4   i) 9   p) 2
   e) 1   k) 4   q) 3
              l) 1   r) 7

Lerneinheit 7: Die sachliche Abgrenzung

Lernziele

- *Betriebserfolg: Kosten und Leistung*
- *neutraler Erfolg*
- *Abgrenzungssammelkonto und Betriebsergebniskonto*

Einführung

Betrachtet man z. B. den Gemeinschaftskontenrahmen der Industrie (GKR) genauer, dann findet man verschiedene Arten von Aufwendungen und Erträgen (Kontenklassen 2, 4 und 8).

Jedes Unternehmen verfolgt einen bestimmten Betriebszweck. Es gibt betriebliche Aktivitäten, die in direktem Zusammenhang mit diesem Betriebszweck stehen (z. B. Materialverbrauch) und solche, die zur Erfüllung des eigentlichen Betriebszweckes nicht beitragen (z. B. Spenden an politische Parteien).

Der Erfolg eines Unternehmens setzt sich somit aus zwei Komponenten zusammen, dem betriebsbedingten und dem sog. neutralen Erfolg.

Betriebserfolg: Der Betriebserfolg errechnet sich ausschließlich aus betriebsbedingten Aufwendungen und Erträgen.
Aufwendungen, die in direktem Zusammenhang mit der Erfüllung des Betriebszwecks stehen, heißen **Kosten** (z. B. Löhne, Gehälter, Materialverbrauch, Werbekosten, Vertreterprovisionen, Verwaltungskosten usw.).
Erträge, die direkt zur Erfüllung des Betriebszwecks führen, heißen **Leistungen** oder Betriebserträge (das sind in der Regel nur die Umsatzerlöse).

Betriebserfolg = Leistungen ./. Kosten

Kosten werden beim GKR auf Konten der Kontenklasse 4 gebucht, Leistungen auf Konten der Kontenklasse 8.
Die Isolierung der Kosten und Leistungen von den neutralen Aufwendungen und Erträgen ist aus zwei Gründen sinnvoll:

- Zur Ermittlung der Herstellkosten (vgl. Lerneinheit 10), der

Selbstkosten und der Angebotspreise dürfen nur Kosten, also betriebsbedingte Aufwendungen herangezogen werden.
- Die Beurteilung des betriebswirtschaftlichen Erfolgs eines Unternehmens ist nur aussagefähig, wenn die betrieblich bedingten und die nicht betrieblich bedingten Erfolgsteile getrennt werden können.

Das Betriebsergebniskonto

Das Betriebsergebniskonto ist ein Vorkonto des GuV-Kontos. Es sammelt im Soll alle Salden der Kostenkonten (Klasse 4) und im Haben die Salden aller Erlöskonten (Klasse 8).
Sein Saldo gibt den Betriebserfolg wieder.
Das Betriebsergebniskonto wird über das GuV-Konto abgeschlossen.

Neutraler Erfolg

Alle Aufwendungen und Erträge, die nicht mit der Erfüllung des Betriebszwecks in Zusammenhang stehen, sind sog. neutrale Aufwendungen oder neutrale Erträge. Sie werden in Kontenklasse 2 des GKR gebucht.
Man unterscheidet:

- betriebsfremde neutrale Aufwendungen und Erträge:
  Sie stehen überhaupt nicht im Zusammenhang mit dem Betriebszweck (z. B. Spekulationsgewinne und Verluste, Spenden u. ä.);
- außerordentliche neutrale Aufwendungen und Erträge:
  Sie stehen zwar mit dem Betriebszweck in Zusammenhang, sind jedoch
    - periodenfremd, d.h. die Verbuchung erfolgt nicht in dem Jahr, in dem sie betriebswirtschaftlich erzielt wurden (z.B. Steuernachzahlungen oder -rückvergütungen);
    - außerordentlich hohe oder einmalige Aufwendungen und Erträge, die so abnorm sind, daß sie die Kosten- und Leistungsstruktur nicht beeinflussen sollen (z.B. Verluste/Gewinne aus Anlagenverkäufen, Verluste durch Diebstahl);
- wertverschiedene neutrale Aufwendungen, die ihrem Wesen nach an sich Kosten darstellen, aber nicht mit ihrem effektiven Betrag in die Kostenrechnung eingehen sollen, sondern mit einem kalkulatorischen Normwert (vgl. Kalkulatorische Kostenarten S. 107 ff.).

Das neutrale Ergebniskonto (Abgrenzungssammelkonto)

Die neutralen Aufwands- und Ertragskonten werden auf das neutrale Ergebniskonto abgeschlossen. Dessen Saldo gibt den Teil des Gesamterfolgs an, der aus nicht betrieblich bedingten Vorgängen resultiert.

Den Gesamtzusammenhang gibt folgendes Schema wieder:

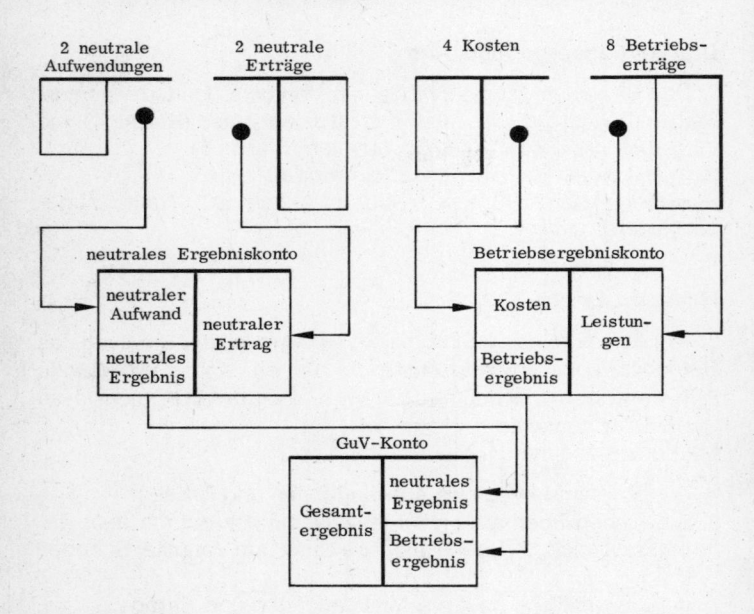

Aufgaben

Ordnen Sie die folgenden Positionen den Gruppen

Aufwand
Ertrag
Kosten
Erlöse

zu und geben Sie jeweils das Konto und die zugehörige Kontenklasse nach dem GKR an:

Löhne
Miete für das Fabrikgebäude
Zinsen für eine Darlehensschuld
Wechseldiskont für einen Schuldwechsel (Akzept)

LE 7: Sachliche Abgrenzung

Telefongebühren
Materialverbrauch
Zinsen für Bankguthaben
Abschreibungen
Brandschaden an einer Maschine
Gehälter
Umsätze
Kundenskonti
Lieferantenskonti
Gesetzliche Sozialleistungen
Spesen beim Wechselverkehr
Kfz-Versicherungsprämie
Börsenspekulationsgewinne
Warenrücksendungen vom Kunden
Mieteinnahmen
Gewerbesteuer
Gebäudereparatur

Lösungen

Position	neutraler Aufwand (Klasse 2)	Kosten (Klasse 4)	neutraler Ertrag (Klasse 2)	Betriebsertrag (Klasse 8)	mögliche Kontenbezeichnung
Löhne		×			4 Löhne
Miete für Fabrikgebäude	×				2 Haus- und Grundstücksaufwand
Schuldzinsen	×				2 Zinsaufwand
Diskont für Akzept	×				2 Zinsaufwand (oder 2 Diskontaufwand)
Telefongebühren		×			4 allg. Geschäftskosten
Materialverbrauch		×			4 Materialkosten
Guthabenzinsen			×		2 Zinserträge
Abschreibung		×			4 Abschreibungen
Brandschaden	×				2 außerordentl. Aufwand
Gehälter		×			4 Gehälter
Umsätze				×	8 Umsatzerlöse (8 Verkaufserlöse)
Kundenskonti				×	8 Erlösschmälerungen
Lieferantenskonti					keine Erfolgsbuchung
Gesetzl. Sozialleistungen		×			4 Sozialkosten
Wechselspesen		×			4 Nebenkosten des Geldverkehrs

LE 7: Sachliche Abgrenzung

Position	neutraler Aufwand (Klasse 2)	Kosten (Klasse 4)	neutraler Ertrag (Klasse 2)	Betriebs-ertrag (Klasse 8)	mögliche Kontenbezeichnung
Kfz-Versicherung		×			4 Kosten des Fuhrparks
Börsengewinne			×		2 a. o. Ertrag
Warenrücksendung von Kunden				×	8 Erlösschmälerungen
Mieteinnahmen			×		2 Mieterträge
Gewerbesteuer		×			4 Betriebssteuern
Gebäudereparatur	×				2 Haus- und Grundstücks-aufwand

Lerneinheit 8: Buchungen mit Mehrwertsteuer

Lernziele

- *Steuerpflichtige Umsätze*
- *Mehrwertsteuer und Vorsteuer (Nettoumsatzsteuersystem)*
- *Bruttoverfahren und Nettoverfahren*

Einführung

Steuerpflichtige Umsätze

In der Bundesrepublik wird auf die meisten Umsätze Umsatzsteuer erhoben. Nach § 1 UStG (Umsatzsteuergesetz) sind vor allem die drei folgenden Arten von Umsätzen steuerpflichtig:

1. Lieferungen, d.h. Verkäufe aller Art,
2. sonstige Leistungen, d.h. alle Dienstleistungen wie z.B. Reparaturleistungen, die Leistungen von Unternehmensberatern, Steuerberatern u.v.m.
3. Eigenverbrauch; hier sind im wesentlichen die Privatentnahmen von Unternehmern betroffen, sofern es sich um Sachentnahmen oder private Nutzung von Betriebsvermögen handelt. Lediglich die Barentnahme unterliegt nicht der USt.

Steuerbefreit sind z.B. die Dienstleistungen der Banken. (Zins auf Bankkredit ohne Umsatzsteuer, Zins auf Privatkredit mit Umsatzsteuer.)

Mehrwertsteuer und Vorsteuer

Die deutsche USt ist eine Nettosteuer (ab 1.1.1968). Sie besteuert nur die von der Unternehmung erbrachte Wertschöpfung (Mehrwert). Rechentechnisch wird diese Mehrwertbesteuerung dadurch erreicht, daß

- bei Ausgangsrechnungen die volle Umsatzsteuer als Steuerschuld gebucht wird. (Konto »1 berechnete MwSt«, oft kurz nur »1 MwSt«)
  Buchungssatz z.B. 1 Bank an 8 Erlöse
  an 1 ber. MwSt;

- bei Eingangsrechnungen die im Rechnungsbetrag enthaltene Umsatzsteuer (die sog. Vorsteuer) als Forderung gegen das Finanzamt auf dem Konto »1 Vorsteuer« gebucht wird.

Buchungssatz z. B.

3 Wareneinkauf
1 Vorsteuer an   1 Bank.

An das Finanzamt muß nur die Umsatzsteuerzahllast abgeführt werden. Diese ist die Differenz zwischen der ber. MwSt und der abzuziehenden Vorsteuer. Sie wird berechnet und gebucht, indem man den Saldo des Kontos »1 Vorsteuer« auf das Konto »1 ber. MwSt« überträgt mit dem

Buchungssatz: 1 ber. MwSt an 1 Vorsteuer.

Die USt-Zahllast muß vom Unternehmen jeweils monatlich selbst berechnet werden. Sie ist bis zum 10. Tag nach Ablauf des Monats an das Finanzamt zu bezahlen (sog. USt-Voranmeldung).

Hat ein Unternehmen in einer Periode höhere Eingangsrechnungsbeträge als Verkaufserlöse, dann ist es durchaus möglich, daß sich am Monatsende per Saldo eine Forderung gegen das Finanzamt ergibt (vgl. das nachfolgende Beispiel).

Nettoverfahren der USt-Buchung

Hier bucht man die Umsatzsteuer wie oben beschrieben sofort bei jedem Buchungsfall. Auf den Sachkonten stehen dann nur Netto-Beträge, die keinen Steueranteil mehr enthalten. Dieses Nettoverfahren wird vor allem von Industrie- und Großhandelsbetrieben angewendet.

Bruttoverfahren der USt-Buchung

Bei diesem Verfahren werden zunächst alle Beträge brutto, d. h. incl. USt, gebucht. Beim Abschluß der Konten müssen jeweils die entsprechenden MwSt- bzw. Vorsteuerbeträge aus dem Saldo herausgerechnet und auf die zugehörigen Steuerkonten gebucht werden. Dieses Verfahren wird seltener angewendet, und zwar nur vom Einzelhandel für die Warenverkäufe.

In diesem Buch wird deshalb bei allen Beispielen nach dem Nettoverfahren gebucht. Da die Höhe der Steuersätze für die grundlegende Buchungstechnik ohne Einfluß ist, wird in diesem Buch für die Umsatzsteuer ein Steuersatz von 10 % angenommen.

LE 8: Buchungen mit Mehrwertsteuer

Aufgaben

Geben Sie für die folgenden Geschäftsvorfälle die Buchungssätze an, buchen Sie auf T-Konten und erstellen Sie den Abschluß. Verwenden Sie das geteilte Warenkonto.

Eröffnungsbilanz

Grundstücke und		Eigenkapital	100.000
Gebäude	50.000	Bank	60.000
Maschinen	30.000		
Geschäftsausstattung	20.000		
Waren	50.000		
Kasse	10.000		
	160.000		160.000

1. Zieleinkauf von Rohstoffen DM 10.000,–
   MwSt DM 1.000,–
2. Warenverkauf auf Ziel DM 20.000,–
   MwSt DM 2.000,–
3. Für Gebäudereparatur werden in Rechnung gestellt
   DM 5.000,– MwSt DM 500,–
4. Banküberweisung von Kunden DM 11.000,–
5. Zielverkauf von Waren DM 10.000,–
   MwSt DM 1.000,–
6. Ausgangsfracht hierauf (bar) DM 500,–
   MwSt DM 50,–
7. Rücksendung von Rohstoffen an Lieferer (incl. MwSt)
   DM 1.100,–
8. Barzahlung für Maschinenreparatur DM 1.000,–
   MwSt DM 100,–
9. Private Warenentnahme des Unternehmers DM 5.000,–
   MwSt DM 500,–
10. Banküberweisung für Miete DM 2.000,–
11. Eine Rechnung für die Reparatur des Chef-Privatwagens wird per Bankscheck beglichen DM 1.000,–
    MwSt DM 100,–
12. Zielkauf von Waren DM 30.000,–
    MwSt DM 3.000,–
13. Mieteinnahme Bank DM 5.000,–
14. Wir kaufen ein Grundstück DM 100.000,–
    zu aktivierende Grunderwerbsteuer DM 7.000,–
    Wir bezahlen DM 50.000,– per Bankscheck; DM 57.000,– per Hypothek.

15. Der Grundstücksmakler schickt uns eine Rechnung über 3% des Kaufpreises zuzügl. 10% MwSt für seine Vermittlung (Aktivieren!).
16. Lohnzahlung bar DM 8.000,–
17. Wir bezahlen Bankzinsen DM 2.000,–
18. Wir verkaufen Ware auf Ziel. Nettowert DM 10.000,– abzüglich 10% Rabatt.

Abschlußangabe: Warenendbestand zu Einkaufspreisen DM 70.000,–.

Lösungen

Buchungssätze

1) 3 Rohstoffe 10.000
   1 Vorsteuer 1.000 an 1 Verbindlichkeiten 11.000

2) 1 Forderungen 22.000
      an 8 Warenverkauf 20.000
      an 1 MwSt 2.000

3) 2 Haus- u. Grundst.-aufwand 5.000
   1 Vorsteuer 500 an 1 Verbindlichkeiten 5.500

4) 1 Bank an 1 Forderungen 11.000

5) 1 Forderungen 11.000
      an 8 Warenverkauf 10.000
      an 1 MwSt 1.000

6) 4 Vertriebskosten 500
   1 Vorsteuer 50 an 1 Kasse 550

7) 1 Verbindlichkeiten 1.100
      an 3 Rohstoffe 1.000
      an 1 Vorsteuer 100

8) 4 Reparaturen 1.000
   1 Vorsteuer 100 an 1 Kasse 1.100

9) 1 Privat 5.500
      an 8 Warenverkauf 5.000
      an 1 MwSt 500

10) 4 Miete an 1 Bank 2.000

11) 1 Privat an 1 Bank 1.100

LE 8: Buchungen mit Mehrwertsteuer 53

12) 3 Waren 30.000
 1 Vorsteuer 3.000 an 1 Verbindlichkeiten 33.000

13) 1 Bank an 2 Mieterträge 5.000

14) 0 Grundstücke 107.000
 an 1 Bank 50.000
 an 0 Hypothek 57.000

15) 0 Grundstücke 3.000
 1 Vorsteuer 300 an 1 Verbindlichkeiten 3.300

Zu Geschäftsvorfall 14/15:
Nebenkosten beim Grundstückkauf sind genauso zu behandeln wie ein höherer Grundstückspreis.

16) 4 Löhne an 1 Kasse 8.000

17) 2 Zinsaufwand an 1 Bank 2.000

18) 1 Forderungen 9.900
 an 8 Warenverkauf 9.000
 an 1 MwSt 900

Vorbereitende Abschlußbuchungen:

A1) 9 SBK an 3 Waren 70.000
A2) 8 Warenverkauf an 3 Waren 10.000
A3) 0 Eigenkapital an 1 Privat 6.600
A4) 1 MwSt an 1 Vorsteuer 4.850
A5) 9 GuV (Gewinn) an 0 Eigenkapital 20.500

Buchung auf Konten:

Aktivkonten

0 Grundstücke und Gebäude

AB	50.000	SBK	160.000
(14)	107.000		
(15)	3.000		
	160.000		160.000

0 Geschäftsausstattung

AB	20.000	SBK	20.000

0 Maschinen

AB	30.000	SBK	30.000

3 Rohstoffe

(1)	10.000	(7)	1.000
		SBK	9.000
	10.000		10.000

LE 8: Buchungen mit Mehrwertsteuer

3 Waren

AB	50.000	A1	70.000
(12)	30.000	A2	10.000
	80.000		80.000

1 Kasse

AB	10.000	(6)	550
		(8)	1.100
		(16)	8.000
		SBK	350
	10.000		10.000

1 Forderungen

(2)	22.000	(4)	11.000
(5)	11.000	SBK	31.900
(18)	9.900		
	42.900		42.900

1 Bank

(4)	11.000	AB	60.000
(13)	5.000	(10)	2.000
SBK	99.100	(11)	1.100
		(14)	50.000
		(17)	2.000
	115.100		115.100

1 Vorsteuer

(1)	1.000	(7)	100
(3)	500	A4	4.850
(6)	50		
(8)	100		
(12)	3.000		
(15)	300		
	4 950		4 950

Passivkonten

0 Eigenkapital

A3	6.600	AB	100.000
SBK	113.900	GuV	20.500
	120.500		120.500

1 Privat

(9)	5.500	A3	6.600
(11)	1.100		
	6.600		6.600

0 Hypotheken

SBK	57.000	(14)	57.000

1 Verbindlichkeiten

(7)	1.100	(1)	11.000
SBK	51.700	(3)	5.500
		(12)	33.000
		(15)	3.300
	52.800		52.800

1 MwSt

A4	4.850	(2)	2.000
		(5)	1.000
		(9)	500
		(18)	900
		SBK	450
	4.850		4.850

LE 8: Buchungen mit Mehrwertsteuer

Aufwands- und Kostenkonten

```
     2 Haus- u. Grundstücks-Aufw.              4 Vertriebskosten
(3)      5.000 | GuV     5.000       (6)       500 | GuV       500

          2 Zinsaufwand                           4 Miete
(17)     2.000 | GuV     2.000       (10)     2.000 | GuV     2.000

             4 Löhne                          4 Reparaturen
(16)     8.000 | GuV     8.000       (8)      1.000 | GuV     1.000
```

Ertrags- und Erlöskonten

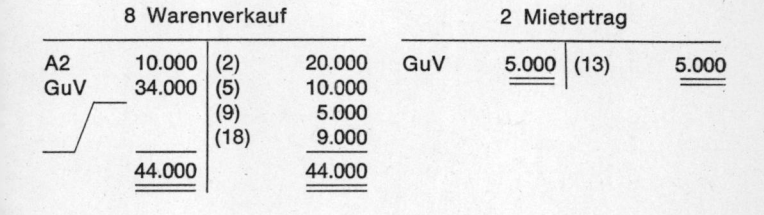

```
         8 Warenverkauf                          2 Mietertrag
A2    10.000 | (2)    20.000        GuV    5.000 | (13)    5.000
GuV   34.000 | (5)    10.000
             | (9)     5.000
             | (18)    9.000
      ──────   ──────
      44.000   44.000
```

Abschlußkonten

9 Gewinn- und Verlustkonto (GuV)

H + G	5.000	Warenverkauf	34.000
Zins	2.000	Miete	5.000
Löhne	8.000		
Vertriebskosten	500		
Miete	2.000		
Reparaturen	1.000		
Eigenkapital	20.500		
	39.000		39.000

9 Schlußbilanzkonto (SBK)

Grundstücke u. Gebäud.	160.000	Eigenkapital	113.900
Maschinen	30.000	Hypotheken	57.000
Geschäftsausstattung	20.000	Verbindlichkeiten	51.700
Rohstoffe	9.000	Bank	99.100
Waren	70.000		
Kasse	350		
Forderungen	31.900		
MwSt	450		
	321.700		321.700

Lerneinheit 9: Einzelprobleme der Verbuchung des Warenverkehrs

Lernziele

- *Bezugskosten und Vertriebskosten*
- *nachträgliche Preisnachlässe (Boni/Skonti)*
- *Rücksendungen und Gutschriften*
- *Rabatte*
- *private Warenentnahme*
- *Brutto- oder Nettoabschluß der Warenkonten*

Einführung

Bezugs- und Vertriebskosten

Bei der Anschaffung von Waren ebenso wie von anderen Wirtschaftsgütern können zusätzlich zum Kaufpreis noch Nebenkosten entstehen, z. B. für Eingangsfracht, Rollgelder, Zölle, Verpackungen, Transportversicherungen. Diese sogen. Bezugskosten oder Anschaffungsnebenkosten müssen grundsätzlich aktiviert werden, d. h., sie erhöhen den Bestand des entsprechenden Kontos.

Möglich, aber in der Praxis nicht immer angewandt, ist es, zunächst alle Warenbezugskosten auf einem eigenen Konto

»3 Bezugskosten«

zu sammeln und am Jahresende auf das Wareneinkaufskonto umzubuchen. Nebenkosten, die beim Vertrieb der Waren bzw. selbsterstellten Produkte entstehen, werden hingegen als Kosten auf den entsprechenden Vertriebskostenkonten verbucht (z. B. 4 Porti, 4 Vertreterprovision).

Nachträgliche Preisnachlässe

Skonti sind Preisnachlässe, die nachträglich, d. h. nach Erstellung der Rechnung, gewährt werden, wenn die Zahlung innerhalb einer kurzen Frist erfolgt.

Je nachdem ob es sich um die Bezahlung einer Lieferantenschuld oder um den Erhalt eines Forderungsbetrages jeweils unter Abzug von Skonto handelt, unterscheidet man:

Lieferantenskonti werden bei der Begleichung der Schuld vom Schuldner zurückbehalten. Laut GKR sind sie dem Konto »2 Skontoerträge« gutzuschreiben.

Die Wirtschaftspraxis bucht die Lieferantenskonti jedoch überwiegend nicht als Skontierträge, sondern bestandsmindernd über das Waren- bzw. Rohstoffeinkaufskonto. Hierdurch führen die Skontobeträge (über die Waren- bzw. Stoffbestände, über den Wareneinsatz bzw. die Stoffverbrauchskonten) zu einer Verminderung der Materialkosten.

Das gilt analog für Lieferantenskonti bei Anschaffung von Anlagegegenständen. Die Anschaffungskosten werden um die Skonti vermindert, damit reduziert sich die Basis für die spätere Abschreibung.

Nach der herrschenden Meinung in der Fachliteratur (z.B. Adler/ Düring/Schmaltz, Rechnungslegung und Prüfung der Aktiengesellschaft, z.B. Wirtschaftsprüferhandbuch) sollten Lieferantenskonti grundsätzlich als **Minderung der Anschaffungskosten** gebucht werden.

Unabhängig davon, wie die Lieferantenskonti gebucht werden, in jedem Fall ist die **Vorsteuer zu berichtigen,** da ursprünglich bei Rechnungseingang der volle Steuerbetrag gebucht wurde. Die Korrektur erfolgt mit dem Buchungssatz

1 Verbindlichkeiten
 an 1 Bank
 an 3 Waren
 an 1 Vorsteuer.

Hierzu ist der Skontobetrag aufzuspalten in einen Nettoanteil und einen Steueranteil.

Kundenskonti

Kundenskonti entstehen, wenn ein Kunde vom Skontoabzug Gebrauch macht. Laut GKR sind sie zu buchen auf das Konto »2 Skontiaufwendungen«. Ähnlich wie beim Lieferantenskonto bucht die Wirtschaftspraxis auch hier die Skonti nicht als neutralen Aufwand, sondern direkt als **Erlösschmälerung** in Kontenklasse 8.

Auch hier ist die berechnete Mehrwertsteuer entsprechend um den im Bruttoskontobetrag steckenden MwSt-Anteil zu reduzieren.

Buchungssatz:
1 Bank
8 Erlösschmälerungen
1 ber. MwSt
   an 1 Forderungen

Boni sind Preisnachlässe, die meist einmalig und nachträglich am Jahresende einem guten Kunden gewährt werden (z.B. Treuebonus). Als Lieferantenboni sind sie wie Lieferantenskonti **anschaffungskostenmindernd** über entsprechende Bestandskonten zu buchen. Als Kundenboni stellen sie **Erlösschmälerungen** (Kontenklasse 8) dar. Auch hier ist eine Vor- bzw. Mehrwertsteuerkorrektur nötig, da früher der volle Betrag gebucht worden war.

Für Boni und Skonti ist nochmals festzuhalten, daß die Ansichten über die Art ihrer Verbuchung nicht ganz einhellig sind. Insbesondere Handelsunternehmen buchen sie nicht als Bestandsminderung bzw. als Erlösschmälerung sondern sammeln sie auf gesonderten Konten (»Lieferantenskonti« und »Kundenskonti«), die über das Betriebsergebniskonto abgeschlossen werden.

Rabatte sind Preisnachlässe, die sofort bei Erstellung der Rechnung berücksichtigt werden. Sie können auf dem Konto »8 Erlösschmälerungen« erfaßt werden.

Eine Mehrwertsteuerkorrektur ist nicht nötig, da nur der verminderte Betrag als Forderung oder Schuld gebucht wird.

Rücksendungen und Gutschriften

Rücksendungen von Waren und Gutschriften (d.h. nachträglicher Preisnachlaß z.B. aufgrund von Mängelrügen) werden buchungstechnisch gleich behandelt.
Rücksendungen bzw. Gutschriften **beim Wareneinkauf** sind als Bestandsminderung im Haben des entsprechenden Waren- oder Rohstoffkontos gebucht. Selbstverständlich muß die Vorsteuer berichtigt werden.

Buchungssatz:
1 Verbindlichkeiten
   an 3 Waren
   an 1 Vorsteuer

Beim Warenverkauf werden Rücksendungen und Gutschriften direkt dem Verkaufskonto belastet oder – häufiger – auf einem Unterkonto »8 Erlösschmälerungen« des Warenverkaufskontos gesammelt und am Jahresende über das Konto »8 Warenverkauf« abgeschlossen. Auch hier ist die Mehrwertsteuer zu berichtigen.

Buchungssatz:
8 Erlösschmälerungen
1 MwSt an 1 Forderungen

Die Tatsache, daß bei Rücksendungen von Kunden sich auch die Bestände ändern, wird bei dieser Buchung noch nicht berücksichtigt. Die Bestandsänderung wird erst beim Abschluß der Konten anhand der Inventur festgestellt und gebucht (vgl. S. 98 ff.).

Private Warenentnahme

Entnimmt ein Gesellschafter einer Personengesellschaft Waren, dann ist dies wie ein normaler Warenverkauf zu buchen.

Buchungssatz:
1 Privat
  an 8 Warenverkauf
  an 1 ber. MwSt

Brutto- oder Nettoabschluß der Warenkonten

Es gibt zwei Möglichkeiten des Abschlusses von Warenkonten (geteilte Warenkonten!).

Beim **Nettoverfahren** werden die Warenverkäufe zu Einstandspreisen (= Wareneinsatz vgl. S. 22) ins Warenverkaufskonto übertragen. Der Saldo des Verkaufskontos gibt den Warengewinn (sog. Rohgewinn) an. Dieser geht ins GuV-Konto.

Beim **Bruttoverfahren** überträgt man den Wareneinsatz nicht ins Verkaufskonto, sondern direkt ins GuV-Konto. Dort stehen sich die Verkaufserlöse im Haben und der Wareneinsatz im Soll unsaldiert (Brutto) gegenüber. Handelsrechtlich ist die Anwendung des Bruttoverfahrens vorgesehen (§ 253 HGB).

Aufgaben

Für die nachfolgenden Geschäftsvorfälle sind die Buchungssätze anzugeben, die Buchungen sind auf T-Konten durchzuführen, und der Abschluß ist zu erstellen.

LE 9: Verbuchung des Warenverkehrs

Anfangsbestände:

0 Maschinen DM 100.000,–
3 Rohstoffe DM 50.000,–
3 Waren DM 100.000,–
1 Forderungen DM 80.000,–
1 Bankguthaben DM 20.000,–
1 Kasse DM 2.000,–
3 Betriebsstoffe DM 10.000,–
0 Fuhrpark DM 20.000,–
0 Eigenkapital DM 100.000,–
0 Darlehen DM 140.000,–
1 Mehrwertsteuerschuld DM 5.000,–
1 Verbindlichkeiten DM 137.000,–

Geschäftsvorfälle:

1. Zieleinkauf von Rohstoffen,
   Nettopreis DM 15.000,–
   MwSt DM 1.500,–
2. Zielverkauf von Waren
   Nettopreis DM 20.000,–
   MwSt DM 2.000,–
3. Ausgangsfracht hierauf, bar,
   netto DM 200,–
   MwSt DM 20,–
4. Wir bezahlen die Rohstoffrechnung von 1. unter Abzug von 2% Skonto.
5. Nach einiger Zeit stellt sich heraus, daß die bezogenen Rohstoffe einige Mängel aufweisen. Wir erhalten einen nachträglichen Preisnachlaß in Form einer Gutschrift von 10% des Rechnungsbetrages (DM 16.500,–).
6. Wir erhalten einen Bankscheck von unserem Kunden, mit dem er unsere Forderung über DM 22.000,– unter Abzug von 2% Skonto überweist.
7. Ein Lieferant setzt uns telefonisch davon in Kenntnis, daß die bestellte Ware zu Beginn nächster Woche geliefert werde, Warenwert DM 20.000,–, und daß wir bei sofortiger Zahlung Skonto in Höhe von 5% eingeräumt bekämen. Wir entschließen uns zur sofortigen Barzahlung.
8. Wir verkaufen Waren für netto DM 5.000,–. Der Kunde zahlt die Hälfte unter Abzug von 2% Skonto sofort bar, die andere Hälfte überweist er nach drei Wochen ohne Abzug.

9. Ein Lieferwagen für DM 30.000,– (Listenpreis) wird gekauft. Für Überführung werden uns DM 500,– zuzügl. MwSt in Rechnung gestellt. Wir geben einen gebrauchten Lieferwagen, der mit DM 6.000,– zu Buche steht für DM 8.000,– in Zahlung. Nach 3 Wochen überweisen wir die Restschuld unter Abzug von 2% Skonto.
10. Gutschrift an einen Kunden wegen Mängelrüge (keine Warenrücksendung) DM 5.500,–.
11. Ein Kunde sendet Ware im Wert von (netto) DM 2.000,– zurück. Er erhält eine Gutschrift.
12. Bei einem Feuerausbruch in der Werkshalle wird eine Maschine zerstört. Ihr Buchwert betrug DM 10.000,–. Die neubeschaffte Maschine kostet DM 25.000,– zuzügl. MwSt. Für Transport und Montage werden gesondert DM 2.000,– zuzügl. MwSt in Rechnung gestellt. Wir überweisen die Beträge nach 14 Tagen unter Abzug von 2% Skonto.
13. Wir erhalten aus Hongkong eine umsatzsteuerbefreite Rohstofflieferung netto DM 5.000,–. Unser ausländischer Lieferant stellt uns 10% Zoll und DM 100,– Fracht in Rechnung.
14. Als langjähriger Kunde erhalten wir von einem Rohstofflieferanten einen Treue-Bonus von DM 4.400,–.
15. Wir verkaufen Ware für DM 20.000,–. Unser Kunde erhält einen Rabatt von 10%. Er zahlt unsere Forderung unter Abzug von 2% Skonto bar.
16. Da die gelieferte Ware leichte Transportschäden aufweist, gewähren wir ihm einen nachträglichen Preisnachlaß von DM 550,–, den wir als Verbindlichkeit gegenüber unserem Kunden buchen. Den Preisnachlaß geben wir an das Transportunternehmen weiter, das für den Schaden verantwortlich ist.

Abschlußangabe:

Der Warenendbestand lt. Inventur beträgt DM 80.000,–.

Lösungen

1) 3 Rohstoffe 15.000
   1 Vorsteuer 1.500 an 1 Verbindlichkeiten 16.500

2) 1 Forderungen 22.000
   an 8 Warenverkauf 20.000
   an 1 Mehrwertsteuer 2.000

LE 9: Verbuchung des Warenverkehrs

3) 4 Vertriebskosten 200
   1 Vorsteuer 20 an 1 Kasse 220

4) 1 Verbindlichkeiten 16.500
     an 1 Bank 16.170
     an 3 Rohstoffe 300
     an 1 Vorsteuer 30

5) 1 Forderungen 1.650
     an 3 Rohstoffe 1.500
     an 1 Vorsteuer 150

6) 1 Bank 21.560
   8 Erlösschmälerungen 400
   1 MwSt 40 an 1 Forderungen 22.000

7) keine Buchung, da schwebendes Geschäft

8) 1 Kasse 2.695
   1 Forderungen 2.750
   8 Erlösschmälerungen 50
   1 MwSt 5
     an 8 Warenverkauf 5.000
     an 1 MwSt 500

   1 Bank an 1 Forderungen 2.750

9) 0 Fuhrpark 30.000
   1 Vorsteuer 3.000
   0 Fuhrpark 500
   1 Vorsteuer 50 an 1 Verbindlichkeiten 33.550

   1 Verbindlichkeiten 8.800
     an 0 Fuhrpark 6.000
     an 2 a.o. Ertrag 2.000
     an 1 MwSt 800

   Restschuld: 33.550 ∕ 8.800 = 24.750
   2% Skonto von 24.750 = 495 (450 Nettobetrag;
   45 Vorsteuer)

   1 Verbindlichkeiten 24.750
     an 1 Bank 24.255
     an 0 Fuhrpark 450
     an 1 Vorsteuer 45

10) 8 Erlösschmälerungen 5.000
    1 MwSt 500 an 1 Forderungen 5.500

11) 8 Erlösschmälerungen 2.000
    1 MwSt 200 an 1 Forderungen 2.200

12) 2 a.o. Aufwand an 0 Maschinen 10.000

    0 Maschinen 25.000
    1 Vorsteuer 2.500
    0 Maschinen 2.000
    1 Vorsteuer 200 an 1 Verbindlichkeiten 29.700

    1 Verbindlichkeiten 29.700
      an 1 Bank 29.106
      an 0 Maschinen 540
      an 1 Vorsteuer 54

13) Rohstoffe 5.600 an 1 Verbindlichkeiten 5.600

14) 1 Verbindlichkeiten 4.400
      an 3 Rohstoffe 4.000
      an 1 Vorsteuer 400

15) Warenpreis   20.000
    ./. Rabatt   2.000

    Warenpreis   18.000
    MwSt   1.800

    Rechnungspreis   19.800   ./. 2% Skonto = 396 (360; 36)

    1 Forderungen 19.800
      an 8 Warenverkauf 18.000
      an 1 MwSt 1.800

    1 Kasse 19.404
    8 Erlösschmälerungen 360
    1 MwSt 36 an 1 Forderungen 19.800

16) 8 Erlösschmälerungen 500
    1 MwSt 50 an 1 Verbindlichkeiten 550

    1 Forderungen 550
      an 2 a.o. Ertrag 500
      an 1 MwSt 50

Abschlußbuchungen:

A1) 9 Schlußbilanzkonto an 3 Waren 80.000
A2) 8 Warenverkauf an 3 Waren 20.000
A3) 1 MwSt an 1 Vorsteuer 6.591
A4) 8 Warenverkauf an 8 Erlösschmälerungen 8.310
A5) 9 GuV an 0 Eigenkapital 6.990

LE 9: Verbuchung des Warenverkehrs

0 Maschinen

AB	100.000	(12)	10.000
(12)	25.000	(12)	540
(12)	2.000	SBK	116.460
	127.000		127.000

0 Fuhrpark

AB	20.000	(9)	6.000
(9)	30.000	(9)	450
(9)	500	SBK	44.050
	50.500		50.500

1 Forderungen

AB	80.000	(6)	22.000
(2)	22.000	(8)	2.750
(5)	1.650	(10)	5.500
(8)	2.750	(11)	2.200
(15)	19.800	(15)	19.800
(16)	550	SBK	74.500
	126.750		126.750

1 Bank

AB	20.000	(4)	16.170
(6)	21.560	(9)	24.255
(8)	2.750	(12)	29.106
SBK	25.221		
	69.531		69.531

1 Kasse

AB	2.000	(3)	220
(8)	2.695	SBK	23.879
(15)	19.404		
	24.099		24.099

3 Rohstoffe

AB	50.000	(4)	300
(1)	15.000	(5)	1.500
(13)	5.600	(14)	4.000
		SBK	64.800
	70.600		70.600

3 Betriebsstoffe

AB	10.000	SBK	10.000

3 Waren

AB	100.000	A1	80.000
		A2	20.000
	100.000		100.000

1 Verbindlichkeiten

(4)	16.500	AB	137.000
(9)	8.800	(1)	16.500
(9)	24.750	(9)	33.550
(12)	29.700	(12)	29.700
(14)	4.400	(13)	5.600
SBK	138.750	(16)	550
	222.900		222.900

1 MwSt

(6)	40	AB	5.000
(8)	5	(2)	2.000
(10)	500	(8)	500
(11)	200	(9)	800
(15)	36	(15)	1.800
(16)	50	(16)	50
A3	6.591		
SBK	2.728		
	10.150		10.150

LE 9: Verbuchung des Warenverkehrs

1 Vorsteuer

(1)	1.500	(4)	30
(3)	20	(5)	150
(9)	3.000	(9)	45
(9)	50	(12)	54
(12)	2.500	(14)	400
(12)	200	A3	6.591
	7.270		7.270

4 Vertriebskosten

(3)	200	GuV	200

2 a.o. Aufwand

(12)	10.000	GuV	10.000

0 Eigenkapital

SBK	106.990	AB	100.000
		GuV	6.990
	106.990		106.990

8 Erlösschmälerungen

(6)	400	A4	8.310
(8)	50		
(10)	5.000		
(11)	2.000		
(15)	360		
(16)	500		
	8.310		8.310

0 Darlehen

SBK	140.000	AB	140.000

8 Warenverkauf

A2	20.000	(2)	20.000
A4	8.310	(8)	5.000
GuV	14.690	(15)	18.000
	43.000		43.000

2 a.o. Ertrag

GuV	2.500	(9)	2.000
		(16)	500
	2.500		2.500

Gewinn- und Verlustrechnung (GuV)

Vertriebskosten	200	Warenverkauf	14.690
a.o. Aufwand	10.000	a.o. Ertrag	2.500
Gewinn (Eigenkapital)	6.990		
	17.190		17.190

9 Schlußbilanzkonto (SBK)

Maschinen	116.460	Eigenkapital	106.990
Fuhrpark	44.050	Verbindlichkeiten	138.750
Rohstoffe	64.800	Darlehen	140.000
Betriebsstoffe	10.000	Bankschulden	25.221
Waren	80.000	MwSt	2.728
Forderungen	74.500		
Kasse	23.879		
	413.689		413.689

Lerneinheit 10: Anschaffung, Herstellung, Abschreibung und Verkauf von Anlagegütern

Lernziele

- *Aktivierung von Anschaffungs- und Anschaffungsnebenkosten*
- *Selbsterstellte Anlagen*
- *Erhaltungsaufwand, Herstellungsaufwand*
- *Anzahlungen von Anlagen*
- *Direkte und indirekte Abschreibung*
- *lineare und degressive Abschreibung*
- *geringwertige Wirtschaftsgüter*
- *Verkauf abgeschriebener Anlagen*

Einführung

Anschaffung von Anlagegütern

Beim Kauf von Anlagegütern sind im allgemeinen folgende Vorfälle zu buchen:

- Der Preis des Anlagegutes,
- die Vorsteuer hierauf,
- die Anschaffungsnebenkosten (Montage, Fracht, Rollgeld, Transportversicherung u. ä.),
- die Vorsteuer auf die Anschaffungsnebenkosten.

Die Buchung der Vorsteuer, die sowohl auf den Rechnungspreis als auch auf die Anschaffungsnebenkosten berechnet wird, bereitet keine neuen Schwierigkeiten. Hier wird das Konto »1 Vorsteuer« belastet.

Unproblematisch ist auch die **Aktivierung des Kaufpreises** auf dem entsprechenden Anlagenkonto.

Für die Buchung der **Anschaffungsnebenkosten** besteht nach Handels- und Steuerrecht Aktivierungspflicht. Sie dürfen deshalb weder als neutraler Aufwand noch als Kosten den Gewinn mindern. Sie müssen vielmehr als Zugang auf dem Anlagenkonto im Soll gebucht werden. Die Bezeichnung Kosten verleitet hier häufig zu Falschbuchungen.

Selbsterstellte Anlagen

Werden Anlagegüter nicht angeschafft, d. h. von Dritten gekauft, sondern im Unternehmen selbst hergestellt, so ergeben sich zusätzliche Buchungsprobleme.

Auch diese Anlagegüter müssen aktiviert werden, d. h. einem Anlagenkonto belastet werden, da sie das Anlagevermögen des Unternehmens erhöhen. Als Gegenkonto kann hier jedoch kein Zahlungsmittel- oder Verbindlichkeitskonto Verwendung finden, da für die Herstellung dieser Anlagegüter kein Kaufpreis bezahlt wurde. Hier wurden Löhne, Gehälter, Material, Energie sowie sonstige Produktions- und Verwaltungskosten anteilig aufgewendet. Diese Kosten wurden aber bereits bei ihrem Entstehen erfolgswirksam gebucht (Buchungssatz »4 Kostenkonto an 1 Bank/Kasse/Verbindlichkeit).

Da die Herstellung von Anlagen durch das eigene Unternehmen buchhalterisch erfolgsneutral durchzuführen ist (genau so wie ein Kauf) müssen die bereits gebuchten Kosten durch eine entsprechende Ertragsgegenbuchung wieder neutralisiert werden.

Dies erfolgt mit dem Buchungssatz:
»0 Anlagen an 8 aktivierte Eigenleistungen«.

Das Ertragskonto »8 aktivierte Eigenleistungen« wird über das Betriebsergebniskonto abgeschlossen. Der Buchungsbetrag muß den Herstellkosten (vgl. Anhang, S. 179) des Anlagegutes entsprechen.

Die Aktivierung selbststellter Anlagen löst keine UStpflicht aus.

Zu aktivieren sind gleichermaßen Großreparaturen, sofern sie die Nutzungsdauer des Wirtschaftsgutes verlängern (z. B. Austauschmotor) oder seine Verwendungsmöglichkeiten erheblich vergrößern (sog. **Herstellungsaufwand).**

Reparaturen, die lediglich der Erhaltung des Wirtschaftsgutes dienen, sind als Aufwand gewinnmindernd zu buchen (sog. **Erhaltungsaufwand).**

Anzahlungen auf Anlagen

Häufig werden beim Kauf von Anlagegütern Anzahlungen vereinbart. Handelt es sich um Anzahlungen von Kunden, dann erfolgt eine Gutschrift auf Konto »1 erhaltene Anzahlungen«.

LE 10: Anschaffg., Abschr., Verkauf von Anlagegütern

Bei geleisteten eigenen Anzahlungen wird das Konto »1 geleistete Anzahlungen« belastet.

Bei Anzahlungen unter 10.000,– DM erfolgt keine USt-Buchung. Die USt wird erst zusammen mit der Endrechnung gebucht. Übersteigt der Anzahlungsbetrag die Grenze von DM 10.000,–, dann ist bereits bei der Anzahlung die USt zu berücksichtigen.

Abschreibung von Anlagegütern

Die Abschreibung soll die Anschaffungsausgaben für das Wirtschaftsgut dem tatsächlichen Wertverzehr entsprechend auf die Jahre der Nutzung als Kosten verteilen (vgl. hierzu auch LE 15 kalkulatorische Kosten).

Durch die Abschreibung werden in Höhe des Abschreibungsbetrages gemindert:

1) der Buchwert der Anlage (Habenbuchung auf einem Bestandskonto),
2) der Gewinn (Sollbuchung auf dem Kostenkonto »4 Abschreibungen auf Anlagen«).

Es gibt zwei Verfahren:

Direkte Abschreibung: Der Buchwert des betroffenen Anlagengutes wird direkt durch Gutschrift auf dem Anlagenkonto reduziert.

Indirekte Abschreibung: Das Anlagenkonto bleibt von der Abschreibung unberührt, die Gutschrift erfolgt auf dem passiven Bestandskonto »0 Wertberichtigung auf Anlagen«.

Merkmale der Abschreibungsverfahren	
direkt	indirekt
Jede Abschreibung vermindert den Buchwert auf dem Anlagenkonto direkt.	Buchwert auf dem Anlagenkonto bleibt immer in Höhe der Anschaffungskosten.
Ursprüngliche Anschaffungskosten der Anlagen sind nicht mehr aus der Bilanz ersichtlich.	Ursprüngliche Anschaffungskosten der Anlagen bleiben immer in voller Höhe erhalten.

Merkmale der Abschreibungsverfahren	
direkt	indirekt
Alter der Anlagen kann nicht geschätzt werden, da keine Werte über bisherige Abschreibungen in der Bilanz vorhanden.	Alter der Anlagen kann geschätzt werden. Saldo des Wertberichtigungskontos gibt die bisherigen Abschreibungen an.
Aktueller Restbuchwert sofort ablesbar. Bilanzsumme entspricht eher dem tatsächlichen Wert des Vermögens.	Aktueller Restbuchwert erst nach Differenzbildung von Anlagensaldo ./. Wertberichtigungssaldo verfügbar. Aufblähung der Bilanzsumme.

Die Höhe der jährlichen Abschreibung hängt vor allem von der gewählten Abschreibungsart ab. Bei **linearer Abschreibung** wird jedes Jahr derselbe Betrag abgeschrieben, solange bis der Buchwert am Ende der Nutzungsdauer den Wert 0 annimmt. Der Abschreibungsbetrag errechnet sich deshalb durch Division der Anschaffungskosten (incl. Anschaffungsnebenkosten) durch die Zahl der geplanten Nutzungsjahre.

Die **degressive Abschreibung** wird überwiegend in der Form der sog. Buchwertabschreibung (auch geometrisch-degressive Abschreibung genannt) angewandt. Der jährliche Abschreibungsbetrag wird mit zunehmender Abschreibungsdauer immer kleiner und errechnet sich durch Multiplikation des jeweiligen Restbuchwertes mit einem konstanten Abschreibungsprozentsatz. Da auf diese Weise niemals der Wert 0 erreicht werden kann, muß im letzten Nutzungsjahr der noch verbleibende Restbuchwert vollständig abgeschrieben werden.

Soll das Anlagegut nach Ablauf der gewöhnlichen Nutzungsdauer (= Abschreibungszeitraum) dennoch weiter genutzt werden, dann darf es nicht auf den Wert 0 sondern nur auf einen sog. **Erinnerungswert** von 1 DM abgeschrieben werden, der bis zum endgültigen Ausscheiden aus dem Betriebsvermögen beibehalten werden muß.

Zur Frage der Zulässigkeit der verschiedenen Abschreibungsarten wird auf Anhang 3 verwiesen.

Die Buchungstechnik ist in jedem Falle unabhängig von der gewählten Abschreibungsart.

LE 10: Anschaffg., Abschr., Verkauf von Anlagegütern

Geringwertige Wirtschaftsgüter

Eine Besonderheit weist die Anschaffung oder Herstellung von Anlagegütern auf, deren Anschaffungskosten bzw. Herstellungskosten (excl. MwSt) den Betrag von DM 800,– nicht übersteigt.

Diese Anlagegüter können sofort im Jahr der Anschaffung oder Herstellung voll abgeschrieben werden, der Ansatz eines Erinnerungswertes ist nicht zulässig. Da es sich um ein Wahlrecht handelt, können solche Anlagegüter auch wie üblich aktiviert und über die Laufzeit abgeschrieben werden.

Verkauf von Anlagegütern

Beim Verkauf von Anlagegütern sind im allgemeinen die folgenden Vorfälle zu buchen:
– Abgang vom Anlagenkonto,
– Mehrwertsteuer vom Verkaufspreis,
– Zugang auf einem Finanzkonto (Bank, Kasse, Forderungen o. ä.),
– a.o. Aufwand oder Ertrag, je nachdem ob der Verkaufserlös unter oder über dem Restbuchwert liegt.

Wird ein Anlagegut verkauft, das direkt abgeschrieben worden ist, dann kann es direkt aus dem Anlagekonto ausgebucht werden.

Wurde es indirekt abgeschrieben, dann ist zuerst das betreffende Wertberichtigungskonto aufzulösen, indem mit dem Buchungssatz

»0 Wertberichtigung an 0 Anlagen«

der Saldo auf das Anlagenkonto übertragen wird.

Aufgaben

Geben Sie die Buchungssätze an:

1. Kauf einer Maschine für DM 100.000,–. Für Montage müssen DM 2.000,–, für Transport DM 500,– vom Käufer bezahlt werden.
2. Der Umbau einer Lagerhalle führt zur Verdoppelung der Lagerfläche. Die Baukosten (DM 100.000,–) werden per Banküberweisung bezahlt.

3. Im Kühlraum eines Lebensmittelgroßmarktes ist ein Kühlaggregat ausgefallen. Die Reparaturkosten belaufen sich auf DM 20.000,–.
4. Die Bau-OHG kauft eine moderne Baustahlbiegemaschine per Banküberweisung (Anschaffungskosten 50.000,– DM). Das erforderliche Fundament wird von der Bau-OHG selbst hergestellt. Hierdurch werden Material, Löhne und sonstige Fertigungskosten in Höhe von insgesamt DM 10.000,– verursacht.
5. Die A-AG erteilt einen Auftrag über die Lieferung einer Transportförderanlage im Wert von DM 100.000,–. Als Anzahlung sind DM 30.000,– bei Vertragsabschluß, der Rest ist nach erfolgter Lieferung fällig.
   a) wie bucht der Auftraggeber
      – bei Leistung der Anzahlung
      – bei Erhalt der Endrechnung?
   b) Wie bucht der Auftragnehmer?
6. Direkte Abschreibung:
   Das Konto Fuhrpark weist einen Bestand von DM 100.000,– im Soll aus. Am Jahresende werden DM 20.000,– direkt abgeschrieben.
   Geben Sie die Buchungssätze an, buchen Sie auf T-Konten und buchen Sie den Endbestand im Schlußbilanzkonto.
7. Indirekte Abschreibung:
   Dasselbe Beispiel wie oben, jedoch indirekte Abschreibung ebenfalls mit Buchungssätzen, T-Konten und Schlußbilanzkonto.
8. Kauf einer elektrischen Schreibmaschine zu Jahresbeginn (DM 700,– zuzüglich MwSt) mit einer betriebsgewöhnlichen Nutzungsdauer von 5 Jahren.
   a) Geben Sie den Buchungssatz bei Sofortabschreibung als geringwertiges Wirtschaftsgut an!
   b) Erstellen Sie die Abschreibungspläne für
      – den Fall linearer Abschreibung
      – den Fall degressiver Abschreibung (Abschreibungsprozentsatz gem. EStG 30%).
   Da die Buchungstechnik von der Höhe der Abschreibungsbeträge unabhängig ist, kann auf die Angabe der Buchungssätze verzichtet werden.
9. Verkauf von direkt abgeschriebenen Anlagegütern.
   Eine Maschine wird verkauft, Restbuchwert DM 3.000,–.
   Der Verkaufserlös ist
   Fall I: DM 4.000,–

LE 10: Anschaffg., Abschr., Verkauf von Anlagegütern

Fall II: DM 2.000,–
Fall III: DM 3.000,–.
Geben Sie jeweils die Buchungssätze an!
10. Verkauf von indirekt abgeschriebenen Anlagegütern.
Eine Maschine wird verkauft.
Anschaffungswert DM 20.000,–
Wertberichtigung   DM 17.000,–
Verkaufserlöse wie oben. Geben Sie die Buchungssätze an!

Lösungen

1) 0 Maschinen 102.500
   1 Vorsteuer 10.250 an 1 Verbindlichkeiten 112.750

2) 0 Gebäude 100.000
   1 Vorsteuer 10.000 an 1 Bank 110.000

3) 2 a.o. Aufwand 20.000
   1 Vorsteuer 2.000 an 1 Verbindlichkeiten 22.000

4) 0 maschinelle Anlagen 60.000
   1 Vorsteuer 5.000
     an 1 Bank 55.000
     an 8 aktivierte Eigenleistungen 10.000

5) a) Auftraggeber:
      Buchungen bei Anzahlung
      1 geleistete Anzahlungen 30.000
      1 Vorsteuer 3.000
        an Bank 33.000

      Buchungen bei Endrechnung
      0 maschinelle Anlagen 100.000
      1 Vorsteuer 7.000
        an 1 geleistete Anzahlungen 30.000
        an 1 Bank 77.000

   b) Auftragnehmer
      Buchungen bei Anzahlung
      1 Bank 33.000
        an 1 erhaltene Anzahlungen 30.000
        an 1 MwSt 3.000

Buchungen bei Endrechnung
1 Bank 77.000
1 erhaltene Anzahlungen 30.000
 an 8 Erlöse 100.000
 an 1 MwSt 7.000

6) 4 Abschreibung auf Anlagen an 0 Fuhrpark 20.000

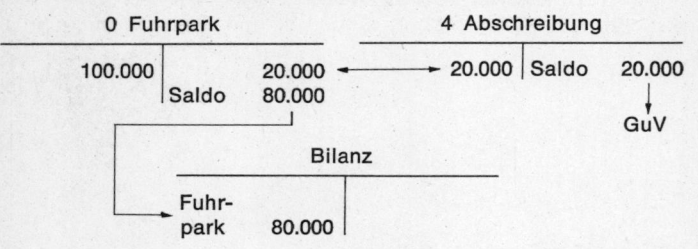

```
    0 Fuhrpark                    4 Abschreibung
100.000 |    20.000  ←——  20.000 | Saldo  20.000
        | Saldo 80.000                       ↓
                                             GuV
                    Bilanz
        Fuhr-
        park    80.000 |
```

7) 4 Abschreibung auf Anlagen an 0 Wertberichtigung Anlagen 20.000

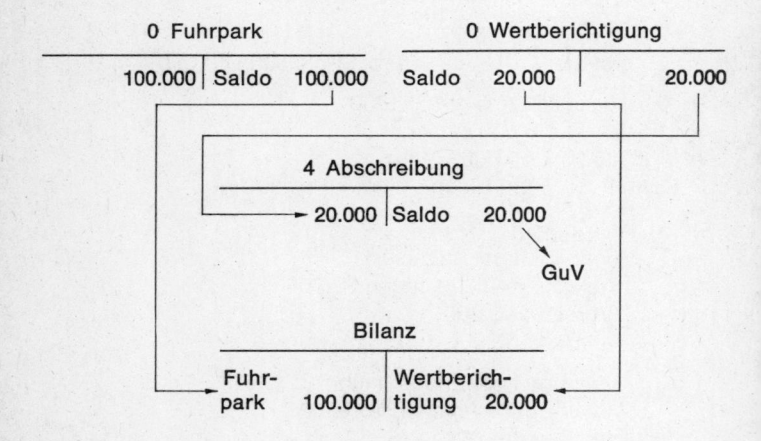

```
    0 Fuhrpark                  0 Wertberichtigung
100.000 | Saldo 100.000    Saldo  20.000 |   20.000

                 4 Abschreibung
              →  20.000 | Saldo  20.000
                                   ↘
                                    GuV

                      Bilanz
        Fuhr-                  Wertberich-
     →  park   100.000 |       tigung      20.000 ←
```

8) a) 0 geringwertige Wirtschaftsgüter 700
      1 Vorsteuer 70
       an 1 Bank 770

   Am Jahresende wird der Saldo als Sonderabschreibung auf ein außerordentliches Aufwandskonto übertragen.

   2 a.o. Aufwand an 0 geringwertige Wirtschaftsgüter 700

LE 10: Anschaffg., Abschr., Verkauf von Anlagegütern

b) Abschreibungsplan bei linearer Abschreibung (Abschreibungsbetrag = 700:5 = 140,–) und bei degressiver Abschreibung (Abschreibungsprozentsatz = 30%).

Jahr	lineare Abschreibung		degressive Abschreibung	
	Abschreibungs-betrag	Restbuchwert	Abschreibungs-betrag	Restbuchwert
1	140,–	560,–	210,–	490,–
2	140,–	420,–	147,–	343,–
3	140,–	280,–	103,–	240,–
4	140,–	140,–	72,–	168,–
5	140,–	0,–	168,–	0,–

Buchungssätze wie in Beispiel 6, jedoch andere Beträge.

9) Verkauf einer direkt abgeschriebenen Maschine
   Fall I: Verkaufserlös DM 4.000,–
   Bank 4.400
     an 0 Maschine 3.000
     an 2 a.o. Ertrag 1.000
     an 1 MwSt 400

   Fall II: Verkaufserlös DM 2.000,–
   1 Bank 2.200
   2 a.o. Aufwand 1.000
     an 0 Maschine 3.000
     an 1 MwSt 200

   Fall III: Verkaufserlös DM 3.000,–
   1 Bank 3.300
     an 0 Maschine 3.000
     an 1 MwSt 300

10) Verkauf einer indirekt abgeschriebenen Maschine
    0 Wertberichtigung auf Anlagen an 0 Maschine 17.000

    Die Buchung des Verkaufs erfolgt jetzt wie bei direkter Abschreibung!

Lerneinheit 11: Leasing von Anlagegütern

Lernziele
- *Zurechnung des Leasingguts zum Leasingnehmer oder Leasinggeber*
- *Operate Leasing*
- *Finanzierungsleasing*
- *Aktivierung der Anschaffungskosten*
- *Aufteilung der Leasing-Raten in Aufwands- und Tilgungsanteil*
- *Abschreibungen*
- *Umsatzsteuerliche Behandlung*

Einführung

Zurechnung des Leasingguts zum Leasingnehmer oder Leasinggeber

Häufig werden Wirtschaftsgüter des Anlagevermögens nicht gekauft oder selbst hergestellt, sondern gemietet, weil z.B. die Höhe der Anschaffungs- oder Herstellungskosten nicht durch Eigenkapital oder Fremdkapital aufgebracht werden können. Mietet ein Unternehmen ein Anlagegut (z.B. eine EDV-Anlage, eine Fabrikhalle, einen LKW, eine komplette Fließfertigungsanlage, eine Schreibmaschine), so stellt sich die Frage, bei wem das Anlagegut in der Bilanz erscheinen soll,

- beim Mieter (Leasing-Nehmer) oder
- beim Vermieter (Leasing-Geber),

da einerseits die wirtschaftliche Verfügungsmacht während der Mietzeit voll beim Leasing-Nehmer, andererseits aber das rechtliche Eigentum beim Leasing-Geber liegt.

Der Bundesfinanzhof hat hier folgende Grundsatzregel aufgestellt:

Fall 1: kurzfristig (in der Regel jederzeit kündbare) Vertragsverhältnisse über Anlagegüter, die nach Ablauf des Miet-/Leasing-Vertrages ohne große Schwierigkeiten weiter vermietet oder –

LE 11: Leasing von Anlagegütern

verkauft werden können, sind wie normale Mietverträge zu behandeln. Der Gegenstand wird in der Bilanz des Vermieters (Leasing-Gebers) aktiviert.

Fall 2: Bei langfristigen Mietverträgen ist das Anlagegut immer dann dem Leasing-Nehmer (Mieter) bilanziell zuzurechnen, wenn
- sich die betriebsgewöhnliche Nutzungsdauer und die Grundmietzeit annähernd decken, und zwar unabhängig davon, ob dem Leasing-Nehmer ein Optionsrecht auf Kauf des Leasing-Gegenstands eingeräumt wurde;
- oder wenn die betriebsgewöhnliche Nutzungsdauer zwar erheblich länger ist als die Grundmietzeit, dem Leasing-Geber aber ein Recht auf Verlängerungs- oder Kaufoption zusteht, bei dessen Ausübung er nur einen einer Anerkennungsgebühr ähnelnden, wesentlich geringeren Betrag zu zahlen hat, als sich bei der Berechnung des dann üblichen Mietzinses oder Kaufpreises ergeben würde;
- oder wenn – ohne Rücksicht auf Grundmietzeit und Nutzungsdauer – der Leasing-Gegenstand speziell auf die Verhältnisse des Leasing-Nehmers zugeschnitten ist, und er nach Ablauf der Grundmietzeit nur noch bei diesem eine wirtschaftliche Verwertung finden kann.

Operate Leasing

Es handelt sich hier um ein gewöhnliches Mietverhältnis im Sinne des obigen Falles 1. Der Leasing-Nehmer behandelt die laufenden Leasing-Gebühren als Kosten und bucht:

4 Mieten
1 Vorsteuer
 an 1 Verbindlichkeiten

Der Leasing-Geber hat das Anlagegut in seiner Bilanz aktiviert. Ihm stehen die Abschreibungen hierauf zu.
Den Eingang der Leasing-Rate bucht er, je nachdem ob es sich um einen Betriebserfolg oder einen neutralen Ertrag handelt, auf Konten der Klasse 8 oder der Klasse 2.

Finanzierungs-Leasing

Diese Spielart des Leasings kommt hauptsächlich bei größeren Investitionsgütern in Betracht. Meist ist die indirekte Form anzutreffen, bei der nicht der Hersteller des Anlagegutes als Leasing-Geber fungiert, sondern eine eigene Leasing-Unternehmung.

Es liegt das folgende Schema zugrunde:

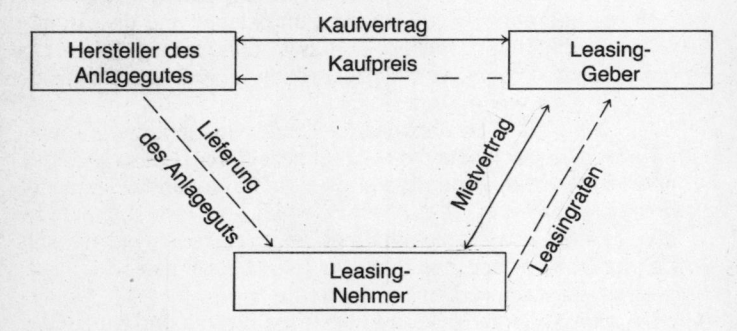

```
  ┌─────────────────┐   Kaufvertrag    ┌──────────┐
  │  Hersteller des │◄─────────────────│ Leasing- │
  │   Anlagegutes   │─ ─ Kaufpreis ─ ─►│  Geber   │
  └─────────────────┘                  └──────────┘
           │                                ▲
           │ Lieferung                      │
           │ des Anlageguts        Mietvertrag / Leasingraten
           ▼                                │
                    ┌──────────┐
                    │ Leasing- │
                    │  Nehmer  │
                    └──────────┘
```

Der **Leasing-Nehmer** hat den Gegenstand in seiner Bilanz mit den Anschaffungskosten zu aktivieren, die der Leasing-Geber bei der Berechnung der Leasing-Raten zugrundegelegt hat, zuzüglich etwaiger weiterer Anschaffungskosten oder Herstellungskosten, die nicht in den Mietraten enthalten sind (z.B. Transport, Versicherung, Aufwendungen für die Errichtung von Fundamenten, usw.). Die den Leasing-Raten zugrunde liegenden Anschaffungskosten sind im allgemeinen wesentlich höher als diejenigen Anschaffungskosten, die der Leasing-Geber beim Kauf vom Hersteller aufgewendet hat, da zusätzlich die gesamten Kosten des Leasing-Gebers sowie sein Gewinnzuschlag hierin verrechnet werden.

In Höhe der aktivierten Anschaffungskosten (jedoch ausschließlich jener Teile, die nicht bei der Berechnung der Leasing-Raten zugrunde gelegen haben) muß der Leasing-Nehmer eine Verbindlichkeit gegenüber dem Leasing-Geber passivieren.

Die laufenden Leasing-Raten sind in einen Aufwandsanteil (Zinsen und Kosten) sowie in einen Tilgungsanteil aufzuteilen. Der Aufwandsanteil ist gewinnmindernd als Aufwand zu buchen. Der Tilgungsanteil vermindert die passivierte Verbindlichkeit gegenüber dem Leasing-Geber erfolgsneutral.

Die Berechnung des Zins- und Kostenanteils der Leasing-Rate ist nach den rechtlichen Vorschriften wie folgt durchzuführen:

LE 11: Leasing von Anlagegütern

Summe aller Leasing-Raten (über alle Jahre)
minus Anschaffungskosten (laut Leasing-Vertrag)

= Summe der Zins- und Kostenanteile (aller Jahre)

Die Aufteilung dieser Summe darf nicht gleichmäßig (d. h. Division durch die Mietjahre) auf die Grundmietzeit verteilt werden, da infolge der laufenden Tilgungen der Zinsanteil von Jahr zu Jahr sinkt und der Tilgungsanteil entsprechend steigt.

Das Einkommensteuerrecht sieht hier die folgende Aufteilungsvorschrift vor:

Zins- und Kostenanteil des Jahres =
$$\frac{\text{Summe aller Zins- und Kostenanteile}}{1 + 2 + 3 + \ldots\ldots n} \cdot (1 + \text{Anzahl der restlichen Raten}),$$
wobei n die Dauer der Grundmietzeit in Jahren angibt.

Die **Abschreibung** auf das geleaste Anlagegut steht grundsätzlich dem zu, in dessen Bilanz das Gut zu aktivieren ist. Im Falle des Finanzierungsleasing also dem Leasing-Nehmer. Bemessungsgrundlage für die Abschreibung sind die Anschaffungskosten des Leasing-Gutes einschließlich derjenigen Teile der Anschaffungskosten, die nicht der Berechnung der Leasing-Rate zugrunde gelegen haben.

Einmalige Sonderzahlungen vor Beginn des Leasing-Verhältnisses durch den Leasing-Nehmer an den Leasing-Geber sind wie ein Disagio vom Leasing-Nehmer zu aktivieren und über die Grundmietzeit abzuschreiben (zum Disagio vgl. S. 128).

Umsatzsteuerlich wird das Finanzierungs-Leasing wie eine Lieferung behandelt. Als Entgelt für diese Lieferung, von dem die MwSt zu berechnen ist, zählt alles, was der Leasing-Nehmer hierfür aufwenden muß.

Im Falle des Finanzierungs-Leasings mit Kaufoption gilt:

Summe der Leasing-Raten während der Grundmietzeit
+ vereinbarter Restkaufpreis

= Bemessungsgrundlage für die USt

Im Falle des Finanzierungs-Leasings mit Verlängerungsoption gilt:

Summe der Leasing-Raten während der Grundmietzeit
+ Summe der Verlängerungsraten bis Ende der Nutzungsdauer

= Bemessungsgrundlage für die USt

Die USt ist zu Beginn des Leasing-Vertrags bei der Lieferung des Anlagegutes fällig. Die späteren jährlichen Leasingraten lösen dagegen keine USt-Pflicht mehr aus.

Für den Leasing-Geber gelten spiegelbildliche Überlegungen. Er hat eine Kaufpreisforderung in Höhe der Anschaffungskosten zu aktivieren, die durch den Tilgungsteil der Leasing-Raten getilgt wird. Der Zinsteil der Leasing-Raten stellt für ihn einen Ertrag dar.

Aufgaben

1. Die X-GmbH least (Operate leasing) von der Büromaschinenherstellerfirma Y 4 elektronische Schreibmaschinen und 2 Kopiergeräte für je 2 Jahre. Eine Kauf- oder Verlängerungsoption wurde nicht vereinbart. Als monatlich zu zahlende Raten wurden insgesamt DM 1.000,– vereinbart.
Wie buchen der Leasing-Nehmer und der Leasing-Geber?

2. Die Z-AG hat von einer Leasing-Gesellschaft einen ortsfesten Spezialkran geleast. Der Leasing-Geber hat bei der Ermittlung der Leasing-Raten Anschaffungskosten von DM 600.000,– zugrunde gelegt. Die jährlichen Leasing-Raten betragen DM 180.000,–. Die Grundmietzeit beträgt 5 Jahre. Nach Ablauf der Grundmietzeit wird eine Kaufoption für DM 30.000,– vereinbart. Für die Aufstellung des Kranes ist die Errichtung eines Fundamentes erforderlich, das der Leasing-Nehmer selber herstellt. Die Herstellkosten hierfür betragen DM 50.000,– und werden per Banküberweisung bezahlt.

   a) Berechnen Sie
      – die Abschreibungsbasis und die jährliche Abschreibung (lineare Abschreibung) beim Leasing-Nehmer,
      – die jährlichen Zins- und Kostenanteile an der Leasing-Rate von insgesamt DM 180.000,–,
      – die Bemessungsgrundlage für die USt.
   b) Geben Sie die erforderlichen Buchungssätze bei der Lieferung und Aufstellung des Kranes jeweils für den Leasing-Nehmer und den Leasing-Geber an.
   c) Geben Sie die Buchungssätze für den Leasing-Geber und den Leasing-Nehmer jeweils bei Bezahlung der Leasing-Rate am Jahresende an!
   d) Geben Sie die Buchungssätze bei Ausübung der Kaufoption an!

Gehen Sie davon aus, daß der durch das Geschäft verursachte USt-Betrag sofort per Banküberweisung bezahlt wird.

LE 11: Leasing von Anlagegütern

Lösungen

1. Operate Leasing

   Der Leasing-Nehmer X bucht:
   4 Mieten 1.000
   1 Vorsteuer 100
     an 1 Bank 1.100

   Der Leasing-Geber Y bucht:
   1 Bank 1.100
     an 8 Erlöse 1.000
     an 1 MwSt 100

2. Finanzierungs-Leasing

   a) Nebenrechnungen:
      Berechnung der Abschreibung:

Anschaffungskosten, die der Ermittlung der Leasingraten zugrunde gelegen haben	600.000,–
+ Herstellkosten des Fundaments	50.000,–
= Abschreibungsbasis	650.000,–
Jährliche Abschreibung	130.000,–

      Berechnung der Zins- und Kostenanteile in den jährlichen Leasing-Raten:

Summe der Leasing-Raten (5×180.000,–)	900.000,–
./. Anschaffungskosten	600.000,–
Zins- und Kostenanteil gesamt	300.000,–

      Nach 1. Jahr:
      $$\frac{300.000,-}{15} \cdot (1+4) = \begin{array}{l} 100.000,- \text{ Zinsen und Kosten} \\ \underline{80.000,- \text{ Tilgung}} \\ 180.000,- \end{array}$$

      Nach 2. Jahren:
      $$\frac{300.000,-}{15} \cdot (1+3) = \begin{array}{l} 80.000,- \text{ Zinsen und Kosten} \\ \underline{100.000,- \text{ Tilgung}} \\ 180.000,- \end{array}$$

      Nach 3. Jahr:
      $$\frac{300.000,-}{15} \cdot (1+2) = \begin{array}{l} 60.000,- \text{ Zinsen und Kosten} \\ \underline{120.000,- \text{ Tilgung}} \\ 180.000,- \end{array}$$

Nach 4. Jahr:

$$\frac{300.000,-}{15} \cdot (1+1) = \begin{array}{r} 40.000,- \text{ Zinsen und Kosten} \\ 140.000,- \text{ Tilgung} \\ \hline 180.000,- \end{array}$$

Nach 5. Jahr:

$$\frac{300.000,-}{15} \cdot (1+0) = \begin{array}{r} 20.000,- \text{ Zinsen und Kosten} \\ 160.000,- \text{ Tilgung} \\ \hline 180.000,- \end{array}$$

Probe: Zinsen und Kosten gesamt: 300.000,–
Tilgung gesamt 600.000,–

Berechnung der USt:
Summe der Leasing-Raten 900.000,–
vereinbarter Restkaufpreis 30.000,–

USt-Bemessungsgrundlage 930.000,–
USt-Betrag 93.000,–

b) Buchungen bei Lieferung und Aufstellung des Krans:

Der Leasing-Nehmer bucht:
0 maschinelle Anlagen 650.000
1 Vorsteuer 93.000
 an 0 Verbindlichkeiten gegen Leasing-Geber 600.000
 an 8 aktivierte Eigenleistungen 50.000
 an 1 Bank 93.000

Der Leasing-Nehmer bucht:
0 Forderungen an Leasing-Nehmer 600.000
1 Bank 93.000
 an 8 Erlöse 600.000
 an 1 MwSt 93.000

c) Buchungen der jährlichen Leasing-Raten und Abschreibungen

Am Ende des 1. Jahres:
Der Leasing-Nehmer bucht:
4 Abschreibungen auf Anlagen an 0 maschinelle Anlagen 130.000

2 Zinsaufwand 100.000
0 Verbindlichkeiten gegen Leasing-Geber 80.000
 an 1 Bank 180.000

LE 11: Leasing von Anlagegütern

Der Leasing-Geber bucht:
1 Bank 180.000
 an 2 Zinserträge 100.000
 an 0 Forderungen an Leasing-Nehmer 80.000

Am Ende des 2. Jahres:

Der Leasing-Nehmer bucht:
4 Abschreibungen auf Anlagen an 0 maschinelle Anlagen 130.000

2 Zinsaufwand 80.000
0 Verbindlichkeiten gegen Leasing-Geber 100.000
 an 1 Bank 180.000

Der Leasing-Geber bucht:
1 Bank 180.000
 an 2 Zinserträge 80.000
 an 0 Forderungen an Leasing-Nehmer 100.000

Die Buchungen der Jahre 3 und 4 erfolgen genauso, jedoch mit den errechneten Umschichtungen zwischen Zinsen und Tilgung.

Am Ende des 5. Jahres:

Der Leasing-Nehmer bucht:
4 Abschreibungen auf Anlagen an 0 maschinelle Anlagen 130.000

2 Zinsaufwand 20.000
0 Verbindlichkeiten gegen Leasing-Geber 160.000
 an 1 Bank 180.000

Der Leasing-Geber bucht:
1 Bank 180.000
 an 0 Forderungen gegen Leasingnehmer 160.000
 an 2 Zinserträge 20.000

d) Buchungen bei Ausübung der Kaufoption

Der Leasing-Nehmer bucht:
0 maschinelle Anlagen an 1 Bank 30.000

Der Leasing-Geber bucht:
1 Bank an 2 a.o. Erträge 30.000

Lerneinheit 12: Abschreibung und Wertberichtigung von Forderungen

Lernziele

- *Arten von Forderungen*
- *MwSt-Korrektur bei der Abschreibung*
- *direkte / indirekte ——— Einzel-/Pauschalabschreibung*
- *Zahlungseingang auf abgeschriebene Forderungen*

Einführung

Arten von Forderungen:

Nach ihrer Einbringlichkeit kann man die Forderungen in drei Gruppen unterteilen:
1. Vollwertige Forderungen sind mit dem Nennwert zu bilanzieren.
2. Zweifelhafte Forderungen (Dubiose) sind von den vollwertigen Forderungen buchungstechnisch zu trennen, indem man sie auf das Konto »1 Dubiose« umbucht (Buchungssatz: 1 Dubiose an 1 Forderungen). Sie sind mit ihrem wahrscheinlichen Wert anzusetzen (§ 40 HGB). Der als uneinbringlich geschätzte Teil der Forderung ist abzuschreiben.
   Forderungen sind z.B. zweifelhaft bei Zahlungsverzug, nach Einleitung des Vergleichsverfahrens, bei Erhalt von Mängelrügen bezüglich der erbrachten Leistung.
3. Uneinbringliche Forderungen sind abzuschreiben. Forderungen sind uneinbringlich z.B. bei Ablehnung des Konkurses mangels Masse beim Schuldner, bei fruchtloser Zwangsvollstreckung.

Mehrwertsteuerkorrektur: Da bei Entstehung einer Forderung jeweils die volle MwSt-Schuld gebucht wurde, muß die MwSt berichtigt werden, wenn die Forderung uneinbringlich ist. Ist die Forderung nur zweifelhaft und wird sie auf einen wahrscheinlichen Wert abgeschrieben, dann darf noch keine MwSt-Korrektur erfolgen. **Abschreibung wahrscheinlicher Verluste nur vom Nettowert der Forderung.** Die MwSt-Schuld muß in voller Höhe bestehen bleiben, bis sicher feststeht, wie hoch der tatsächliche Forderungsausfall ist. Erst dann darf der im uneinbringlichen Teil der Forderung steckende MwSt-Betrag berichtigt werden.

LE 12: Abschreibung und Wertberichtigung von Forderungen

Buchungsmöglichkeiten bei der Abschreibung: Es bestehen auch hier zwei Abschreibungstechniken, die direkte und indirekte Abschreibung. Weiterhin gibt es die Möglichkeiten der Einzelabschreibung (jede Forderung wird für sich isoliert bewertet und abgeschrieben) und der Pauschalwertberichtigung (der gesamte Forderungsbestand wird pauschal um einen Erfahrungsprozentsatz abgeschrieben).

Nach den Gepflogenheiten der Wirtschaftspraxis und gemäß den Vorschriften des § 152 Abs. 6 AktG werden Forderungsabschreibungen wie in der Übersicht auf S. 86 dargestellt gebucht.

Ist im Rahmen der Einzelwertberichtigung ein Forderungsausfall besonders groß, so kann auch das Konto »2 a. o. Aufwand« belastet werden, um nicht die Kostenrechnung und Kalkulation unnormal zu verzerren.

Nach § 152 Abs. 6 AktG dürfen **indirekt nur die Pauschalwertberichtigungen** durchgeführt werden. An diese Vorschrift, die an sich nur für Aktiengesellschaften gilt, halten sich auch nahezu alle anderen Rechtsformen.

Es gilt somit:

	direkte Abschreibung	indirekte Abschreibung
Einzelwertberichtigung	Normalfall	Verbot für Aktiengesellschaften, auch sonst unüblich
Pauschalwertberichtigung	erlaubt, aber unüblich	Normalfall

Buchungen beim Zahlungseingang auf abgeschriebene Forderungen

Geht auf eine bereits voll oder teilweise abgeschriebene Forderung eine Zahlung ein, so hängt die Buchung wesentlich davon ab, ob die Forderung als sicher uneinbringlich (mit MwSt-Korrektur) abgeschrieben worden war oder nur als wahrscheinlich uneinbringlich (ohne MwSt-Korrektur).

Bei Zahlungseingang auf als **uneinbringlich** abgeschriebene Forderung wird gebucht:
1 Bank
   an 2 a.o. Ertrag
   an 1 MwSt

Der Eingangsbetrag ist in einen Nettoteil (Ertrag) und die hierauf entfallende MwSt zu spalten. Da die MwSt bei der Abschreibung

LE 12: Abschreibung und Wertberichtigung von Forderungen

Forderungsart	Bewertungsart	Abschreibungs-technik	Buchungen
sicher uneinbringlich	Einzelwert-berichtigung	direkt	4 Abschr. auf Forderungen 1 MwSt an 1 Forderungen
wahrscheinlich uneinbringlich	Einzelwert-berichtigung	direkt	4 Abschr. auf Forderungen an 1 Forderungen keine Mehrwertsteuer-Korrektur, Abschreibung nur vom Nettobetrag der Forderung
	Pauschalwert-berichtigung	indirekt	4 Abschr. auf Forderungen an 1 Wertberichtigung auf Forderungen. Das Konto Wertberichtigungen auf Forderungen heißt häufig auch »1 Delcredere«. Keine MwSt-Korrektur, Abschreibung nur vom Nettobetrag der Forderung

LE 12: Abschreibung und Wertberichtigung von Forderungen

voll ausgebucht worden ist, muß sie jetzt entsprechend dem Zahlungseingang wieder erhöht werden.

Bei nur **wahrscheinlichen Forderungsverlusten** ist die Abschreibung nur vom Nettobetrag der Forderung erfolgt. Beim Zahlungseingang steht nun fest, wie hoch der tatsächliche Forderungsausfall ist. Entsprechend kann jetzt die MwSt berichtigt werden; ebenso stellt es sich jetzt heraus, ob zuviel oder zu wenig abgeschrieben worden war (erfolgswirksame Berichtigungsbuchung).

Nebenrechnung und Buchung beim Zahlungseingang

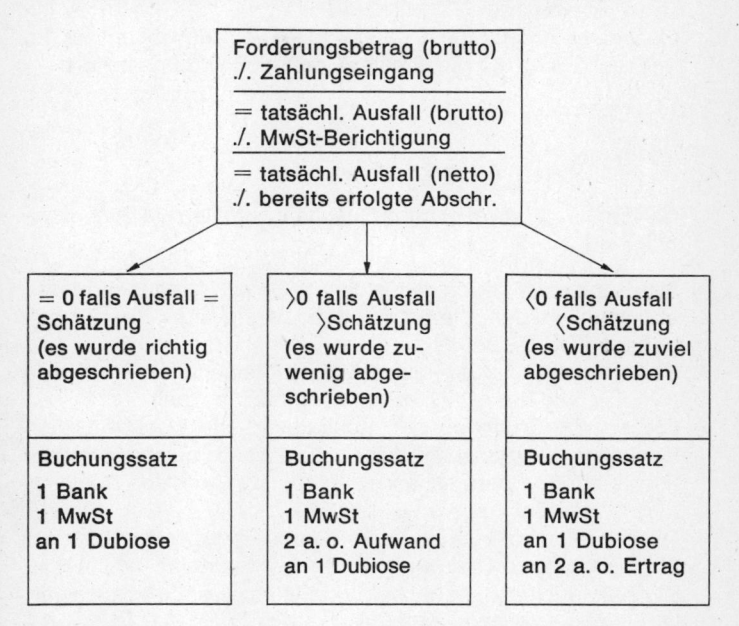

```
        Forderungsbetrag (brutto)
        ./. Zahlungseingang

        = tatsächl. Ausfall (brutto)
        ./. MwSt-Berichtigung

        = tatsächl. Ausfall (netto)
        ./. bereits erfolgte Abschr.
```

= 0 falls Ausfall = Schätzung (es wurde richtig abgeschrieben)	>0 falls Ausfall >Schätzung (es wurde zuwenig abgeschrieben)	<0 falls Ausfall <Schätzung (es wurde zuviel abgeschrieben)
Buchungssatz 1 Bank 1 MwSt an 1 Dubiose	Buchungssatz 1 Bank 1 MwSt 2 a. o. Aufwand an 1 Dubiose	Buchungssatz 1 Bank 1 MwSt an 1 Dubiose an 2 a. o. Ertrag

Zahlungseingang auf pauschalwertberichtigte Forderungen

Hier gibt es zwei Verfahrensmöglichkeiten.

1. Auflösen des Delcredere-Kontos:
   - Buchung des Zahlungseingangs (1 Bank an 1 Forderungen).
   - Auflösung des Teils der Wertberichtigung (Delcredere), die für diese Forderung gebildet wurde (z. B. 5 % der Nettoforderung)
     (1 Delcredere an 1 Forderungen).

LE 12: Abschreibung und Wertberichtigung von Forderungen

– MwSt-Berichtigung (1 MwSt an 1 Forderungen).
– Erfolgswirksame Verbuchung der zuviel/zuwenig erfolgten Abschreibung (1 Forderungen an 2 a.o. Ertrag bzw. 2 a.o. Aufwand an 1 Forderungen).

2. Fortschreiben des Delcredere-Kontos:
Meist löst man das Delcredere-Konto gar nicht auf, sondern korrigiert es nur nach dem neuen Forderungsstand. Ist die Wertberichtigung im neuen Jahr kleiner als im alten, dann wird das Delcredere erfolgswirksam vermindert:
1 Delcredere an 2 a.o. Ertrag;
ist sie größer, dann gilt
2 a.o. Aufwand an 1 Delcredere.
Geht eine Forderung ein, dann wird sie voll ausgebucht, wie im Schaubild S. 87 für die direkte Abschreibung dargestellt.

Aufgaben

Geben Sie zu den folgenden Geschäftsvorfällen die Buchungssätze an!

1. Das Konkursverfahren gegen die XY-GmbH ist mangels Masse abgelehnt worden. Die Forderungen gegen diese Gesellschaft betragen DM 22.000,–.
2. Selbst nach Zusenden eines Mahnschreibens hat ein Kunde seine Schuld über DM 1.100,– noch nicht bezahlt.
3. Wegen der Eröffnung des Konkursverfahrens gegen einen Kunden wurde unsere Forderung als absolut uneinbringlich abgeschrieben. Überraschend erhalten wir aus der Konkursmasse eine Zahlung von DM 1.089,–.
4. Wir schätzen, daß von einer Forderung über DM 16.500,– nur 20 % einzutreiben sein werden. Die Forderung ist gemäß § 40 HGB als dubios zu behandeln und entsprechend abzuschreiben (direkte Abschreibung).
5. Von dieser Forderung gehen tatsächlich ein:
Fall I: DM 4.400,–
Fall II: DM 2.200,–
Fall III: DM 3.300,–
6. Buchen Sie Aufgaben 4. und 5. auch nach der indirekten Methode. Ist dies handelsrechtlich zulässig, wenn ja, für welche Rechtsformen?
7. Die Forderungen eines Unternehmens setzen sich wie folgt zusammen:

LE 12: Abschreibung und Wertberichtigung von Forderungen 89

gegen Mayer OHG	DM 22.000,–
gegen Bau-GmbH	DM 33.000,–
gegen Kramer KG	DM 5.500,–
gegen verschiedene Kunden	DM 16.500,–
Gesamt	DM 77.000,–

Diese Forderungen sind wie folgt zu berichtigen:
2 % Pauschalwertberichtigung zur Abdeckung des allgemeinen Kreditrisikos, bei der Forderung gegen die Bau-GmbH jedoch direkte Einzelabschreibung von 50 % der Forderung.

8. Am Ende des Wirtschaftsjahres betragen die Forderungen des Unternehmens aus Aufgabe 7. DM 99.000,–. Es sollen wieder 2 % pauschal abgeschrieben werden. Das Delcrederekonto ist entsprechend fortzuschreiben.

Lösungen

1) 4 Abschreibung auf Ford. 20.000
   1 MwSt 2.000 an 1 Forderung 22.000

2) 1 Dubiose an 1 Forderung 1.100

3) 1 Bank 1.089
     an 2 a.o. Ertrag 990
     an 1 MwSt 99

4) Abschreibung: 80 % der Nettoforderung
   Nettoforderung 15.000
   MwSt 1.500
   Bruttoforderung 16.500
   1 Dubiose an 1 Forderungen 16.500
   4 Abschreibung auf Forderungen an 1 Dubiose 12.000

5) *Fall I. Zahlungseingang*   4.400

Forderung	16.500
∕. Zahlung	4.400
= Bruttoausfall	12.100
∕. MwSt-Berichtigung	1.100
= tatsächl. Ausfall	11.000
∕. bisherige Abschr.	12.000
a.o. Ertrag	1.000

1 Bank 4.400
1 MwSt 1.100
   an 1 Dubiose 4.500
   an 2 a.o. Ertrag 1.000

Fall II. Zahlungseingang   2.200

Forderung	16.500
./. Zahlung	2.200
= Bruttoausfall	14.300
./. MwSt-Berichtigung	1.300
= Nettoausfall	13.000
./. bisherige Abschr.	12.000
a.o. Aufwand	1.000

1 Bank 2.200
1 MwSt 1.300
2 a.o. Aufwand 1.000 an 1 Dubiose 4.500

Fall III. Zahlungseingang   3.300

Forderung	16.500
./. Zahlung	3.300
Bruttoausfall	13.200
./. MwSt-Berichtigung	1.200
= Nettoausfall	12.000
./. bisherige Abschr.	12.000
	0

1 Bank 3.300
1 MwSt 1.200 an 1 Dubiose 4.500

6) 1 Dubiose an 1 Forderungen 16.500
   4 Abschreibung auf Ford. an 1 Delcredere 12.000

Fall I. Zahlungseingang   4.400

Forderung	16.500
./. Zahlung	4.400
Bruttoausfall	12.100
./. Mehrwert-Berichtigung	1.100
= Nettoausfall	11.000
./. Wertberichtigung	12.000
a.o. Ertrag	1.000

LE 12: Abschreibung und Wertberichtigung von Forderungen

1 Bank 4.400
1 Delcredere 12.000
1 MwSt 1.100
   an 1 Dubiose 16.500
   an 2 a.o. Ertrag 1.000

Fall II. Zahlungseingang   2.200

Forderung	16.500
./. Zahlung	2.200
= Bruttoausfall	14.300
./. MwSt-Berichtigung	1.300
= Nettoausfall	13.000
./. Delcredere	12.000
a.o. Aufwand	1.000

1 Bank 2.200
1 Delcredere 12.000
2 a.o. Aufwand 1.000
1 MwSt 1.300 an 1 Dubiose 16.500

Fall III. Zahlungseingang   3.300

Forderung	16.500
./. Zahlung	3.300
= Bruttoausfall	13.200
./. MwSt-Berichtigung	1.200
= Nettoausfall	12.000
./. Delcredere	12.000
	0

1 Bank 3.300
1 Delcredere 12.000
1 MwSt 1.200 an 1 Dubiose 16.500

7)   Bau GmbH:

Nettoforderung	30.000
MwSt	3.000
Bruttoforderung	33.000

1 Dubiose an 1 Forderungen 33.000
Abschreibung: 50% der Nettoforderung = 15.000
4 Abschreibung an 1 Dubiose 15.000

Pauschalberichtigung (2% der Restforderungen)
77.000 − 33.000 = 44.000

Nettoforderung	40.000
MwSt	4.000
Bruttoforderung	44.000

Abschreibung 2 % von der Nettoford. = 800
4 Abschreibung auf Forderung an 1 Delcredere 800

8) *Am Jahresende*

neues Delcredere 2 % von 90.000	1.800
∕. altes Delcredere	800
Erhöhung des Delcredere (a.o. Aufwand)	1.000

2 a.o. Aufwand an 1 Delcredere 1.000

Lerneinheit 13: Lohn- und Gehaltsbuchungen

Lernziele

- *Brutto- und Nettolöhne und Gehälter*
- *einfache Lohnbuchungen*
- *Lohnvorschüsse*
- *Arbeitnehmerwarenentnahme*
- *Vermögenswirksame Leistungen*

Einführung

Der **Bruttolohn** bzw. das **Bruttogehalt** ist nach gesetzlichen Vorschriften zu kürzen, und zwar um

- Lohn- und Kirchensteuer. Die entsprechenden monatlichen Beträge sind aus den Lohnsteuertabellen zu entnehmen.
- Arbeitnehmeranteil an der Sozialversicherung.
  Er beträgt ca. 18% des Bruttogehalts.

Der Arbeitgeber ist verpflichtet, diese Beträge einzubehalten und zu bestimmten Terminen an Finanzamt sowie Krankenkasse abzuführen.

Einfache Lohn-/Gehaltsbuchungen

Die Bruttolöhne bzw. Gehälter werden den Konten »4 Löhne« bzw. »4 Gehälter« belastet, die einbehaltenen aber abzuführenden Beträge dem Konto »1 noch abzuführende Abgaben« gutgeschrieben.

Der Arbeitgeberanteil zur Sozialversicherung ist im Normalfall ebenso groß wie der Arbeitnehmeranteil. Er stellt Kosten dar und belastet das Konto »4 Sozialkosten«.

Lohn- oder Gehaltsvorschüsse werden als sonstige Forderungen gebucht, bis die Lohnzahlung fällig ist. Erst dann werden die Abzüge einbehalten und gebucht. Der Vorschuß wird gegen die Auszahlung aufgerechnet.

Warenentnahmen von Arbeitnehmern lösen MwSt-Pflicht für das Unternehmen aus. Sie werden im Prinzip wie Vorschüsse gebucht.

LE 13: Lohn- und Gehaltsbuchungen

Vermögenswirksame Leistungen (936-DM-Gesetz) liegen vor, wenn Arbeitnehmer bis zu DM 936,– je Jahr (= DM 78,– je Monat) in bestimmte Anlageformen sparen. Sofern das zu versteuernde Einkommen kleiner als DM 24.000,– (bei Ehegatten 48.000,–) ist, erhalten sie zwischen 16% und 33% der Sparleistung (je nach Anlageart und Kinderzahl, § 12 des 4. Vermögensbildungsgesetzes) als steuerfreie Sparzulage. Diese wird mit dem Gehalt ausbezahlt und ist frei verfügbar. Häufig trägt der Arbeitgeber die Sparleistungen ganz oder teilweise.

Gehaltsabrechnung bei vermögenswirksamen Sparen des Arbeitnehmers	Buchung auf Konto
Bruttolohn/-gehalt + übernommene Sparleistung Arbeitgeber	4 Löhne/Gehälter 4 Sozialkosten
= steuerpflichtiges Entgelt ./. Steuer und Versicherung	wird nicht gebucht 1 noch abzuführende Abgaben
./. Überweisung des Sparbetrags (78,– DM) + Sparzulage (12,48 DM entspricht 16%)	z. B. 1 Bank 1 Kasse (–) und 1 noch abzuführende Abgaben (–)

Aufgaben

1. *Gehaltsüberweisung per Bankscheck*

Bruttogehälter	DM 20.000,–
Lohnsteuer	DM 2.200,–
Kirchensteuer	DM 220,–
Sozialversicherung (Arbeitnehmeranteil)	DM 3.600,–
Nettogehälter	DM 13.980,–

Bilden Sie die Buchungssätze für die Buchung von Brutto-, Nettogehalt und Abzügen.

LE 13: Lohn- und Gehaltsbuchungen

2. *Lohn- bzw. Gehaltsvorschüsse*
Lohnabrechnung zum 31.7. 19..

Bruttolohn	DM 1.500,–
Steuer	DM 200,–
Sozialversicherung (AN-Anteil)	DM 237,–
Lohnvorschuß	DM 500,–
Auszahlung	DM 563,–

Bilden Sie folgende Buchungssätze:
a) Barauszahlung des Vorschusses am 15.7.
b) Banküberweisung des Restlohns am 31.7.

3. *Warenentnahme von Arbeitnehmern*
Ein Arbeitnehmer entnimmt Ware im Wert von DM 200,–.

4. *Vermögenswirksame Leistungen*
Gehaltszahlung mit vermögenswirksamer Leistung.
Der Arbeitgeber trägt die Hälfte der VWL von monatlich DM 78,–.

Bruttogehalt	DM 2.500,–
+ VWL Arbeitgeber	DM 39,–
= steuerpfl. Entgelt	DM 2.539,–
./. Lohnsteuer, Kirchensteuer	DM 340,–
./. Sozialversicherung (Arbeitnehmer)	DM 400,–
./. VWL (Überweisung auf Sparkonto)	DM 78,–
+ 16% Sparzulage	DM 12,48
= Auszahlung	DM 1.733,48

Der Arbeitgeberanteil zur Sozialversicherung beträgt DM 400,–. Geben Sie den Buchungssatz an!

5. In der Lohnbuchhaltung wurden für den Monat Juli die folgenden Beträge für die einzelnen Arbeitnehmer berechnet (S. 96). Geben Sie den Buchungssatz für die Lohnbuchung im Hauptbuch für den Monat Juli an.

Lösungen

1) 4 Gehälter 20.000
    an 1 Bank 13.980
    an 1 noch abzuführende Abgaben 6.020

LE 13: Lohn- und Gehaltsbuchungen

Lohnliste			Firma Maier OHG, Monat Juli 19..					Blatt 2
Name Arbeitnehmer	St.-Klasse	Bruttolohn	Abzüge				Gesamt-abzüge	Aus-zahlung
			Lohn-St.	Ki-St.	Soz.-Vers. (AN-Antl.)	Vor-schüsse		
Übertrag		112.317,—	19.481,10	1.558,50	15.479,13	7.900,—	44.418,73	67.898,27
51. Säumer, Peter	III/2	1.500,—	138,50	7,96	241,50	—	387,96	1.112,04
52. Schulze, Josef	I	1.200,—	147,90	13,31	193,20	500,—	854,41	345,59
Gesamt		115.017,—	19.767,50	1.579,77	15.913,83	8.400,—	45.661,10	69.355,90

LE 13: Lohn- und Gehaltsbuchungen

Buchung des Arbeitgeberanteils zur Sozialversicherung
4 Sozialkosten an 1 noch abzuführende Abgaben 3.000

2a) 1 sonst. Forderungen an 1 Kasse 500

2b) 4 Löhne 1.500
4 Sozialkosten 237
   an 1 Bank 563
   an 1 sonst. Forderungen 500
   an 1 noch abzuführende Abgaben 437
   an 1 noch abzuführende Abgaben 237 (AG-Anteil)

3) 1 sonstige Forderung 220
   an 8 Warenverkauf 200
   an 1 MwSt 20

4) 4 Gehälter 2.500
4 Sozialkosten 39
1 noch abzuführende Abgaben 12,48
   an 1 Kasse 1.733,48
   an 1 noch abzuführende Abgaben 740
   an 1 Bank 78

4 Sozialkosten an 1 noch abzuführende Abgaben 400

5) 4 Löhne 115.017
   an 1 Bank 69.355,90
   an 1 sonst. Forderung 8.400
   an 1 noch abzuf. Abgaben 37.261,10

Lerneinheit 14: Besondere Probleme der Industriebuchführung: Materialverbrauch und Produktion auf Lager

Lernziele

- *Verbrauch von Rohstoffen, Hilfsstoffen und Betriebsstoffen*
- *Buchhalterische Probleme bei der industriellen Produktion: Lagerproduktion*
- *Das Gesamtkostenverfahren*
- *Das Umsatzkostenverfahren*

Einführung

Die industrielle Produktion ist durch zwei Besonderheiten gekennzeichnet, die bei Handels- und Dienstleistungsbetrieben nicht auftreten:

1. den Materialverbrauch bei der Erstellung der Halb- und Fertigfabrikate,
2. die zeitliche Abweichung zwischen Produktion und Absatz, so daß sowohl für Halbfabrikate (HF) als auch für Fertigfabrikate (FF) Lager geführt werden müssen.

Material- und Stoffverbrauch:

Man unterscheidet **Rohstoffe** (sie sind der wesentliche Bestandteil des erzeugten Produkts), **Hilfsstoffe** (sie gehen nur zur Erfüllung einer Hilfsfunktion in die Produkte ein) und **Betriebsstoffe** (sie gehen nicht in die Produkte ein, sind aber zum Betrieb der Produktionsanlagen nötig).

Beispiel: Möbelproduktion

Rohstoffe: z.B. Spanplatten, Leisten, Furniere
Hilfsstoffe: z.B. Leim, Schrauben, Nägel
Betriebsstoffe: z.B. Dieselkraftstoff für LKW, Heizöl für Fabrikheizung.

Zweckmäßigerweise bucht man diese drei Stoffarten auf verschiedenen Konten. Beim Verbrauch dieser Stoffe wird das jeweilige Bestandskonto um den verbrauchten Wert entlastet und ein Kostenkonto belastet.

4 Rohstoffverbrauch an 3 Rohstoffe
4 Hilfsstoffverbrauch an 3 Hilfsstoffe
4 Betriebsstoffverbrauch an 3 Betriebsstoffe

Es ist zweckmäßig, auch die Verbrauchskostenkonten wie oben nach den Stoffarten zu trennen, nicht zuletzt, weil es sich teils um Einzelkosten (Rohstoff- und Hilfsstoffverbrauch), teils um Gemeinkosten (Betriebsstoffverbrauch) handelt.

Einzelkosten: Der Verbrauch kann direkt dem hergestellten Produkt zugerechnet werden.

Gemeinkosten: Der Verbrauch ist nur indirekt über den BAB (Betriebsabrechnungsbogen) zuzurechnen.

Die Buchung des Stoffverbrauchs kann erfolgen

– simultan bei jedem Einzelvorgang
  (Voraussetzung ist eine Lagerkartei, die Führung von Materialentnahmescheinen)
– oder einmal je Periode, wenn der Inventurbestand mit dem Buchbestand verglichen wird.

Die Berücksichtigung von Lagerbestandsänderungen bei Halb- und Fertigfabrikaten

In der Regel wird in einer Periode nicht genau die Menge der Produkte verkauft, die in dieser Periode hergestellt wurde. Es kann auch auf Lager produziert werden bzw. vom Lager verkauft werden, das in der Vorperiode aufgefüllt wurde.

Will man das **Betriebsergebnis** einer Periode ermitteln, dann müssen den Verkaufserlösen die Kosten der verkauften Produkte gegenübergestellt werden. Es ist daher im allgemeinen nicht möglich, die Kosten einer Periode (Salden der Kontoklasse 4) von den Umsätzen (Salden der Kontenklasse 8) zu subtrahieren.

a) Wurden in der laufenden Periode Umsätze aus dem Verkauf von Erzeugnissen erzielt, die in der Vorperiode produziert und auf Lager genommen worden sind, dann geben die Kosten der laufenden Periode nicht die Herstellkosten der verkauften Produkte wieder. Die Kosten der Buchhaltung sind in Höhe der Herstellkosten der Lagerverkäufe zu gering.

b) Konnte in der laufenden Periode weniger verkauft werden als in derselben Periode hergestellt wurde (Produktion auf Lager), dann sind die Kosten, so wie sie in der Buchhaltung geführt werden (Löhne, Gehälter, Materialverbrauch usw.) zu hoch. Die Herstellkosten der verkauften Produkte sind kleiner.

Die **Synchronisation von Kosten und Umsätzen** kann auf zwei verschiedene Arten herbeigeführt werden:

1. Gesamtkostenverfahren

Man modifiziert die Umsatzerlöse einer Periode um die Herstellkosten der Lagerabgänge und Lagerzugänge und stellt ihnen die unmodifizierten gesamten Kosten einer Periode gegenüber.

Betriebsergebnis = Umsatzerlöse einer Periode
+ Bestandserhöhungen an Halb- und Fertigfabrikaten
(bewertet zu Herstellkosten)
− Bestandsminderungen an Halb- und Fertigfabrikaten
(bewertet zu Herstellkosten)
− gesamte Herstellkosten einer Periode
− Verwaltungs- und Vertriebsgemeinkosten der Periode

2. Umsatzkostenverfahren

Man stellt den unveränderten Umsatzerlösen eines Jahres (Salden der Erlöskonten Klasse 8 GKR) nur die Herstellkosten der abgesetzten Produkte gegenüber.

Betriebsergebnis = Umsatzerlöse einer Periode
− Herstellkosten der abgesetzten Produkte
− Verwaltungs- und Vertriebsgemeinkosten der Periode

Die Verwaltungs- und Vertriebsgemeinkosten mindern in beiden Fällen das Ergebnis.

Buchungen beim Gesamtkostenverfahren

Am Ende einer Rechnungsperiode wird der Inventurwert der Halb- und Fertigfabrikate mit dem jeweiligen Buchwert verglichen. Ergibt sich eine Bestandszunahme, dann sind die Bestände der Erzeugniskonten (Klasse 7 GKR) erfolgswirksam zu erhöhen; bei einer Bestandsminderung sind die Bestände zu reduzieren.

Die Erfolgsgegenbuchung geschieht auf dem Konto »8 Bestandsänderungen Halbfabrikate (BÄ–HF)« bzw. »8 Bestandsänderungen Fertigfabrikate (BÄ–FF)«.

Buchungen bei Halbfabrikaten

1. Buchung des Endbestands laut Inventar:
   9 Schlußbilanzkonto an 7 Halbfabrikate (HF)
2. Buchung eines Mehrbestands:
   7 HF an 8 BÄ-HF
3. Buchung eines Minderbestands:
   8 BÄ-HF an 7 HF

Buchungen bei Fertigfabrikaten

1. Buchung des Endbestands laut Inventar:
   9 Schlußbilanzkonto an 7 Fertigfabrikate (FF)
2. Buchung eines Mehrbestands:
   7 FF an 8 BÄ-FF
3. Buchung eines Minderbestands:
   8 BÄ-FF an 7 FF.

Das Gesamtkostenverfahren auf Konten

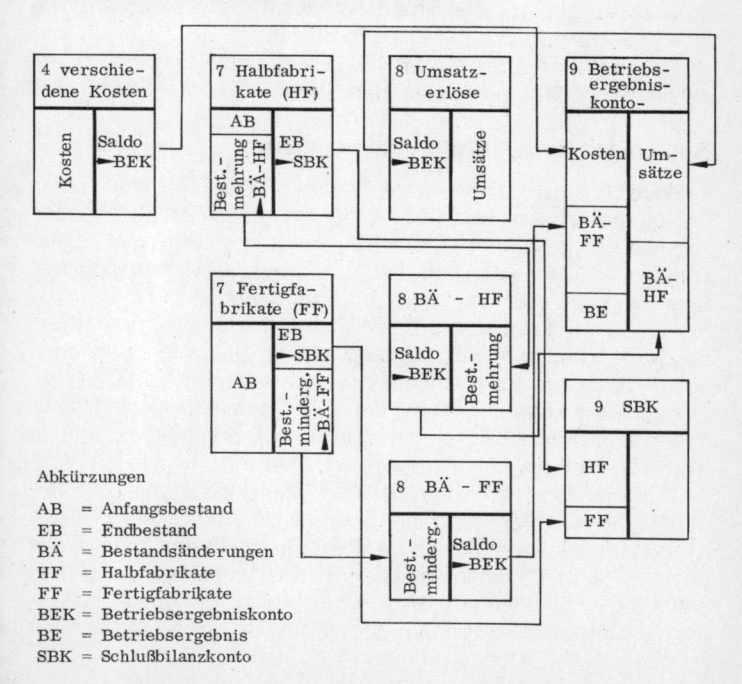

Abkürzungen

AB = Anfangsbestand
EB = Endbestand
BÄ = Bestandsänderungen
HF = Halbfabrikate
FF = Fertigfabrikate
BEK = Betriebsergebniskonto
BE = Betriebsergebnis
SBK = Schlußbilanzkonto

In der Praxis sind für jede Art von Halb- und Fertigfabrikaten diese Buchungen getrennt durchzuführen.

Jetzt werden die Salden der Klasse 8 GKR (um BÄ modifizierte Erlöse) sowie der Klasse 4 GKR (Kosten der Periode) in das Betriebsergebniskonto übernommen.

Bei der Anwendung des Gesamtkostenverfahrens

— ist eine Inventur Voraussetzung (Endbestände),
— wird in den Konten Halb- und Fertigfabrikate nur zweimal je Periode gebucht: bei der Konteneröffnung (Anfangsbestände) zu Periodenbeginn sowie beim Kontenabschluß (Schlußbestände und Bestandsänderungen) am Periodenende. Zwischenzeitlich erfolgen keine Buchungen auf dem Konto, auch wenn sich die Bestände tatsächlich laufend durch Produktion und Verkauf ändern.

In der **Praxis** deutscher Unternehmen überwiegt die Anwendung dieses Gesamtkostenverfahrens bei weitem — wohl wegen der einfachen praktischen Handhabung, denn die Inventurwerte müssen aus gesetzlichen Gründen ohnehin ermittelt werden. Weitere Zusatzarbeiten sind nicht erforderlich.

Trotz seiner geringeren praktischen Bedeutung soll das Umsatzkostenverfahren im folgenden näher erläutert werden.

Buchungen beim Umsatzkostenverfahren

Beim Umsatzkostenverfahren gehen nun die Teile der Kosten ins Betriebsergebniskonto ein, die für die tatsächlich abgesetzten Produkte aufgewendet wurden. Sie können größer oder kleiner sein als die Kosten des betreffenden Jahres, je nachdem ob vom Lager verkauft oder auf Lager produziert wurde.

Es können nur die sog. Einzelkosten (Materialverbrauch und Fertigungslöhne) bei entsprechend organisiertem Rechnungswesen (Materialentnahmescheine, Lohnscheine) den erstellten Produkten direkt zugerechnet werden. Die Gemeinkosten (z. B. Gehälter, Abschreibungen) sind jedoch nur indirekt über prozentuale Zuschläge auf die Einzelkosten zurechenbar.

Da beim Umsatzkostenverfahren die Herstellkosten (Fertigungsmaterial, Fertigungslöhne, Materialgemeinkosten, Fertigungsgemeinkosten) der abgesetzten Produkte ermittelt werden müssen, ist das Vorhandensein einer Betriebsabrechnung (Betriebsabrechnungsbogen, BAB) zur Ermittlung der anteiligen Gemeinkosten unabdingbare Voraussetzung für die Anwendbarkeit dieses Umsatzkostenverfahrens.

LE 14: Industriebuchführung

Die Buchungen beim Umsatzkostenverfahren sind:

1. Die Herstellkosten der halbfertigen Produkte werden auf das Konto Halbfabrikate übertragen:
   7 HF an 4 verschiedene Kostenkonten.
2. Die Verwaltungs- und Vertriebskosten sind nicht Bestandteil der Herstellkosten und gehen direkt ins Betriebsergebniskonto:
   9 BEK
     an 4 Verwaltungskosten
     an 4 Vertriebskosten
3. Die Herstellkosten der fertiggestellten Produkte werden vom Konto 7 HF auf das Konto 7 Fertigfabrikate übertragen:
   7 FF an 7 HF.
4. Die Herstellkosten der verkauften Produkte gehen ins Betriebsergebniskonto:
   9 BEK an 7 FF.
5. Die Periodenumsätze werden ins BEK übertragen:
   8 Erlöse an 9 BEK.

Das Umsatzkostenverfahren auf Konten:

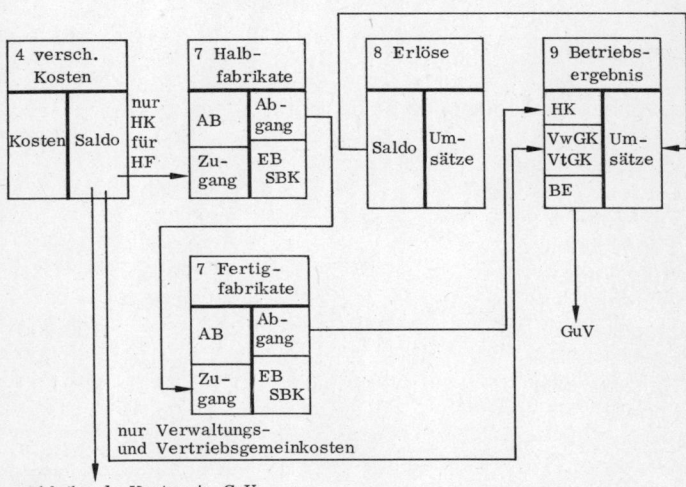

Abkürzungen

AB = Anfangsbestand
EB = Endbestand
BE = Betriebsergebnis
HK = Herstellkosten
HF = Halbfabrikate

SBK = Schlußbilanzkonto
GuV = Gewinn- und Verlustkonto
VwGK = Verwaltungsgemeinkosten
VtGK = Vertriebsgemeinkosten

6. Die Konten 7 HF und 7 FF sind hiermit in der Regel nicht abgeschlossen. Sie weisen einen Saldo auf, der den Endbestand darstellt. Dieser wird ins Schlußbilanzkonto gebucht:
9 SBK
   an 7 HF
   an 7 FF

Bei der Anwendung des Umsatzkostenverfahrens

- ist eine Betriebsabrechnung Voraussetzung, um die Gemeinkosten den einzelnen Produkten zurechnen zu können,
- ist eine laufende Fortschreibung der Lagerbestände an HF und FF nötig, um die jeweiligen Zu- und Abgänge zu erfassen (permanente Inventur),
- wird auf den Konten 7 HF und 7 FF (im Gegensatz zum Gesamtkostenverfahren) bei jeder Lagerbestandsbewegung gebucht.

In der Praxis deutscher Industriebetriebe hat sich offensichtlich das einfachere Gesamtkostenverfahren durchgesetzt.

Aufgaben

Gegeben ist die folgende Saldenliste:

	Soll	Haben
Anlagevermögen	100.000,–	
Bank	70.000,–	
Rohstoffe	50.000,–	
Fertigfabrikate	70.000,–	
Halbfabrikate	50.000,–	
Waren	20.000,–	
Eigenkapital		100.000,–
Fremdkapital		50.000,–
Umsatzerlöse		280.000,–
Löhne	70.000,–	
	430.000,–	430.000,–

Zu buchen sind die folgenden Inventurangaben:

1. Rohstoffverbrauch lt. Materialentnahmescheinen DM 30.000,–
2. Inventurbestand Fertigfabrikate DM 100.000,–
3. Inventurbestand Halbfabrikate DM 30.000,–
4. Warenbestand DM 10.000,–

LE 14: Industriebuchführung

Geben Sie die Buchungssätze für den Abschluß nach dem Gesamtkostenverfahren an, buchen Sie auf T-Konten und erstellen Sie den Abschluß!

Lösungen

Gesamtkostenverfahren: Buchungssätze

1) 4 Rohstoffverbrauch an 3 Rohstoffe 30.000

2) Fertigfabrikate:

	alter Bestand	70.000
	./. Inventurbestand	100.000
	= Bestandsmehrung	30.000

9 Schlußbilanzkonto an 7 Fertigfabrikate 100.000
7 Fertigfabrikate an 8 Bestandsänderungen FF 30.000

3) Halbfabrikate:

	alter Bestand	50.000
	./. Inventurbestand	30.000
	= Bestandsminderung	20.000

9 Schlußbilanzkonto an 7 Halbfabrikate 30.000
8 Bestandsänderungen HF an 7 Halbfabrikate 20.000

4) Die Buchung erfolgt nach dem geteilten Warenkonto im Nettoverfahren.
9 Schlußbilanzkonto an 3 Waren 10.000
8 Umsatzerlöse an 3 Waren 10.000

Buchung und Abschluß auf T-Konten

```
      0 Anlagevermögen                          3 Waren
AB   100.000 | SBK  100.000       AB    20.000 | 4)      10.000
     ======= | =======                          | SBK    10.000
                                         _____ | _____
                                         20.000 | 20.000
                                         ====== | ======
         1 Bank
AB    70.000 | SBK   70.000             4 Löhne
     ======= | =======           AB    70.000 | BEK    70.000
                                      ======= | =======

       3 Rohstoffe
AB    50.000 | 1)     30.000         4 Rohstoffverbrauch
             | SBK    20.000   1)    30.000 | BEK    30.000
      _____ | _____                ======= | =======
      50.000 | 50.000
      ====== | ======
```

LE 14: Industriebuchführung

```
        7 Fertigfabrikate                    8 Bestandsänderungen HF

AB      70.000 | SBK     100.000      3)     20.000 | BEK     20.000
2)      30.000 |
       100.000 |         100.000            8 Bestandsänderung FF

                                      BEK    30.000 | 2)      30.000
         7 Halbfabrikate

AB      50.000 | SBK      30.000              0 Eigenkapital
               | 3)       20.000
        50.000 |          50.000      SBK   280.000 | AB     100.000
                                                    | BEK    180.000
                                            280.000 |        280.000
          8 Umsatzerlöse

4)      10.000 | AB      280.000              0 Fremdkapital
BEK    270.000 |
       280.000 |         280.000      SBK    50.000 | AB      50.000
```

Schlußbilanzkonto

Anlagevermögen	100.000	Eigenkapital	280.000
Bank	70.000	Fremdkapital	50.000
Rohstoffe	20.000		
Waren	10.000		
Halbfabrikate	30.000		
Fertigfabrikate	100.000		
	330.000		330.000

```
                        9 BEK

Löhne          70.000 | Umsatz     270.000
Rohst.         30.000 | Best.-
                      | änd. FF     30.000
Best.-
änd. HF        20.000 |
Ge-
winn          180.000
(= Eigen-
kapital)
              300.000              300.000
```

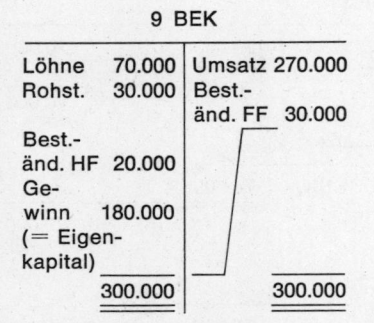

Lerneinheit 15: Die kalkulatorischen Kosten

Lernziele

– *Wesen der kalkulatorischen Kosten als »erfolgsneutrale Kosten«*
– *Arten der kalkulatorischen Kosten und ihre Verbuchung*
– *Kalkulatorische Kosten in der Praxis*

Einführung

In LE 7 über die sachliche Abgrenzung wurde zwischen neutralem und betriebsbedingtem Aufwand unterschieden. Der getrennte Ausweis des letzteren als Kosten in einer eigenen Kontenklasse ist zweckmäßig, weil hierdurch sämtliche Bestandteile, die in die Herstellkosten, in die Selbstkosten und damit in die Angebotspreise eingehen müssen, gesondert erfaßt sind.

Ebenso wie die neutralen Aufwendungen mindern auch die Kosten den Gewinn in der GuV-Rechnung.

Es gibt nun noch weitere Kostenarten, die betriebswirtschaftlich gesehen unbedingt Bestandteil der Selbstkosten sein müssen und damit in der Kontenklasse 4 zu buchen sind, die jedoch aus gesetzlichen Gründen (HGB und EStG) **den Gewinn nicht mindern dürfen.** Dies sind die sog. kalkulatorischen Kosten.

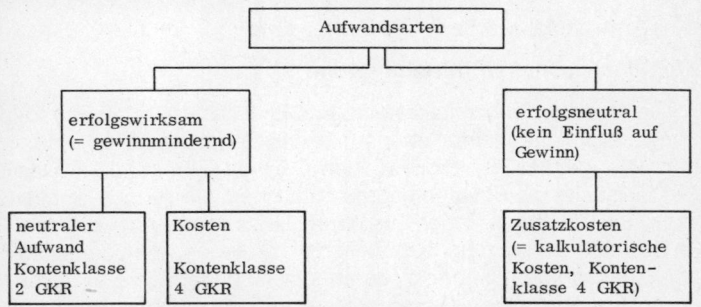

```
                    Aufwandsarten
                   /            \
        erfolgswirksam        erfolgsneutral
        (= gewinnmindernd)    (kein Einfluß auf
         /         \           Gewinn)
                                    |
  neutraler     Kosten          Zusatzkosten
  Aufwand                       (= kalkulatorische
  Kontenklasse  Kontenklasse    Kosten, Konten-
  2 GKR         4 GKR           klasse 4 GKR)
```

Um in Kontenklasse 4 alle für die Kalkulation und Kostenrechnung wichtigen Kosten zu erfassen, müssen auch die kalkulatorischen Kosten hier gebucht werden. Da aber die Salden der Ko-

stenkontenklasse 4 über das Betriebsergebniskonto in das GuV-Konto gehen, muß durch eine Ertragsgegenbuchung der Einfluß der kalkulatorischen Kosten im **GuV-Konto wieder neutralisiert** werden. Der Buchungssatz hierzu heißt
4 kalk. Kosten an 2 verrechnete kalk. Kosten.

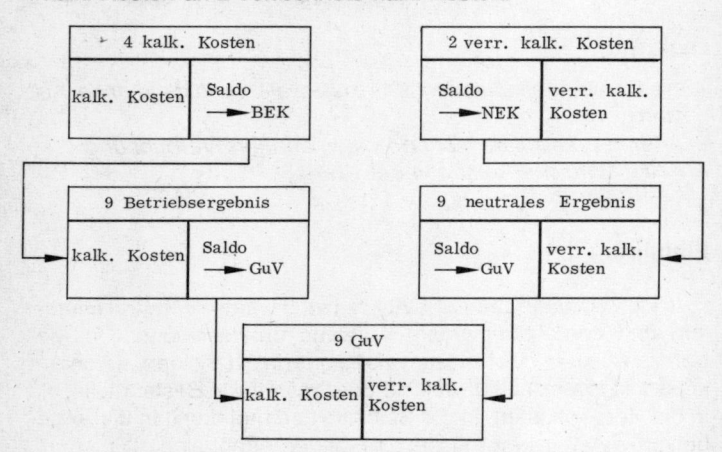

4 kalk. Kosten			2 verr. kalk. Kosten	
kalk. Kosten	Saldo → BEK		Saldo → NEK	verr. kalk. Kosten

9 Betriebsergebnis			9 neutrales Ergebnis	
kalk. Kosten	Saldo → GuV		Saldo → GuV	verr. kalk. Kosten

9 GuV	
kalk. Kosten	verr. kalk. Kosten

Hierdurch wird erreicht, daß die kalkulatorischen Kosten

– als Kosten in Kontenklasse 4 stehen.
 (Diese enthält somit alle für die Betriebsabrechnung und Kalkulation erforderlichen Kosten.)
– als Kosten das Betriebsergebnis beeinflussen,
– jedoch den Gewinn (Gesamterfolg) nicht beeinflussen.

Die vier kalkulatorischen Kostenarten sind:

Kalkulatorischer Unternehmerlohn

Die Gehälter von mitarbeitenden Gesellschaftern bei Personengesellschaften dürfen ebenso wie das Gehalt des Einzelunternehmers nach HGB und EStG den Gewinn nicht mindern. Das Gehalt ist hier als Privatentnahme zu buchen. Um jedoch langfristig diese Privatentnahmen zu sichern, ist es erforderlich, die Verkaufspreise entsprechend höher zu kalkulieren, zumindest so hoch, daß sie dem Gehalt eines angestellten Managers entsprechen. Dies erfolgt durch Lastschrift des entsprechenden Betrages auf dem Konto »4 kalk. Unternehmerlohn«. Die erfolgsneutralisierende Gegenbuchung ist im Haben des Konto »2 verr. kalk. Kosten«.

LE 15: Kalkulatorische Kosten

Kalkulatorische Zinsen

In erster Linie ist hier an die Verzinsung des Eigenkapitals gedacht, das ein Gesellschafter nur dann in seinem Unternehmen belassen wird, wenn es Rendite bringt. Um dies zu gewährleisten, müssen die Selbstkosten und die Angebotspreise entsprechend kalkuliert werden.

Beim Fremdkapital ist ein Ansatz kalkulatorischer Zinsen nur sinnvoll, wenn es zu besonders günstigen branchenunüblichen Zinsen zur Verfügung steht.

Buchungssatz: 4 kalk. Zinsen an 2 verr. kalk. Kosten.

Eventuelle effektive Fremdkapitalzinsen sind als neutraler Aufwand zu buchen.

Kalkulatorische Abschreibungen

Aus steuerlichen Gründen wird sehr häufig in einer Höhe abgeschrieben, die dem tatsächlichen, betriebswirtschaftlich richtigen Wertverzehr eines Wirtschaftsgutes nicht entspricht (z.B. Sonderabschreibungen, degressive Abschreibungen). Weiterhin reichen oft die steuerlichen Abschreibungen nicht aus, um das Wirtschaftsgut nach Ablauf seiner Lebensdauer aus den (über die Preise) verdienten Abschreibungen wiederzubeschaffen, weil es zwischenzeitlich teurer geworden ist. In der Kalkulation sind all diese Aspekte zu berücksichtigen.

Man bucht deshalb in Kontenklasse 4 die kalkulatorischen Abschreibungen vom Wiederbeschaffungswert, während die bilanzsteuerlich zulässigen, die sog. bilanziellen Abschreibungen als neutraler Aufwand in Kontenklasse 2 gebucht werden.

Kalkulatorische Wagnisse

Man kennt eine Reihe von Einzelwagnissen, gegen die sich ein Unternehmen »selbstversichern« kann, wenn sie in der Kalkulation und der Preisgestaltung adäquat berücksichtigt werden. Dies sind vor allem:

– Beständewagnis (Ausschuß)
– Anlagenwagnis (Explosion, Brand usw.)
– Gewährleistungswagnis (Garantieverpflichtungen)
– Entwicklungswagnis (Fehlentwicklungen)
– Forderungswagnis (Forderungsausfall).

Die Buchung erfolgt analog zu den bisher besprochenen Fällen mit dem Buchungssatz

4 kalk. Wagnisse an 2 verr. kalk. Kosten.

Unabhängig hiervon werden die tatsächlich eingetretenen und im allgemeinen von den kalkulatorischen Ansätzen wertverschiedenen Wagnisverluste als neutraler Aufwand in Kontenklasse 2 gebucht.

Gelegentlich wird noch die **kalkulatorische Miete** für eigengenutzte Gebäude als kalkulatorische Kostenart angeführt. Hiergegen läßt sich einwenden, daß die kalkulatorischen Abschreibungen auf Gebäude sowie etwaige anteilige kalkulatorische Zinsen dem Sachverhalt der Eigennutzung bereits Rechnung tragen. Die kalkulatorische Miete wird jedoch immer dann zu berücksichtigen sein, wenn die in Rechnung gestellte Fremdmiete außergewöhnlich niedrig ist.

Handhabung der kalkulatorischen Kosten in der Praxis

Die Buchung der kalkulatorischen Kosten im Rahmen der Doppik hat den Vorteil, daß alle zu kalkulierenden Kosten auf den Kostenkonten der Klasse 4 enthalten sind. Dem steht der Nachteil gegenüber, daß durch die buchungstechnische Neutralisierung der kalkulatorischen Kosten im GuV-Konto der Buchungs- und Arbeitsaufwand wesentlich erhöht wird.

Häufig, vor allem bei kleineren Betrieben, berücksichtigt man die kalkulatorischen Kosten außerhalb des Systems der Doppik. Die Betriebsabrechnung erhält die erfolgswirksamen Kosten aus der Geschäftsbuchhaltung. Die kalkulatorischen Kosten laufen nicht über die Konten der Geschäftsbuchhaltung. Die Kostenrechnung und Kalkulation findet nicht im Rahmen der doppelten Buchführung, sondern tabellarisch statt, meist auch organisatorisch von der Buchhaltung losgelöst, in einer gesonderten Abteilung Betriebsabrechnung, Kostenstatistik o. ä.

Aufgaben

Geben Sie für die folgenden Geschäftsvorfälle die Buchungssätze an, buchen Sie auf T-Konten und schließen Sie die Konten über das neutrale und das Betriebsergebniskonto ab.

1. Für die Geschäftsführertätigkeit des Unternehmers sollen DM 100.000,– als Kosten kalkuliert werden.
2. a) Für Eigenkapitalzinsen sind kalkulatorisch anzusetzen DM 30.000,–.
   b) Wie würde die Buchung lauten, wenn auf das gesamte betriebsnotwendige Kapital (EK und FK) DM 30.000,– als Zinsen

LE 15: Kalkulatorische Kosten

zu kalkulieren sind und für das Fremdkapital effektiv DM 20.000,– Zinsen bezahlt werden?
3. Abschreibungen auf Maschinen: kalkulatorisch DM 3.000,–; steuerlich (bilanziell) DM 4.000,–.
4. Als Wagniskosten im Fertigfabrikatelager sollen DM 5.000,– kalkuliert werden. Der tatsächliche Verderb von Produkten beträgt nur DM 4.000,–.

Lösungen

1. Kalkulatorischer Unternehmerlohn
Buchung des kalk. Unternehmerlohns:
4 kalk. Unternehmerlohn an 2 verr. kalk. Kosten 100.000

Abschluß der Konten:

2 verr. kalk. Kosten an 9 Neutrales Ergebniskonto 100.000
9 Betriebsergebniskonto an 4 kalk. Unt.lohn 100.000
9 GuV-Konto an 9 Betriebsergebniskto. 100.000
9 Neutrales Ergebniskto. an 9 GuV-Konto 100.000

Buchung und Abschluß auf T-Konten

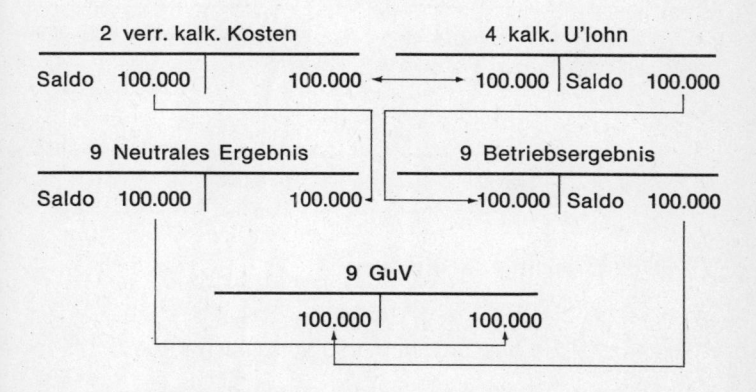

2 verr. kalk. Kosten		4 kalk. U'lohn	
Saldo 100.000	100.000	100.000	Saldo 100.000

9 Neutrales Ergebnis		9 Betriebsergebnis	
Saldo 100.000	100.000	100.000	Saldo 100.000

9 GuV	
100.000	100.000

2. Kalkulatorische Eigenkapitalzinsen

a) Die Buchungen erfolgen hier genau wie beim kalkulatorischen Unternehmerlohn.
Das Konto »4 kalkulatorische Eigenkapitalzinsen« tritt an die Stelle des Kontos »4 kalk. U'lohn«.

b) Kalkulatorische Zinsen auf das gesamte betriebsnotwendige Kapital
Buchung der effektiven Fremdkapitalzinsen:
2 Zinsaufwand an 1 Kasse 20.000
Buchung der kalk. Zinsen:
4 kalk. Zinsen an 2 verr. kalk. Kosten 30.000

Abschluß der Konten:
2 verr. kalk. Kosten an 9 Neutrales Ergebnis 30.000
9 Betriebsergebnis an 4 kalk. Zinsen 30.000
9 Neutrales Ergebnis an 2 Zinsaufwand 20.000
9 GuV an 9 Betriebsergebnis 30.000
9 Neutrales Ergebnis an 9 GuV 10.000

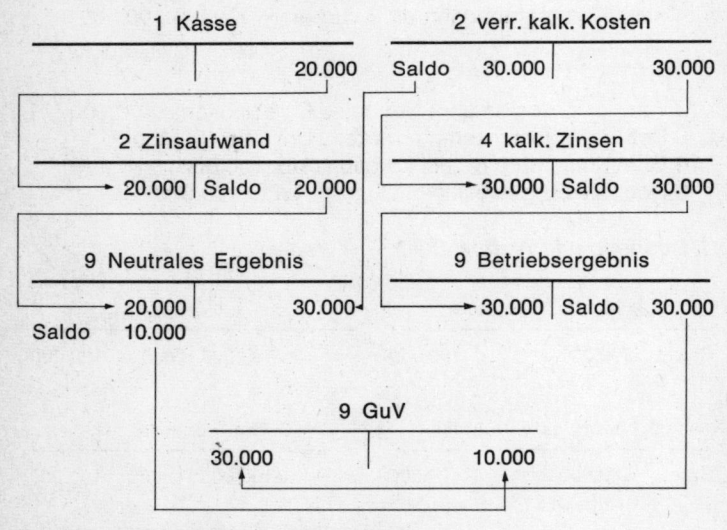

1 Kasse		2 verr. kalk. Kosten	
	20.000	Saldo 30.000	30.000

2 Zinsaufwand		4 kalk. Zinsen	
20.000	Saldo 20.000	30.000	Saldo 30.000

9 Neutrales Ergebnis		9 Betriebsergebnis	
20.000	30.000	30.000	Saldo 30.000
Saldo 10.000			

9 GuV	
30.000	10.000

3. Kalkulatorische Abschreibung

Buchung der bilanzmäßigen Abschreibungen
2 bilanzmäßige Abschreibung an 0 Maschinen 4.000

Buchung der kalkulatorischen Abschreibung
4 kalk. Abschreibung an 2 verr. kalk. Kosten 3.000

Abschluß der Konten:
9 Neutrales Ergebniskonto an 2 bilanzmäßige Abschreibungen 4.000
2 verr. kalk. Kosten an 9 Neutrales Ergebn. 3.000

LE 15: Kalkulatorische Kosten 113

9 Betriebsergebnis an 4 kalk. Abschreibung 3.000
9 GuV an 9 Betriebsergebnis 3.000
9 GuV an 9 Neutrales Ergebnis 1.000

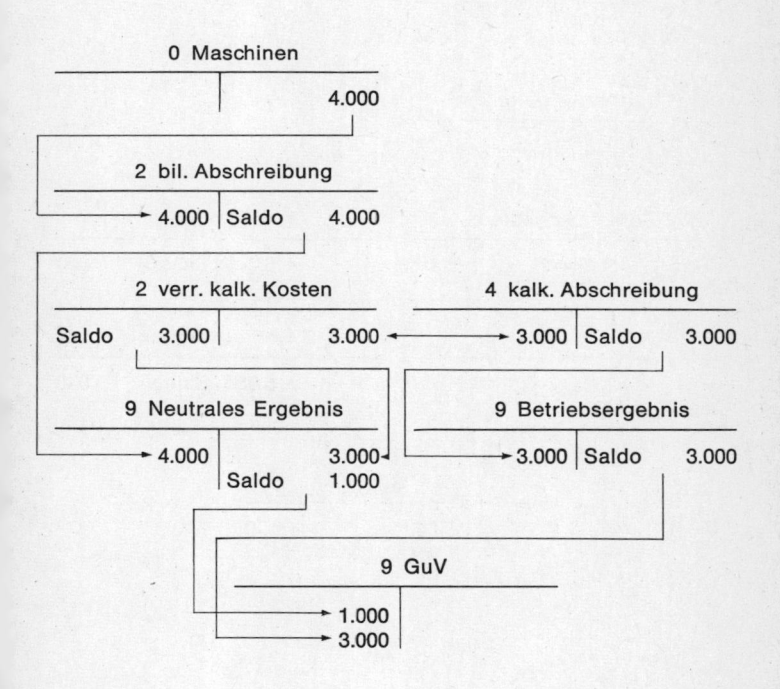

```
              0 Maschinen
           ─────────────────────
                      │  4.000

              2 bil. Abschreibung
           ─────────────────────
              4.000 │ Saldo  4.000

       2 verr. kalk. Kosten              4 kalk. Abschreibung
    ─────────────────────────         ─────────────────────────
    Saldo  3.000 │ 3.000               3.000 │ Saldo  3.000

       9 Neutrales Ergebnis              9 Betriebsergebnis
    ─────────────────────────         ─────────────────────────
           4.000 │ 3.000                3.000 │ Saldo  3.000
                 │ Saldo  1.000

                      9 GuV
                 ─────────────────
                          1.000
                          3.000
```

4. Kalkulatorische Wagnisse

Buchung des tatsächlichen Ausfalls:
2 a.o. Aufwand an 7 Fertigfabrikate 4.000

Buchung des kalkulatorischen Beständewagnisses:
4 kalk. Wagnis an 2 verr. kalk. Kosten 5.000

Abschluß der Konten:
9 Neutrales Ergebniskonto an 2 a.o. Aufwand 4.000
2 verr. kalk. Kosten an 9 Neutrales Ergebnis-Konto 5.000
9 Betriebsergebniskonto an 4 kalk. Wagnis 5.000
9 Neutrales Ergebniskonto an 9 GuV-Konto 1.000
9 GuV-Konto an 9 Betriebsergebnis-Konto 5.000

LE 15: Kalkulatorische Kosten

Buchung und Abschluß auf T-Konten:

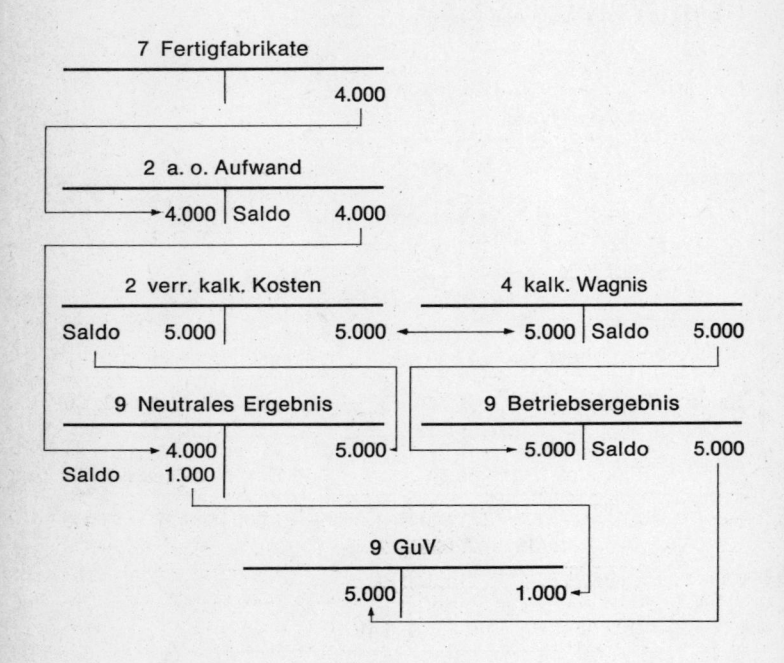

```
           7 Fertigfabrikate
                    |  4.000
           
           2 a. o. Aufwand
         → 4.000  | Saldo  4.000

    2 verr. kalk. Kosten              4 kalk. Wagnis
Saldo  5.000 |  5.000  ←→  5.000 | Saldo  5.000

    9 Neutrales Ergebnis           9 Betriebsergebnis
     → 4.000 |  5.000            → 5.000 | Saldo  5.000
Saldo  1.000 |

                    9 GuV
                   5.000 |  1.000
```

Lerneinheit 16: Buchungen beim Wechselverkehr

Lernziele

– Der Wechsel als Zahlungsmittel
– Das Buchen der Wechselschuld
– Diskont und Spesen
– Die Verwendung des Wechsels
– Wechselprolongation
– Wechselprotest

Einführung

Ein großer Teil aller Warengeschäfte wird durch Wechsel finanziert. Der Wechsel ist ein Wertpapier, in dem sich der Bezogene (Schuldner) verpflichtet, einen bestimmten Betrag an einem festgelegten Termin (sog. Verfalltag) an den auf dem Wechsel angegebenen Empfänger (Remittent) zu bezahlen.

Im Normalfall liegt der folgende Sachverhalt vor:

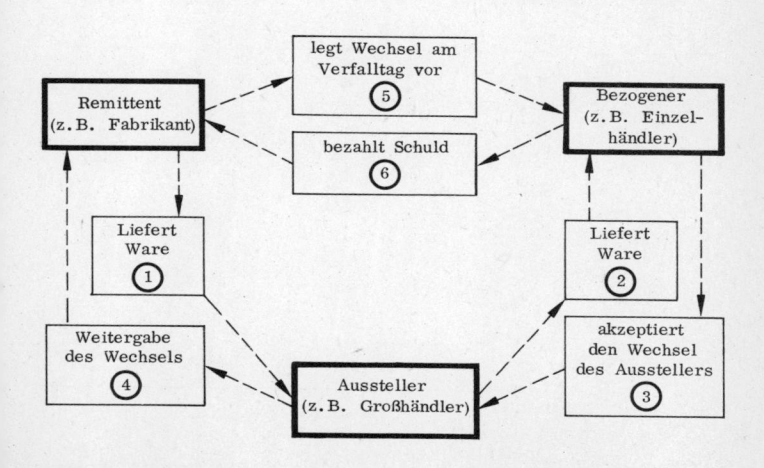

LE 16: Buchungen beim Wechselverkehr

Auf diese Weise kann erreicht werden, daß die bezogenen Waren erst dann bezahlt werden müssen, wenn sie bereits an den Endabnehmer verkauft sind. Dies ist auch über mehrere Handelsstufen hinweg möglich, da der Wechselnehmer (Remittent) den Wechsel an einen anderen als Zahlungsmittel weitergeben kann.
Beispiel:

A stellt einen Wechsel über DM 1.000,— aus.
B akzeptiert als Bezogener den Wechsel durch »Querschreiben«.
R_1 (Remittent) erhält den Wechsel von A,
R_1 gibt den Wechsel an R_2 zur Begleichung seiner eigenen Schulden weiter.

Der Wechsel, den R_2 erhält, hat folgende Bestandteile, die gesetzlich (Wechselgesetz) vorgeschrieben sind:

Vorderseite des Wechselformulars

```
                    München, den 3. 3. 19 . .
                    Gegen diesen Wechsel zahlen Sie am 3. 6. 19 . .
 Unterschrift       an die Order von R1                    DM 1.000,—
 des Bezogenen      (eintausend Deutsche Mark)

                    Bezogener
                        Anton B
                        Müllerstraße 13                    Unterschrift
                        8000 München                      des Ausstellers
```

Rückseite des Wechselformulars

```
  Wechsel-      Für mich an die
  steuer-       Order des R2
  marke         München, 5. 3. 19 . .
                Unterschrift
                R1
```

LE 16: Buchungen beim Wechselverkehr

Den Weitergabevermerk auf der Rückseite nennt man Indossament. Ein Wechsel kann so beliebig oft als Zahlungsmittel weitergegeben werden. Selbstverständlich sind Spezialfälle möglich, derart, daß
- Aussteller und Bezogener identisch sind,
- Aussteller und Remittent identisch sind.

Das Buchen der Wechselschuld

Buchungstechnisch hat jeder Wechsel zwei Seiten:
Als **Besitzwechsel** stellt er eine Forderung für den jeweiligen Remittenten dar, die durch die besondere Strenge des Wechselgesetzes gesichert ist.

Als **Schuldwechsel** (Akzept) ist er eine Verbindlichkeit für den Bezogenen.

Diskont und Spesen

Da die Wechselsumme dem Remittenten erst am Verfalltag des Wechsels zur Verfügung steht, er seine Forderung bis dahin also stunden muß, stellt er dem Bezogenen die zwischenzeitlichen Zinsverluste in Rechnung. Diesen Wechselzins nennt man Diskont. Er ist beim Gläubiger (Besitzwechsel) ein Ertrag (Konto »2 Diskontertrag«), beim Schuldner (Schuldwechsel) ein Aufwand (Konto »2 Diskontaufwand«).

Zusätzlich zu den Zinsverlusten können dem Besitzwechselinhaber **Spesen** entstehen (etwa durch die Wechselsteuer, durch Porti bei der Weitergabe usw.). Auch diese Spesen werden dem Bezogenen in Rechnung gestellt. Sie werden auf dem Konto »4 Nebenkosten des Geldverkehrs« gebucht.

Beim normalen Warenwechsel – also einem Wechsel, dem ein Warengeschäft zugrunde liegt – ist die Weiterverrechnung sowohl von Diskont als auch von Spesen **umsatzsteuerpflichtig.**
Der Wechselinhaber muß entsprechend buchen:
1 Forderungen
   an 2 Diskontertrag
   an 1 MwSt
Der Bezogene bucht:
2 Diskontaufwand
1 Vorsteuer an 1 Verbindlichkeiten

Bei einem reinen Finanzwechsel tritt keine Umsatzsteuerpflicht ein.

Umsatzsteuerpflicht auf Diskont und Spesen ist auch dann nicht gegeben, wenn eine Bank beim Einlösen eines Warenwechsels diese Beträge abzieht, da die Bankgeschäfte im allgemeinen steuerbefreit sind.

Die Verwendung des Wechsels

Der Inhaber R eines Besitzwechsels hat drei Möglichkeiten seiner Verwendung:

1. **Er behält ihn bis zum Verfalltag** und legt ihn dann dem Bezogenen (B) vor, der die Schuld bezahlt.
   R bucht: 1 Bank an 1 Besitzwechsel
   B bucht: 1 Schuldwechsel an 1 Bank
2. **Er gibt ihn vor Verfall als Zahlungsmittel an einen Dritten weiter.** Dieser stellt ihm Diskont, Spesen und MwSt in Rechnung.

   Der alte Wechselinhaber bucht:
   1 Verbindlichkeiten an 1 Besitzwechsel

   2 Diskontaufwand
   4 Nebenkosten des Geldverkehrs
   1 Vorsteuer an 1 Verbindlichkeiten

   Der neue Wechselinhaber bucht:
   1 Besitzwechsel an 1 Forderungen

   1 Forderungen
      an 2 Diskontertrag
      an 4 Nebenkosten des Geldverkehrs
      an 1 MwSt

3. **Er gibt ihn zur vorzeitigen Diskontierung (Einlösung) einer Bank**

   Die Bank zahlt nicht die volle Wechselsumme aus, sondern zieht Diskont und Spesen ab. Allerdings berechnet sie – im Gegensatz zu Fall 2 – keine MwSt. Im Normalfall wird der Wechseleinreicher wie folgt buchen:
   1 Bank
   2 Diskontaufwand
   4 Nebenkosten des Geldverkehrs   an 1 Besitzwechsel

   In § 17 UStG ist jedoch die Möglichkeit vorgesehen, daß der Wechseleinreicher den Diskont, den er von der Bank abgezogen bekommt, als nachträgliche Entgeltminderung (ähnlich wie bei Kundenskonti) behandeln kann. Er darf deshalb die im Diskontbetrag steckende MwSt, die zuviel berechnet ist, berichtigen. Für die Wechselspesen ist dies nicht vorgesehen.

Buchungssatz:
1 Bank
2 Diskontaufwand
1 MwSt
4 NK. d. Geldverkehrs   an Besitzwechsel.

In der Praxis wird diese MwSt-Berichtigungsbuchung allerdings nicht durchgeführt, weil sie einen umständlichen Rückkoppeleffekt zur Folge hat: Auch der Kunde, von dem der Wechsel kommt, muß dann nämlich seine Vorsteuer um denselben Betrag reduzieren.

Wechselprolongation

Kann der Bezogene am Verfalltag die Wechselsumme nicht bezahlen, dann besteht die Möglichkeit der Prolongation, also der Verlängerung der Zahlungsfrist.
Hier sind zwei Fälle möglich:

1. Der Wechselinhaber stimmt der Prolongation zu; dann wird der alte Wechsel gegen einen neuen mit verlängerter Laufzeit ausgetauscht. Diskont und Spesen sowie MwSt hierauf werden dem Bezogenen belastet.
2. Der Wechselinhaber besteht auf sofortiger Zahlung der Wechselsumme. Hier muß sich der Bezogene einen ihm wohlgesonnenen Geschäftspartner suchen (meist ist dies der Aussteller des Wechsels), der gegen einen neuen Wechsel die alte Wechselsumme bar zur Verfügung stellt. Auch hier fallen Diskont, Spesen und MwSt an.

Der neue Aussteller bucht:
1 Besitzwechsel an 1 Bank
1 Forderungen
   an 2 Diskontertrag
   an 1 MwSt.
Der Bezogene bucht:
1 Bank an Schuldwechsel (neu!)
2 Diskontaufwand
1 Vorsteuer an 1 Verbindlichkeiten
Die Bezahlung der alten Wechselschuld löst die Buchung aus:
1 Schuldwechsel an 1 Bank.

Wechselprotest und Rückgriff

Ist der Bezogene am Verfalltag nicht in der Lage, die Wechselsumme zu bezahlen und blieb auch sein Prolongationsansuchen ohne Erfolg, dann wird der Wechselbesitzer Protest mangels Zahlung erheben. Der Wechselprotest – eine öffentliche vom Notar,

einem Gericht oder einem Postbeamten zu erstellende Urkunde –
muß spätestens zwei Werktage nach dem Verfalltag erhoben werden.
Der Besitzwechsel wird zum Protestwechsel.
Buchungssatz: 1 Protestwechsel an 1 Besitzwechsel.

Jetzt kann der Wechselbesitzer beliebig jeden der früheren Vorbesitzer des Wechsels zur Zahlung der Wechselsumme verpflichten (Rückgriff, Regreß), wobei er noch zusätzliche Forderungen in Rechnung stellt (Art. 48 WG):

Wechselsumme
+ Protestkosten (z.B. Notar)
+ sonstige Auslagen
+ Verzugszinsen (6% p.a. seit Verfalltag)
+ Provision (1/3 % der Wechselsumme)
+ MwSt (auf die zusätzlichen Forderungen)

= Rückgriffssumme

Der Regreßnehmer bucht also:
1 Forderungen
   an 1 Protestwechsel (Wechselsumme)
   an 4 NK. d. Geldverkehrs (Protestkosten, Auslagen)
   an 2 a.o. Ertrag (Provision)
   an 2 Zinsertrag (Verzugszinsen)
   an 1 MwSt

Genau umgekehrt bucht der Regreßpflichtige:
   1 Protestwechsel
   4 NK. d. Geldverkehrs
   2 a.o. Aufwand
   2 Zinsaufwand
   1 Vorsteuer an 1 Verbindlichkeiten

Der so betroffene Regreßpflichtige hat nun seinerseits die Möglichkeit, die Beträge von seinen »Vormännern« zu fordern.

Wegen dieser latenten Gefahr des Wiederauflebens einer alten Wechselschuld müssen in den Bilanzen nach § 151 AktG die möglichen Regreßsummen unter dem Begriff Wechselobligo aufgeführt werden. Es ist weder Bestandteil der Aktiva noch der Passiva, sondern steht außerhalb des Systems Doppik als Zusatzinformation.

LE 16: Buchungen beim Wechselverkehr

Aufgaben

1. Entstehung der Wechselschuld
X hat an Y Waren geliefert (Wert 5.500,–). Y akzeptiert den Wechsel, den X auf ihn zieht. X stellt gesondert in Rechnung: Diskont 6% p.a. für 3 Monate = DM 82,50; Spesen DM 10,–.
Geben Sie die Buchungssätze für X und Y an.

2. Einzug am Verfalltag
X löst den Wechsel am Verfalltag bei Y ein. Wie bucht X, wie bucht Y?

3. Vorzeitige Weitergabe des Wechsels durch Indossament
X gibt den Wechsel (5.500,–) nach 1 Monat zur Begleichung seiner eigenen Schulden an Z. Z stellt in Rechnung: Diskont (6% p.a. für 2 Monate) = DM 55,–; Spesen (keine Wechselsteuer mehr) = DM 1,75.
Geben Sie die Buchungssätze für X und Z an!

4. Vorzeitige Diskontierung bei der Bank
X gibt den Wechsel sofort nach Erhalt (Restlaufzeit 3 Monate) seiner Bank zur Diskontierung. X erhält folgende Bankabrechnung:

Wechselsumme	DM 5.500,–
./. Diskont	DM 82,50
./. Spesen	DM 10,–
Auszahlung	DM 5.407,50

Wie bucht X?

5. a) Wechselprolongation
Y kann am Verfalltag die DM 5.500,– nicht bezahlen. X, der den Wechsel immer noch im Besitz hat, stellt einen Prolongationswechsel aus, wobei er Diskont (82,50) und Spesen (10,–) einschließlich MwSt (9,25) in die Wechselsumme mit einbezieht (sog. spesenfreies Papier).
Geben Sie die Buchungssätze bei X und Y an.

5. b)
X ist nicht mehr im Besitz des Wechsels. Er stellt dem Y jedoch die alte Wechselsumme (DM 5.500,–) bar zur Verfügung und erhält dafür einen neuen Wechsel. Diskont und Spesen (wie oben) werden gesondert in Rechnung gestellt.
Buchungssätze bei X und Y.

6. Wechselprotest

Ein Wechsel über DM 11.000,– geht zu Protest. Der Wechselbesitzer stellt folgende Rückrechnung:

1. Wechselsumme	11.000,–
2. Protestkosten	100,–
3. Auslagen	40,–
4. 1/3 % Provision von 11.000,–	37,–
5. 6 % Vorzugszinsen p.a. für 30 Tage	55,–
6. MwSt (10 % von 2.–5.)	23,20
Regreßsumme	DM 11.255,20

Wie buchen Regreßnehmer und Regreßpflichtiger?

Lösungen

1. *X bucht:*
   1 Besitzwechsel 5.500
     an 8 Warenverkauf 5.000
     an 1 MwSt 500
   4 Nebenkosten des Geldverkehrs an 1 Kasse 10
   1 Forderungen 101,75
     an 2 Diskontertrag 82,50
     an 4 NK. d. Geldverkehrs 10
     an 1 MwSt 9,25

   Y bucht:
   3 Warenverkauf 5.000,–
   1 Vorsteuer 500,– an 1 Schuldwechsel 5.500
   2 Diskontaufwand 82,50
   4 NK. d. Geldverkehrs 10
   1 Vorsteuer 9,25 an 1 Verbindlichkeiten 101,75

2. *X bucht:*
   1 Kasse an 1 Besitzwechsel 5.500

   Y bucht:
   1 Schuldwechsel an 1 Kasse 5.500

3. *X bucht:*
   1 Verbindlichkeiten an 1 Besitzwechsel 5.500
   2 Diskontaufwand 55,–
   4 NK. d. Geldverkehrs 1,75
   1 Vorsteuer 5,68 an 1 Verbindlichkeiten 62,43

LE 16: Buchungen beim Wechselverkehr 123

Z bucht:
1 Besitzwechsel an 1 Forderungen 5.500

1 Forderungen 62,43
 an 2 Diskontertrag 55
 an 4 Nk. d. Geldverkehrs 1,75
 an 1 MwSt 5,68

4. *X bucht:*
1 Bank 5.407,50
2 Diskontaufwand 82,50
4 NK. d. Geldverkehrs 10   an 1 Besitzwechsel 5.500

5. a) *X bucht:*
1 Besitzwechsel 5.601,75
an 1 Besitzwechsel 5.500
an 2 Diskontertrag 82,50
an 4 NK. d. Geldverkehrs 10
an 1 MwSt 9,25

Y bucht:
1 Schuldwechsel 5.500
2 Diskontaufwand 82,50
4 NK. d. Geldverkehrs 10
1 Vorsteuer 9,25 an 1 Schuldwechsel 5.601,75

5. b) *X bucht:*
1 Besitzwechsel an 1 Kasse 5.500

1 Forderungen 101,75
 an 2 Diskontertrag 82,50
 an 4 NK. d. Geldverkehrs 10
 an 1 MwSt 9,25

Y bucht:
1 Kasse an 1 Schuldwechsel 5.500

2 Diskontaufwand 82,50
4 NK. d. Geldverkehrs 10
1 Vorsteuer 9,25 an 1 Verbindlichkeiten 101,75

6. *Der Regreßnehmer bucht:*
1 Forderungen 11.255,20
 an 1 Protestwechsel 11.000
 an 4 NK. d. Geldverkehrs 140
 an 2 a.o. Erträge 37
 an 2 Zinserträge 55
 an 1 MwSt 23,20

Der Regreßpflichtige bucht:
1 Protestwechsel 11.000,–
4 NK. d. Geldverkehrs 140,–
2 a.o. Aufwand 37,–
2 Zinsaufwand 55,–
1 Vorsteuer 23,20 an 1 Verbindlichkeiten 11.255,20

Lerneinheit 17: Zeitliche Abgrenzung und Rückstellungen

Lernziele

- *Das Wesen der Rechnungsabgrenzungsposten*
- *transitorische Posten*
- *antizipative Posten (so. Forderungen und so. Verbindlichkeit)*
- *Damnum (Darlehensabgeld, Disagio)*
- *Rückstellungen*

Einführung

Es gibt eine Reihe von erfolgswirksamen Geschäftsvorfällen, die in zwei Rechnungsjahre hineinreichen, so etwa wenn Versicherungsprämien von Juli des laufenden Jahres bis Juli des Folgejahres bezahlt werden. Eine der wichtigsten Aufgaben der Buchführung ist es, den Periodenerfolg richtig zu ermitteln. Solche jahresübergreifenden Erfolgsvorgänge müssen deshalb exakt getrennt werden:

- in den Anteil des Erfolgs, der noch das laufende Jahr betrifft, und
- in den anderen Erfolgsteil, der sich erst auf das nächste Jahr bezieht.

Hier sind zwei grundsätzliche Fälle gegeben.

Fall 1:
Zahlung im alten Jahr,
Erfolg im neuen Jahr (sog. transitorische Vorgänge).
Fall 2:
Zahlung im neuen Jahr,
Erfolg im alten Jahr (sog. antizipative Vorgänge).

Würde man auf die Zerlegung des Erfolgs auf die richtigen Jahre verzichten, dann hätte dies zur Folge, daß der Erfolg sofort bei der Zahlung, also noch im alten Jahr, voll gebucht würde, obwohl er wirtschaftlich ins neue Jahr gehören würde (Fall 1), bzw. daß der Erfolg erst im neuen Jahr gebucht würde, weil erst dann die Zahlung erfolgt (Fall 2).

Transitorische Rechnungsabgrenzungsposten

Erfolgt die Zahlung für einen Vorgang, der erst im Folgejahr erfolgswirksam wird (z. B Mietvorauszahlung), bereits im alten Jahr, dann darf die Erfolgsbuchung erst im nächsten Jahr erfolgen. Die Gegenbuchung zur Zahlung kann also im alten Jahr nicht auf einem Erfolgskonto stattfinden. Man bucht deshalb auf einem Bestandskonto (»0 Rechnungsabgrenzungskonto«) und kann so eine erfolgsneutrale Übernahme des Vorgangs ins neue Jahr erreichen. Im neuen Jahr wird dieses Konto erfolgswirksam aufgelöst.

Transitorisches Aktivum – aktive Rechnungsabgrenzungsposten

Handelt es sich bei dem abzugrenzenden Erfolg um einen Aufwand, dann bucht man anstatt ins Soll eines Aufwandskontos ins Soll des aktiven Bestandskontos »0 akt. Rechnungsabgrenzungsposten (RAP)«; z. B. Vorauszahlung der Versicherungsprämie:

0 akt. RAP an 1 Kasse.

Wenn im neuen Jahr der Erfolg gebucht wird, dann löst man das Konto »0 akt. RAP« erfolgswirksam auf:
4 Versicherungskosten an 0 akt. RAP.

Transitorisches Passivum – passive Rechnungsabgrenzungsposten

Ist ein Ertrag abzugrenzen, dann erfolgen die Buchungen analog, lediglich seitenverkehrt: Statt einer Ertragsbuchung im Haben des Ertragskontos bucht man im Haben des Bestandskontos »0 pass. RAP«. Die Auflösung des Kontos RAP im neuen Jahr erfolgt analog zu oben.

Die antizipative Rechnungsabgrenzung

Hier handelt es sich um Nachzahlungen von Erfolgsvorfällen, z. B. Miete für das laufende Jahr wird erst im Folgejahr überwiesen. Dies ist nicht eine Rechnungsabgrenzung im eigentlichen Sinne, vielmehr eine Kreditierung von Zahlungsverpflichtungen. Entsprechend schreibt der Gesetzgeber vor (§ 247 HGB, § 5 EStG), daß solche »antizipativen Rechnungsabgrenzungen« auf den Konten

LE 17: Zeitliche Abgrenzung und Rückstellungen

1 sonstige Forderungen: bei Ertragsbuchungen
1 sonstige Verbindlichkeiten: bei Aufwandsbuchungen
zu erfolgen haben.

Zum Beispiel sind Mieterträge des alten Jahres, die erst im nächsten Jahr eingehen, zu buchen:
1 so. Forderung an 2 Mieterträge.

		Zahlung im alten Jahr	Zahlung im neuen Jahr
Erfolg im alten Jahr	Aufwand	normale Buchung als Aufwand bzw. Ertrag des alten Jahres	Kto. »1 so. Verbindlichkeit« 2 Aufwand an 1 so. Verbindlichkeit
	Ertrag		Kto. »1 sonstige Forderung« 1 so. Forderung an 2 Ertrag
Erfolg im neuen Jahr	Aufwand	Kto. »0 aktive Rechnungsabgrenzungsposten« 0 akt. RAP an 1 Kasse	normale Buchung als Aufwand bzw. Ertrag des neuen Jahres
	Ertrag	Kto. »0 passive Rechnungsabgrenzungsposten« 1 Kasse an 0 pass. RAP	

Darlehensabgeld (Damnum bzw. Disagio)

Eine besondere Art von Rechnungsabgrenzung stellt das Damnum dar. Bei der Aufnahme von Darlehen (langfristige Verbindlichkeiten) weichen der Rückzahlungsbetrag der Schuld und der Verfügungsbetrag häufig voneinander ab. Diese Differenz zwischen höherem Rückzahlungsbetrag und niedrigerem Verfügungsbetrag bezeichnet man als Damnum (auch Darlehensabgeld oder Disagio). Wirtschaftlich kann es sich hierbei sowohl um vorweggenommene Zinsen als auch um Kreditbearbeitungsgebühren handeln. Da Schulden in der Bilanz immer zum höheren Rückzahlungsbetrag ausgewiesen werden müssen, ist das Damnum auf einem geeigneten Konto zu buchen. Handels- und steuerrechtlich muß ein Damnum aktiviert und unter den Posten der Rechnungsabgrenzung ausgewiesen werden. Es ist über das Konto »2 Zinsaufwand« über die Laufzeit des Darlehens abzuschreiben.

Wird die Schuld vorzeitig getilgt, dann ist der noch nicht abgeschriebene Teil des Damnums als a.o. Aufwand zu behandeln. Bei einer Verkürzung der Laufzeit ist der noch nicht abgeschriebene Teil des Damnums auf die neue Restlaufzeit im Wege von Abschreibungen zu verteilen.

Rückstellungen

Ähnlich wie bei den sonstigen Verbindlichkeiten werden Rückstellungen gebildet für Aufwendungen, die wirtschaftlich ins laufende Jahr gehören, jedoch erst in späteren Jahren Zahlungsverpflichtungen auslösen.

Die Unterschiede zwischen Rückstellungen und sonstigen Verbindlichkeiten sind in der folgenden Übersicht zusammengefaßt.

Je nachdem ob die Rückstellungsbildung in einem ordentlichen, betriebstypischen oder in einem außerordentlichen Vorgang begründet ist, belastet man ein entsprechendes Kostenkonto (z.B. »4 Zuführungen zu Rückstellungen«) oder ein entsprechendes Aufwandskonto (z.B. »2 a.o. Aufwand«) bei der Bildung der Rückstellung.

LE 17: Zeitliche Abgrenzung und Rückstellungen

	Rückstellung	Sonstige Verbindlichkeit
Gemeinsamkeiten	Aufwand bzw. Kosten jetzt, Zahlung später	
	Rechtsgrund der Schuld steht fest	
Unterschiede	Konto »0 Rückstellungen«	Konto »1 so. Verbindlichkeiten«
	Höhe der Schuld unbekannt, nur geschätzt oder/und genaue Fälligkeit der Schuld unbekannt	Höhe der Schuld bekannt und genaue Fälligkeit der Schuld bekannt
	meistens langfristige Schuld	kurzfristige Schuld
Beispiele	– Pensionsrückstellungen – Garantierückstellungen – Prozeßrückstellungen – Steuerrückstellungen – Rückstellungen für unterlassene Reparaturen und Instandsetzungsarbeiten	noch nicht bezahlte – Mieten, – Zinsen, – Versicherungsprämien

Aufgaben

1. Ein Mieter überweist die Miete für die Monate Oktober bis Januar bereits am 1. Oktober, DM 4.000,–.
2. Vertragsgemäß überweist der Unternehmer die Versicherungsprämie für die Kfz-Versicherung des Firmenwagens für den Zeitraum September bis einschließlich August (DM 1.200,–) bereits am 1. September.
3. Am Jahresende sind Grundsteuern von insgesamt DM 700,–, die noch das alte Jahr betreffen, noch nicht gebucht. Sie werden erst im nächsten Jahr beglichen.

4. Für ein Darlehen an einen Schuldner ist der Zins für das abgelaufene Jahr am Jahresende noch nicht eingegangen, DM 1.300,–. Die Zahlung geht am 3. Januar ein.
5. Die X-GmbH nimmt zu Jahresbeginn bei ihrer Hausbank ein langfristiges Darlehen, Laufzeit 10 Jahre auf. Vertraglich werden folgende Konditionen vereinbart:
Rückzahlungsbetrag: DM 100.000,–
Auszahlungsbetrag: DM 95.000,–
Zinsen (in % des Rückzahlungsbetrages,
fällig jeweils am Jahresende) 5%
Nach 4 Jahren verkürzt die Bank die Restlaufzeit des Darlehens auf Wunsch des Schuldners auf 6 Jahre.
Am Ende des 5. Jahres zahlt die X-GmbH die Restschuld im Einvernehmen mit der Bank vorzeitig zurück.

Wie lauten die Buchungssätze bei der X-GmbH
a) bei Darlehensaufnahme?
b) jeweils am Jahresende?
6. Der Pensionsrückstellung sind DM 10.000,– zuzuführen.
7. Für einen schwebenden Prozeß wird eine Rückstellung von DM 50.000,– gebildet.
8. Der Prozeß ist beendet. Das Urteil lautet
a) auf Bezahlung von DM 50.000,–
b) auf Bezahlung von DM 40.000,–
c) auf Bezahlung von DM 60.000,–

Geben Sie für diese Geschäftsvorfälle die Buchungssätze an.
Bei den Vorfällen 1–4 soll auch die Auflösung der Abgrenzungskonten bzw. der Zahlungseingang im neuen Jahr gebucht werden.

Lösungen

1) ¾ der Miete = 3.000,– = Ertrag noch im alten Jahr
¼ der Miete = 1.000,– = Ertrag erst im neuen Jahr = RAP

Buchung im alten Jahr
1 Bank 4.000
  an 2 Mieterträge 3.000
  an 0 passive RAP 1.000

Buchung im neuen Jahr
0 pass. RAP an 2 Mieterträge 1.000

LE 17: Zeitliche Abgrenzung und Rückstellungen

2) ⁴/₁₂ der Prämie = 400,– = Kosten noch im alten Jahr
⁸/₁₂ der Prämie = 800,– = Kosten erst im neuen Jahr = RAP

Buchung im alten Jahr
4 Kosten des Fuhrparks 400
0 akt. RAP 800,– an 1 Bank 1.200

Buchung im neuen Jahr
4 Kosten des Fuhrparks an 0 akt. RAP 800

3) *Buchung im alten Jahr*
2 Haus- und Grundstücksaufwand an 1 sonst. Verbindlichkeiten 700

Buchung im neuen Jahr bei Bezahlung
1 sonst. Verbindlichkeiten an 1 Bank 700

4) *Buchung im alten Jahr*
1 sonst. Forderung an 2 Zinserträge 1.300

Buchung im neuen Jahr bei Zahlungseingang
1 Bank an 1 sonst. Forderung 1.300

5) a) 1 Kasse 95.000
   1 RAP (Damnum) 5.000
     an 1 langfristige Verbindlichkeiten 100.000

  b) Buchungen jeweils am Ende der Jahre 1 bis 4
  2 Zinsaufwand 5.500
     an 1 RAP (Damnum) 500
     an 1 Bank 5.000.

  Nach 4 Jahren Neuverteilung des verbliebenen Damnums.
  Verbliebenes Damnum = 5.000 − 2.000 = 3.000
  Restlaufzeit: 2 Jahre
  neue Abschreibung auf Damnum: 1.500 je Jahr ab Jahr 5

  Buchungen am Ende des 5. Jahres:
  0 langfristige Verbindlichkeiten 100.000
  2 Zinsaufwand 5.000
  2 a.o. Aufwand (Damnum) 3.000
     an 1 Bank 105.000
     an 1 RAP (Damnum) 3.000

6) 4 Freiwill. Sozialaufwand an 0 Pensionsrückstellungen 10.000

7)   2 a.o. Aufwand an 0 Rückstellungen 50.000

8) a) 0 Rückstellungen an 1 Bank 50.000

   b) 0 Rückstellungen 50.000
        an 1 Bank 40.000
        an 2 a.o. Ertrag 10.000

   c) 0 Rückstellungen 50.000
      2 a.o. Aufwand 10.000 an 1 Bank 60.000

Lerneinheit 18: Die Buchung von Steuern

Lernziele

- *Aktivierungspflichtige Steuern*
- *Kostensteuern*
- *Steuern als neutraler Aufwand*
- *Durchlaufsteuern*
- *Privatsteuern*

Einführung

Die große Zahl der einzelnen Steuern läßt sich aus buchungstechnischer Sicht in fünf Gruppen einteilen.

1. **Aktivierungspflichtige Steuern.** Sie müssen im Rahmen der Anschaffungskosten auf den betroffenen Bestandskonten aktiviert werden. Gegebenenfalls werden sie in späteren Jahren über die Abschreibung zu Kosten. Zu diesen Steuern gehören

- die Grunderwerbsteuer (GrESt): Kto. 0 Grundstücke und Gebäude,
- die Börsenumsatzsteuer (BUSt): Kto. »0 Beteiligungen« bzw. »1 Wertpapiere«.

2. **Kostensteuern** sind im Jahr ihres wirtschaftlichen Entstehens als Kosten zu buchen. Werden sie nicht im selben Jahr bezahlt, dann ist eine Steuerrückstellung zu bilden.

Zu den Kostensteuern gehören:
- die Gewerbesteuer (GewSt): Kto. »4 Betriebssteuern«,
- sämtliche Verbrauchsteuern (z. B. Mineralölsteuer),
- die Kraftfahrzeugsteuer (KraftSt): Kto. »4 Kosten des Fuhrparks«,
- die Wechselsteuer (WSt): Kto. »4 Nebenkosten des Geldverkehrs«,
- die Vermögensteuer (VSt) auf das Betriebsvermögen: Kto. »4 Betriebssteuern«.

3. **Steuern, die neutralen Aufwand darstellen**

Hier sind die Steuern zu buchen, die ihrem Wesen nach Aufwand sind, jedoch nicht als Kosten in die Kalkulation eingehen dürfen. Auch hier ist eine Rückstellung zu bilden, falls die Bezahlung nicht im Jahr des wirtschaftlichen Entstehens der Steuerschuld erfolgt.

Zu den Aufwandssteuern gehören
- die Körperschaftsteuer (KSt): Kto. »2 das Gesamtergebnis betreffender Aufwand«,
- die Gesellschaftsteuer (GesSt): Kto. »2 a. o. Aufwand«,
- Nachzahlungen auf noch nicht gebuchte Kostensteuern,
- die Grundsteuer (GrSt): Kto. »2 Haus- und Grundstücksaufwand«.

4. **Durchlaufsteuern** sind Steuern, die nicht der Betrieb zu tragen hat, sondern nur von anderen einbehält, um sie an das Finanzamt abzuführen:
- die Umsatzsteuer (USt): Kto. »1 Mehrwertsteuer / 1 Vorsteuer«,
- die Lohnsteuer und Kirchensteuer von Arbeitnehmern: Kto. »1 noch abzuführende Abgaben«.

5. **Privatsteuern** betreffen den Privatbereich des Unternehmers. Werden sie dennoch mit Firmengeldern bezahlt, dann müssen sie als Privatentnahme gebucht werden:
- die Einkommensteuer (ESt),
- die Kirchensteuer des Unternehmers (KiSt),
- die Vermögensteuer (VSt) auf das Privatvermögen,
- die Erbschaftsteuer (ErbSt).

Das zu belastende Konto ist hier in jedem Fall das Konto »1 Privat«.

Definitionsgemäß sind Privatsteuern nur möglich bei Einzelunternehmern und bei Gesellschaftern von Personengesellschaften.

Aufgaben

Bilden Sie die Buchungssätze zu den folgenden Geschäftsvorfällen:

1. Ein Wechsel wird ausgestellt; Wechselsumme DM 10.000,–. Die Wechselsteuer (DM 15,–) wird durch Kauf von Steuermarken beim Postamt bar bezahlt.
2. Überweisung der Grundsteuer DM 600,–.
3. Vom Bankkonto des Einzelunternehmers werden für Steuerschulden aus dem Vorjahr überwiesen:
   private ESt DM 20.000,–
   private VSt DM 7.000,–

LE 18: Buchung von Steuern

   KiSt des Unternehmers DM 2.000,–
   GewSt DM 4.000,–
4. Gehaltsüberweisung:
   Bruttogehalt 100.000,–
   Lohn- u. KiSt 11.000,–
   Sozialversicherungsanteil der Arbeitnehmer 16.000,–
5. Die bei der letzten Gehaltsabrechnung einbehaltenen Lohn- und Kirchensteuern der Arbeitnehmer von DM 11.000,– werden an das Finanzamt überwiesen.
6. Die Kraftfahrzeugsteuer wird vom betrieblichen Bankkonto überwiesen:
   Für den Firmenwagen DM 1.200,–
   Für den Privatwagen des Chefs DM 700,–
7. Die Gewerbesteuer für das laufende Geschäftsjahr wird auf DM 12.000,– geschätzt. Hierfür ist eine Steuerrückstellung zu bilden.
8. Grundstückskauf DM 100.000,–
   Grunderwerbsteuer DM 7.000,–
9. Für die Körperschaftsteuerschuld des Wirtschaftsjahres wird eine Rückstellung gebildet, DM 20.000,–.
10. Körperschaftsteuer (DM 8.000,–) und Gewerbesteuer (DM 7.000,–) für die im vergangenen Jahr eine Rückstellung gebildet wurde, werden überwiesen.
11. Warenverkauf netto DM 10.000,– MwSt DM 1.000,–.
12. Der Saldo des Kontos Vorsteuer (DM 600,–) wird auf das MwSt-Konto übertragen und die Steuerzahllast von DM 400,– an das Finanzamt überwiesen.

Lösungen

1) 4 Nebenkosten des Geldverkehrs an 1 Kasse 15

2) 2 Haus- und Grundstücksaufwand an 1 Bank 600

3) 1 Privat 29.000
   0 GewSt-Rückstellung 4.000 an 1 Bank 33.000

4) 4 Gehälter 100.000
   an 1 Bank 73.000
   an 1 noch abzuführende Abgaben (11.000 + 16.000) 27.000

5) 1 noch abzuführende Abgaben an 1 Bank 11.000

6) 4 Kosten des Fuhrparks 1.200
   1 Privat 700,– an 1 Bank 1.900

7) 4 Gewerbesteuer an 0 Steuerrückstellung 12.000

8) 0 Grundstücke an 1 Bank 107.000

9) 2 Körperschaftsteuer an 0 Steuerrückstellung 20.000

10) 0 Steuerrückstellung an 1 Bank 15.000

11) 1 Kasse 11.000
    an 8 Warenverkauf 10.000
    an 1 MwSt 1.000

12) 1 MwSt an 1 Vorsteuer 600
    1 MwSt an 1 Bank 400

Lerneinheit 19: Wertpapier- und Devisenbuchungen

Lernziele

– *Arten von Wertpapieren und zugehörige Konten*
– *Kauf und Verkauf von Dividendenpapieren*
– *Kauf und Verkauf von Zinspapieren*
– *Devisenbuchungen*

Einführung

Wertpapiere und Devisengeschäfte haben die Gemeinsamkeit, daß Kursgewinne und Kursverluste auftreten können. Aus diesem Grund sind die Buchungen von solchen Geschäftsvorfällen keine ausschließlichen Bestandsbuchungen. Die Praxis verwendet hierfür häufig noch das gemischte Wertpapier bzw. das gemischte Devisenkonto. Die Übersichtlichkeit der Buchführung wird selbstverständlich erhöht, wenn man das gemischte Konto vermeidet und reine Wertpapier- bzw. Devisenbestandskonten führt und die Kursgewinne oder -verluste auf den Konten »2 a.o. Ertrag« bzw. »2 a.o. Aufwand« bucht.

Man kennt zwei Arten von Wertpapieren: Dividendenpapiere und Zinspapiere.

Dividendenpapiere	Zinspapiere
Verbriefen einen Anteil am Eigenkapital des Unternehmens	Verbriefen eine Forderung gegen das Unternehmen
Erbringen Dividende (= Anteil am Gewinn)	Erbringen Zinsen
Kurswert meist höher als Nennwert. Die Differenz erhöht beim emittierenden Unternehmen als Agio das Eigenkapital (Rücklage)	Kurswert meist niedriger als Nennwert. Die Differenz ist beim Schuldner als Damnum bzw. Disagio unter den RAP zu buchen und über die Laufzeit des Darlehens abzuschreiben

Dividendenpapiere	Zinspapiere
Keine Rückzahlung solange das Unternehmen besteht	Rückzahlung zum Nennwert nach Fristablauf
Beispiele Investmentanteile Aktien Kuxe	*Beispiele* Industrieobligationen Pfandbriefe Bundesanleihen

Werden Aktien mit dem Ziel einer langfristigen Beteiligung an dem anderen Unternehmen erworben (z.B. zur Sicherung der Rohstoffversorgung), dann ist das Konto »0 Beteiligungen« zu verwenden. Entsprechend wird der Erwerb von Zinspapieren, sofern er nicht aus Spekulationsgründen, sondern mit langfristiger Anlageabsicht erfolgt, auf dem Konto »0 Wertpapiere des Anlagevermögens« gebucht.

Werden Zins- oder Dividendenpapiere nur kurzfristig zur Spekulation oder aus Liquiditätsgründen erworben, dann ist das Konto »1 Wertpapiere des Umlaufvermögens« zu verwenden.

Konten beim Kauf und Verkauf von Wertpapieren		
Zweck des Wertpapiererwerbs	Dividendenpapiere	Zinspapiere
langfristige Beteiligung am Unternehmen	0 Beteiligungen	–
langfristige Geldanlage	0 Wertpapiere des Anlagevermögens	0 Wertpapiere des Anlagevermögens
kurzfristige Geldanlage	1 Wertpapiere des Umlaufvermögens	1 Wertpapiere des Umlaufvermögens

LE 19: Wertpapier- und Devisenbuchungen

Kauf von Dividendenpapieren

Neben dem Kurswert sind alle Nebenkosten der Anschaffung zu aktivieren, z.B. Börsenumsatzsteuer, Courtage des Börsenmaklers, Provision der auftragsdurchführenden Bank, Spesen.
Anschaffungswert = Kurswert + Nebenkosten
Buchungssatz: z.B. 1 Wertpapiere an 1 Bank.

Verkauf von Dividendenpapieren

Der einfachste Fall liegt vor, wenn der gesamte Wertpapierbestand veräußert wird, weil man dann auch die gesamten Anschaffungsnebenkosten ausbuchen kann. Wird nur ein Teil der Wertpapiere veräußert, dann muß neben dem Anschaffungskurswert auch der entsprechende Teil der Anschaffungsnebenkosten aus dem Wertpapierbestand herausgenommen werden.

Die Kosten des Verkaufs (ebenso wie beim Kauf fallen wiederum an: Börsenumsatzsteuer, Courtage, Provision, Spesen) reduzieren die Bankauszahlung. In jedem Fall ist beim Verkauf von Dividendenpapieren die folgende Nebenrechnung erforderlich:

Kurswert der verkauften Aktien zum Verkaufskurs
∕. Verkaufskosten (BUSt, Courtage, Provision, Spesen)
= Bankauszahlung

Kurswert der verkauften Aktien zum (alten) Anschaffungskurs
+ anteilige Anschaffungsnebenkosten (z.B. $\frac{20 \text{ Stück}}{100 \text{ Stück}} \times$ Nebenkosten)
= Wertpapierverkäufe zum Anschaffungswert

Der Endbestand zum Anschaffungswert läßt sich nun leicht berechnen:

Gesamtwert der Aktien zum Anschaffungskurs
+ gesamte Anschaffungsnebenkosten
∕. Verkäufe zum Anschaffungswert
= Endbestand zum Anschaffungswert

Bucht man die Aktienverkäufe nicht auf einem gemischten Konto, sondern trennt Erfolgs- und Bestandsbuchungen, dann gilt der Buchungssatz:

1 Bank
 an 1 Wertpapiere
 an 2 a.o. Ertrag
Im Verlustfall ist ein entsprechender Aufwand zu buchen.

Hinter diesem einfachen Buchungssatz verbergen sich also umfangreiche Nebenrechnungen. In der Praxis werden deshalb zusätzlich zur Führung der Wertpapierkonten gesonderte Listen mit allen wichtigen Angaben geführt (sog. Nebenbücher, die jedoch nicht im System der Doppik stehen – d. h. ohne Buchung und Gegenbuchung).

Kauf von Zinspapieren

Wie beim Aktienkauf sind auch beim Anleihenkauf die Anschaffungsnebenkosten zu aktivieren. Zusätzlich muß beim Kauf dem Vorbesitzer der Anleihe noch sein Anteil an den Zinsen des Papiers bezahlt werden, da die Zinsen nachträglich bezahlt werden, und zwar im allgemeinen halbjährlich.

Folgende Berechnung wird erforderlich:

  Kurswert
+ Anschaffungsnebenkosten

= Anschaffungswert (aktivieren)

+ anteiliger Zins für Vorbesitzer
  (z. B. für 3 Monate = $3/6$ des Halbjahreszinses)

= zu bezahlender Betrag

Buchungssatz:
1 Wertpapiere
2 Zinsaufwand an 1 Bank

Verkauf von Zinspapieren

Beim Verkauf sind zu ermitteln:

  Kurswert am Verkaufstag
∕. Verkaufskosten

= Verkaufserlös
+ Zinsen (anteilige Zinsen seit dem letzten Zinstermin)

= Zahlungseingang

Anschaffungskurswert
+ anteilige Anschaffungsnebenkosten

= Verkäufe zum Anschaffungswert

Der Buchungssatz bei Verwendung eines geteilten Wertpapierkontos lautet dann:
1 Bank
 an 1 Wertpapiere (Verkäufe zum Anschaffungswert)
 an 2 Zinserträge (anteilige Zinsen)
 an 2 a.o. Erträge (Kursgewinne)

Bei Buchung auf einem gemischten Wertpapierkonto würden die a.o. Erträge (bzw. Aufwendungen) mit den Verkäufen zum Anschaffungswert in einer Zahl zusammengefaßt und dem Wertpapierkonto gutgeschrieben werden.

Devisengeschäfte

Devisen sind Zahlungsanweisungen (Scheck, Wechsel), die auf ausländische Währung lauten.

Nach den gesetzlichen Vorschriften hat die Buchführung in DM zu erfolgen. Devisen müssen deshalb zu Buchführungs- und Bilanzzwecken umgerechnet werden.

Wegen der Möglichkeit schwankender Wechselkurse können Kursgewinne oder -verluste eintreten,

– wenn zwischen der Buchung eines Warenverkaufs ins Ausland und der Einlösung des ausländischen Schecks sich der Wechselkurs geändert hat
– bzw. allgemein, wenn sich der DM-Gegenwert der Devisenbestände wegen Wechselkursänderungen nachhaltig geändert hat.

Devisenbestände werden auf dem Konto »1 Devisen« gebucht, jedoch nicht in ausländischer Währung, sondern in DM umgerechnet.

Kursdifferenzen (Gewinne bzw. Verluste) werden als a.o. Ertrag oder a.o. Aufwand gebucht.

Verwendet man das Konto »Devisen« als gemischtes Konto, dann entfällt die Aufwands- bzw. Ertragsbuchung.

LE 19: Wertpapier- und Devisenbuchungen

Aufgaben

Buchen Sie die folgenden Vorfälle sowohl auf geteilten als auch auf gemischten Wertpapier- und Devisenkonten; schließen Sie die Konten ab und ermitteln Sie das Ergebnis.

1. Kauf von Aktien, 200 Stück zum Kurs von DM 120,– je Stück. Anschaffungsnebenkosten DM 350,–.
2. Kauf von 10 % Industrieobligationen, Nennwert DM 10.000,–, Kurs 90 %; Anschaffungsnebenkosten DM 130,–.
   Der nächste Zinstermin ist erst in 4 Monaten. (Zinstermine J/J = Januar/Juli.)
3. Verkauf von 100 Stück der unter 1. erworbenen Aktien zum Kurs von DM 150,– je Stück.
   Verkaufskosten (BUSt, Courtage etc.) DM 210,–.
4. Verkauf von DM 8.000,– (Nennwert) der unter 2. angeschafften Obligationen am 1. Mai (Zinstermine J/J). Kurs am Verkaufstag 85 %. Verkaufskosten DM 100,–.
5. Eine Forderung gegen einen französischen Kunden über 100.000 FF entsteht bei einem Wechselkurs von DM 0,33 je FF. Der Kunde schickt nach 3 Wochen einen auf FF lautenden Scheck. Bei Einlösung des Schecks beträgt der Wechselkurs nur mehr DM 0,30 je 1 FF.

Lösungen

Erforderlich sind die folgenden Nebenrechnungen:

1. Kauf der Aktien:

Kurswert zum Anschaffungskurs 200 × 120	DM 24.000,–
Anschaffungsnebenkosten	DM 350,–
Aktienkäufe zum Anschaffungswert	DM 24.350,–

2. Kauf der Obligationen:

Kurswert zum Anschaffungkurs 10.000 × 90 %	DM 9.000,–
Anschaffungsnebenkosten	DM 130,–
zu aktivierender Anschaffungswert	DM 9.130,–
+ anteiliger Zins ($2/12 \cdot$ 10% von DM 10.000,– Nennwert)	DM 167,–
zu bezahlender Betrag	DM 9.297,–

3. Verkauf der Aktien:

Kurswert am Verkaufstag 100 × 150	DM	15.000,–
– Verkaufskosten	DM	210,–
Zahlungseingang	DM	14.790,–
Verkäufe zum Anschaffungskurs (100 × 120)	DM	12.000,–
+ anteilige Anschaffungsnebenkosten (½ von 350)	DM	175,–
= Verkäufe zum Anschaffungswert	DM	12.175,–

Endbestand zum Anschaffungswert
24.350,– – 12.175,–   = DM 12.175,–

4. Verkauf der Obligationen:

Kurswert am Verkaufstag 8.000 × 85 %	DM	6.800,–
∕. Verkaufskosten	∕. DM	100,–
Verkaufserlös	DM	6.700,–
+ Zinsanteil (⁶/₁₂ · 10% von 8.000,– Nennwert)	+ DM	267,–
= Zahlungseingang	DM	6.967,–
Anschaffungskurswert (8.000 × 90%)	DM	7.200,–
+ anteilige Anschaffungsnebenkosten ($\frac{8000}{10.000} \cdot 130,–$)	DM	104,–
Verkäufe zum Anschaffungswert	DM	7.304,–

Endbestand zum Anschaffungswert
9.130,– – 7,304   = DM 1.826,–

5.

Entstehung der Forderung	DM 33.000,–
Bezahlung der Forderung	DM 30.000,–
Kursverlust	DM 3.000,–

Buchungen auf getrennten Erfolgs- und Bestandskonten

1) 1 Wertpapiere an 1 Bank 24.350

2) 1 Wertpapiere 9.130
   2 Zinsaufwand 167 an 1 Bank 9.297

3) 1 Bank 14.790
   an 1 Wertpapiere 12.175
   an 2 a.o. Ertrag 2.615

4) 1 Bank 6.967
   2 a.o. Aufwand 604
   an 1 Wertpapiere 7.304
   an 2 Zinserträge 267

5) 1 Bank 30.000
   2 a.o. Aufwand 3.000 an 1 Devisen 33.000

1 Wertpapiere				1 Devisen			
(1)	24.350,–	(3)	12.175,–	AB	33.000,–	(5)	33.000,–
(2)	9.130,–	(4)	7.304,–				
		Saldo	14.001,–				
	33.480,–		33.480,–				

2 Zinsaufwand				2 Zinserträge			
(2)	167,–	Saldo	167,–	Saldo	267,–	(4)	267,–

2 a.o. Aufwand				2 a.o. Ertrag			
(4)	604,–	Saldo	3.604,–	Saldo	2.615,–	(3)	2.615,–
(5)	3.000,–						
	3.604,–		3.604,–				

1 Bank				9 GuV			
(3)	14.790,–	(1)	24.350,–	Zins	167,–	Zins	267,–
(4)	6.967,–	(2)	9.297,–	a.o. Auf-		a.o. Er-	
(5)	30.000,–	Saldo	18.110,–	wand	3.604,–	trag	2.615,–
						Verlust	889,–
	51.757,–		51.757,–		3.771,–		3.771,–

LE 19: Wertpapier- und Devisenbuchungen 145

Buchungen auf gemischten Konten

1) 1 Wertpapiere an 1 Bank 24.350

2) 1 Wertpapiere 9.130
   2 Zinsaufwand 167 an 1 Bank 9.297

3) 1 Bank an 1 Wertpapiere 14.790

4) 1 Bank an 1 Wertpapiere 6.967

5) 1 Bank an 1 Devisen 30.000

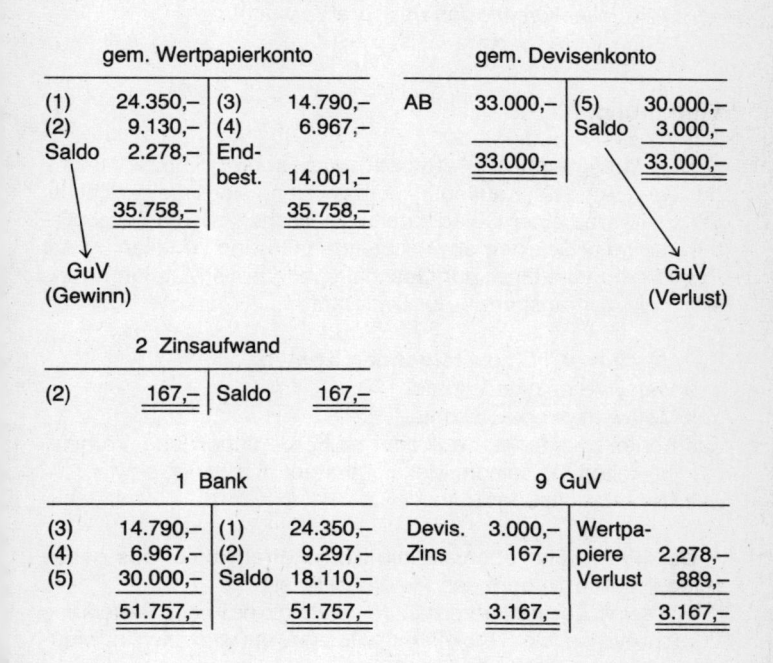

gem. Wertpapierkonto			
(1)	24.350,–	(3)	14.790,–
(2)	9.130,–	(4)	6.967,–
Saldo	2.278,–	Endbest.	14.001,–
	35.758,–		35.758,–

↘ GuV (Gewinn)

gem. Devisenkonto			
AB	33.000,–	(5)	30.000,–
		Saldo	3.000,–
	33.000,–		33.000,–

↘ GuV (Verlust)

2 Zinsaufwand			
(2)	167,–	Saldo	167,–

1 Bank			
(3)	14.790,–	(1)	24.350,–
(4)	6.967,–	(2)	9.297,–
(5)	30.000,–	Saldo	18.110,–
	51.757,–		51.757,–

9 GuV			
Devis.	3.000,–	Wertpapiere	2.278,–
Zins	167,–	Verlust	889,–
	3.167,–		3.167,–

Lerneinheit 20: Metageschäfte und Kommissionsgeschäfte

Lernziele

- *Das Wesen des Metageschäfts*
- *Buchung von Metageschäften*
- *Die Einkaufskommission und ihre Verbuchung*
- *Die Verkaufskommission und ihre Verbuchung*

Einführung

Das **Metageschäft (Partizipationsgeschäft)** kommt zustande, wenn sich zwei Kaufleute zur Abwicklung eines Gelegenheitsgeschäftes zu einer Gelegenheitsgesellschaft zusammenschließen mit dem Ziel, den erwirtschafteten Gewinn zu teilen. In der Praxis tritt meist einer der Geschäftspartner als Metaführer und somit als Vertragspartner für Dritte auf.

Der Metaführer führt die **folgenden Konten:**
das Metawareneinkaufskonto,
das Metawarenverkaufskonto,
das Kontokorrentkonto, auf dem er Forderungen und Verbindlichkeiten mit seinem Metistenpartner abrechnet, sowie
das Metaabrechnungskonto.

Der Metist führt ebenfalls ein Kontokorrentkonto, das genau spiegelbildlich zu dem des Metaführers ist.
Für seine Leistungen erhält der Metaführer in der Regel eine Vorabprovision. Der verbleibende Restgewinn wird nach individuellen Vereinbarungen aufgeteilt.

Metageschäft und Umsatzsteuer: Da dem Metageschäft umsatzsteuerlich die sog. Unternehmereigenschaft fehlt, sind grundsätzlich alle Leistungen zwischen den Metisten umsatzsteuerpflichtig. Wickelt allerdings ein Metist alle Geschäfte ab und ist der zweite nur am Gewinn beteiligt, dann entfällt die Umsatzsteuerpflicht für den umgebuchten Gewinnanteil. Liegt jedoch der Fall beiderseitiger Aktivitäten vor, z.B. Metist I kauft ein, liefert an Me-

LE 20: Meta- und Kommissionsgeschäfte 147

Buchungen des Metaführers MI

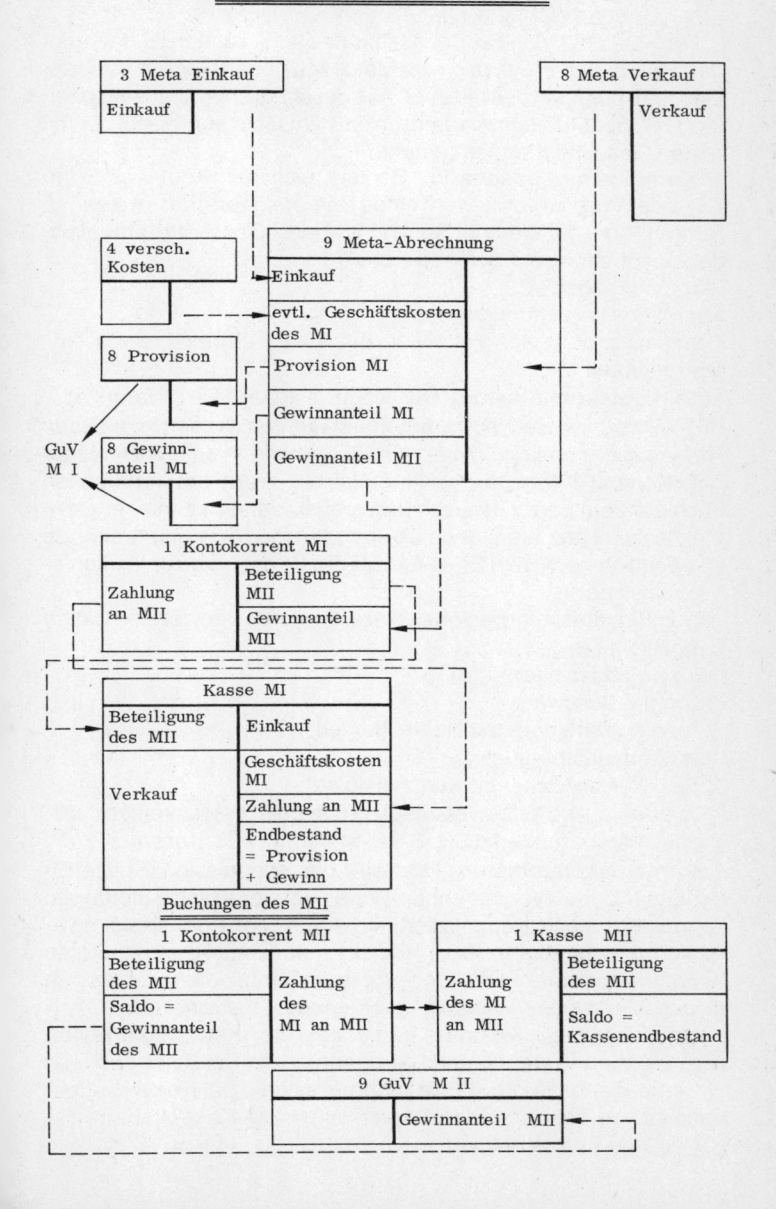

3 Meta Einkauf		8 Meta Verkauf	
Einkauf			Verkauf

4 versch. Kosten		9 Meta-Abrechnung	
		Einkauf	
		evtl. Geschäftskosten des MI	
8 Provision		Provision MI	
		Gewinnanteil MI	
GuV M I	8 Gewinnanteil MI	Gewinnanteil MII	

1 Kontokorrent MI	
Zahlung an MII	Beteiligung MII
	Gewinnanteil MII

Kasse MI	
Beteiligung des MII	Einkauf
Verkauf	Geschäftskosten MI
	Zahlung an MII
	Endbestand = Provision + Gewinn

Buchungen des MII

1 Kontokorrent MII			1 Kasse MII	
Beteiligung des MII	Zahlung des MI an MII		Zahlung des MI an MII	Beteiligung des MII
Saldo = Gewinnanteil des MII				Saldo = Kassenendbestand

9 GuV M II	
	Gewinnanteil MII

tist II, der die Ware verkauft, dann ist auch die interne Lieferung umsatzsteuerpflichtig.

Die Abbildung des Buchungsablaufes auf T-Konten (S. 147) gibt den Fall wieder, in dem sich der Metist M II gegen Gewinnanteil am Geschäft nur finanziell beteiligt. Alle geschäftlichen Transaktionen führt M I, der Metaführer durch, so daß Umsatzsteuerpflicht nur mit dritten Geschäftspartnern eintritt.

Kommissionsgeschäfte: Bedient sich der Kaufmann zum Ein- oder Verkauf von Gütern eines Unternehmers, der im eigenen Namen, aber für fremde Rechnung diese Geschäfte abwickelt, dann liegt ein Kommissionsgeschäft vor.

Man unterscheidet:
Kommittent = Auftraggeber
Kommissionär = der Vermittler, der für den Kommittenten ein- oder verkauft.

Einkaufskommission: Der Kommissionär kauft Waren oder Wertpapiere für Rechnung des Kommittenten, jedoch im eigenen Namen. Er nimmt die Waren vorübergehend in sein Warenlager auf (Konto 3 Kommissionsware). Ist die Ware am Jahresende noch auf dem Lager des Kommissionärs, dann muß dieser sie in die Schlußbilanz als eigenen Vermögensposten aufnehmen, da sie rechtlich noch sein Eigentum ist (im Gegensatz zur Verkaufskommission).

Für Einkaufskommissionsgeschäfte werden folgende Konten benötigt;
beim Kommissionär:
3 Kommissionsware
1 Kontokorrentkonto mit Kommittenten;
beim Kommittenten:
1 Kontokorrentkonto mit Kommissionär.

Weiterhin sind selbstverständlich alle beim Warenverkehr üblichen Konten erforderlich (z.B. Vorsteuer, MwSt, Kasse usw.).

Verkaufskommission: Hier wird der Kommissionär nicht Eigentümer der zu verkaufenden Ware. Hat der Kommissionär am Jahresende noch Kommissionsware auf dem Kommissionswarenkonto, dann muß er sie zurückbuchen (Kontokorrentkonto an Kommissionswarenkonto und Vorsteuerkonto), denn er darf in seiner Bilanz keine Bestände in Fremdbesitz ausweisen.

Bei der Verkaufskommission benötigt der Kommittent neben dem üblichen Warenbestandskonto und dem Kontokorrentkonto ein gesondertes Konto »Ware in Kommission«. Der Kommissionär benötigt wie bei der Einkaufskommission die Konten »Kommissionsware« und »Kontokorrent«.

LE 20: Meta- und Kommissionsgeschäfte

Buchung der Einkaufsmission

Vorgang	Buchung des Kommissionärs	Buchung des Kommittenten
1. Einkauf der Ware mit Bezugskosten und Vorsteuer	3 Kommissionsware 1 Vorsteuer an 1 Kasse	keine Buchung
2. Abholung der Ware durch Kommittenten Jetzt entsteht die Forderung gegen den Kommittenten in Höhe von Einkaufspreisen + Bezugskosten + Provision + Mehrwertsteuer	1 Kontokorrentkonto an 3 Kommissionsware 8 Provision 1 MwSt	3 Wareneinkauf 3 Bezugskosten (Provision) 1 Vorsteuer an 1 Kontokorrentkonto
3. Bezahlung der Ware durch Kommittenten	1 Kasse an 1 Kontokorrentkonto	1 Kontokorrentkonto an 1 Kasse

Buchungen bei der Verkaufskommission

Vorgang	Buchung des Kommissionärs	Buchung des Kommittenten
1. Übergabe der Ware an den Kommissionär (Umsatzsteuer!)	3 Kommissionsware 1 Vorsteuer an 1 Kontokorrent	3 Ware in Kommission an 3 Wareneinkauf 1 Kontokorrent an 1 MwSt
2. Verkauf der Ware durch den Kommissionär	3 Kasse an 3 Kommissionsware 1 MwSt	1 Kontokorrent an 3 Ware in Kommission
3. Buchung des Anteils am Verkaufsgewinn, der vertragsgemäß dem Kommittenten zusteht	3 Kommissionsware an 1 Kontokorrent	keine Buchung!

LE 20: Meta- und Kommissionsgeschäfte

4. Buchung des Anteils am Verkaufsgewinn, der vertragsgemäß dem Kommissionär zusteht	3 Kommissionsware an 9 GuV (Das Konto 3 Kommissionsware ist jetzt abgeschlossen)	3 Ware in Kommission an 1 Kontokorrent (Korrekturbuchung, da unter 2. der ganze Warengewinn vom Kommittenten gebucht wurde)
5. Buchung der zusätzlich zur Gewinnbeteiligung vereinbarten Provision für den Kommissionär	1 Kontokorrent an 8 Provisionserträge 1 MwSt	4 Provisionsaufwand an 1 Kontokorrent 1 Vorsteuer
6. Der Kommissionär bezahlt an den Kommittenten	1 Kontokorrent an 1 Kasse (das Kontokorrentkonto ist jetzt bei beiden abgeschlossen)	1 Kasse an 1 Kontokorrent
7. Der Kommittent schließt sein gemischtes Konto »3 Ware in Kommission« ab		3 Ware in Kommission an 9 GuV

Die Konten »3 Kommissionsware« beim Kommissionär und »3 Ware in Kommission« beim Kommittenten werden sehr häufig als gemischte Konten geführt (Soll = Bestandsbuchungen, Haben = Erfolgsbuchungen).

Das Kontokorrentkonto ist ein Finanzkonto. Sollbuchungen hierauf stellen eine Forderung gegen den Geschäftspartner dar, Habenbuchungen eine Verbindlichkeit.

Die Buchungen von Kommissionär und Kommittent sind in der obigen Übersicht ausführlich dargestellt.

Gerade bei der Verkaufskommission gibt es zahlreiche Gestaltungsmöglichkeiten z. B.

- wenn die vereinbarte Provision bereits bei der Übergabe der Ware fällig wird,
- wenn der Kommissionär kein gesondertes Konto »Kommissionsware« führt und die Kommissionsware nicht aktiviert. Das Konto »Kommissionsware« ist ohnehin nur ein Behelfskonto, das am Jahresende aufgelöst werden muß (s.o.).
- die Buchungen 2, 3 und 4 können zusammengefaßt werden zu einem Buchungssatz.
- Sowohl der Kommissionär als auch der Kommittent können das gemischte Kommissionswarenkonto in reine Bestands- und Erfolgskonten aufspalten (vgl. S. 21).

Aufgaben

1. Geben Sie zu dem auf S. 147 schematisch dargestellten Metageschäft die Buchungssätze an.
2. Der Einkaufskommissionär X kauft für den Kommittenten Y Waren für DM 10.000,— (zuzüglich USt). An Fracht entstehen ihm DM 200,— zuzüglich USt). Er nimmt die Ware auf Lager, bis sie der Kommittent abholt und bar bezahlt. Für seine Tätigkeit erhält der Kommissionär DM 1.000,— Provision.
Buchen Sie den Vorgang auf die Konten des Kommissionärs und des Kommittenten.
3. Der Verkaufskommissionär erhält vom Kommittenten Waren für 20.000,—. Als Provision sind DM 2.000,— vereinbart.
Der Kommissionär verkauft die Ware für DM 30.000,—; vertragsgemäß steht ihm die Hälfte des Mehrerlöses zu.
Geben Sie für Kommissionär und Kommittenten die Buchungssätze an und buchen Sie auf T-Konten.

LE 20: Meta- und Kommissionsgeschäfte

Lösungen

1. Metageschäft

a) *Buchung der Beteiligung des MII*
MI bucht: 1 Kasse an 1 Kontokorrent MI
MII bucht: 1 Kontokorrent MII an 1 Kasse

b) *Buchung des Wareneinkaufs*
MI bucht:
3 Meta-Einkauf
1 Vorsteuer an 1 Kasse
MII: keine Buchung

c) *Buchung der Geschäftskosten des MI*
MI bucht:
4 versch. Kosten
1 Vorsteuer an 1 Kasse
MII: keine Buchung

d) *Buchung des Verkaufs*
MI bucht:
1 Kasse
   an 8 Meta-Verkauf
   an 1 MwSt
MII: keine Buchung

e) *Erstellung des Meta-Abrechnungskontos*
Hier bucht nur MI
9 Meta-Abrechnung
   an 3 Meta-Einkauf
   an 4 versch. Kosten
   an 8 Provisionserträge
   an 8 Gewinnanteilskonto MI
   an 1 Kontokorrent MI (= Gewinnanteil MII)
8 Meta-Verkauf an 9 Meta-Abrechnung

f) *Bezahlung des Gewinnanteils an MII und Rückzahlung der Beteiligung des MII*
MI bucht:
1 Kontokorrent MI
an 1 Kasse
MII bucht: 1 Kasse an 1 Kontokorrent MII

g) *Abschluß aller restlichen Konten*
MI bucht:

8 Provisionen
8 Gewinnanteil an 9 GuV
9 Schlußbilanzkonto an 1 Kasse
MII bucht:
1 Kontokorrent MII an 9 GuV
9 Schlußbilanzkonto an 1 Kasse

2. Einkaufskommission

Buchungen beim Kommissionär:

1) 3 Kommissionsware 10.200
   1 Vorsteuer 1.020   an 1 Kasse 11.220

2) 1 Kontokorrent 12.320
      an 3 Kommissionsware 10.200
      an 8 Provision 1.000
      an 1 MwSt 1.120

3) 1 Kasse an 1 Kontokorrent 12.120

4) 1 MwSt an 1 Vorsteuer 1.020

3 Kommissionsware				1 Kasse		
1) 10.200,–	2)	10.200,–	3)	12.320,–	1)	11.220,–
					Saldo	1.100,–

1 Kontokorrent				8 Provision		
2) 12.320,–	3)	12.320,–	Saldo	1.000,–	2)	1.000,–

1 Vorsteuer				1 MwSt		
1) 1.020,–	4)	1.020,–	4)	1.020,–	2)	1.120,–
			Saldo	100,–		

Buchungen beim Kommittenten

2. Abholung der Ware:
   3 Wareneinkauf 10.200
   3 Bezugskosten (Provision) 1.000
   1 Vorsteuer 1.120   an 1 Kontokorrent 12.320
3. Bezahlung der Ware
   1 Kontokorrent an 1 Kasse 12.320

LE 20: Meta- und Kommissionsgeschäfte

3 Wareneinkauf		1 Vorsteuer
2) 10.200,–		2) 1.120,–

3 Bezugskosten
2) 1.000,–

1 Kasse		1 Kontokorrent	
	3) 12.320,–	3) 12.320,–	2) 12.320,–

3. Verkaufskommission
Buchungen des Kommissionärs

1. Erhalt der Kommissionsware
   3 Kommissionsware 20.000
   1 Vorsteuer 2.000   an 1 Kontokorrent 22.000

2. Verkauf der Ware
   1 Kasse 33.000
     an 3 Kommissionsware 30.000
     an 1 MwSt 3.000

3. Gewinnanteil des Kommittenten (½ von 10.000)
   3 Kommissionsware an 1 Kontokorrent 5.000

4. Gewinnanteil des Kommissionärs (½ von 10.000)
   3 Kommissionsware an 9 GuV 5.000

5. Provisionsbuchung
   1 Kontokorrent 2.200
     an 8 Provisionserträge 2.000
     an 1 MwSt 200

6. Der Kommissionär bezahlt
   1 Kontokorrent an 1 Kasse 24.800

Die Konten »1 Kontokorrent« und »3 Kommissionsware« sind damit abgeschlossen.

Buchungen des Kommissionärs auf T-Konten:

3 Kommissionsware				1 Kasse		
1)	20.000,–	2)	30.000,–	2)	33.000,–	6) 24.800,–
3)	5.000,–					End-
4)	5.000,–					best. 8.200,–
	30.000,–		30.000,–		33.000,–	33.000,–

LE 20: Meta- und Kommissionsgeschäfte

1 Kontokorrent

5)	2.200,–	1)	22.000,–
6)	24.800,–	3)	5.000,–
	27.000,–		27.000,–

1 Vorsteuer

| 1) | 2.000,– | | |

8 Provision

| | | 5) | 2.000,– |

1 MwSt

| | | 2) | 3.000,– |
| | | 5) | 200,– |

9 GuV

| | | 4) | 5.000,– |

Buchungen des Kommittenten:

1. Warenübergabe:
   3 Ware in Kommission an 3 Wareneinkaufskonto 20.000,–
   1 Kontokorrent an 1 MwSt 2.000,–

2. Warenverkauf (zunächst wird der volle Verkaufserlös gebucht)
   1 Kontokorrent an 3 Ware in Kommission 30.000,–

3. Gewinnanteil des Kommittenten: ist bereits bei 2. gebucht.

4. Gewinnanteil des Kommissionärs:
   3 Ware in Kommission an 1 Kontokorrent 5.000,–

5. Provisionsbuchung:
   4 Provisionsaufwand 2.000,–
   1 Vorsteuer 200,– an 1 Kontokorrent 2.200,–

6. Bezahlung durch den Kommissionär:
   1 Kasse an 1 Kontokorrent 24.800,–

7. Abschluß des gemischten Kontos »3 Ware in Kommission«:
   3 Ware in Kommission an 9 GuV 5.000,–

Buchungen des Kommittenten auf T-Konten:

3 Wareneinkauf

| Anf. Best. | | 1) | 20.000,– |

3 Ware in Kommission

1)	20.000,–	2)	30.000,–
4)	5.000,–		
7)	5.000,–		
	30.000,–		30.000,–

1 Kontokorrent

1)	2.000,–	4)	5.000,–
2)	30.000,–	5)	2.200,–
		6)	24.800,–
	32.000,–		32.000,–

4 Provision

| 5) | 2.000,– | | |

LE 20: Meta- und Kommissionsgeschäfte

	1 Vorsteuer		1 Kasse
5	200,—	6)	24.800,—

			1 MwSt
		1)	2.000,—

			9 GuV
		7)	5.000,—

Lerneinheit 21: Die Hauptabschlußübersicht

Lernziele
- *Zweck und Form der Hauptabschlußübersicht*
- *Die Bedeutung der einzelnen Spalten*

Einführung

DieHauptabschlußübersicht ermöglicht es, einen Gesamtüberblick über das Betriebsgeschehen zu erhalten ohne formalen Kontenabschluß in Grund- und Hauptbuch. Deshalb erstellt die Praxis vor dem endgültigen Abschluß der Konten einen vorläufigen Abschluß in Form der Hauptabschlußübersicht (auch Betriebsübersicht, Bilanzübersicht genannt).

Sie ist eine tabellarische Übersicht über sämtliche Kontenstände und Abschlußbuchungen bis hin zum Schlußbilanzkonto und GuV-Konto.

In der Hauptabschlußübersicht stehen die Konten untereinander. Zu jedem Konto gehören mehrere Soll- und Haben-Spalten, in denen Abschlußbuchungen für dieses Konto durchgeführt werden.

Summenbilanz

In diese Spalte werden die Soll- und die Habensummen jedes Kontos übertragen (Sollsumme ins Soll, Habensumme ins Haben). Nach den Gesetzen der Doppik ist die gesamte Sollsumme gleich der gesamten Habensumme in dieser Spalte.

Saldenbilanz I (vorläufige Saldenbilanz)

Hier werden für jedes Konto die jeweiligen Soll- und Habenzahlen der Summenbilanz subtrahiert. Ergibt sich ein Sollüberschuß, dann wird er auf die Sollseite geschrieben; ergibt sich ein Habenüberschuß, dann kommt er auf die Habenseite. Auch hier muß gelten: Summe aller Sollzahlen = Summe aller Habenzahlen.

Umbuchungen

In dieser Spalte werden die vorbereitenden Abschlußbuchungen vorgenommen – also z.B.

LE 21: Hauptabschlußübersicht

Vereinfachtes Formular-Beispiel einer Hauptabschlußübersicht

Konto	Summenbilanz		Saldenbilanz I		Umbuchungen		Saldenbilanz II		Bilanz		GuV	
	Soll	Haben	Soll	Haben	Soll	Haben	Soll	Haben	Aktiva	Passiv.	Aufw.	Erträge
0 Grundstücke												
1 Kasse												
0 Eigenkapital												
1 Verbindlichkeiten												
4 Löhne												
2 a. o. Aufwendungen												
8 Erlöse												
—												
usw.												
—												
—												
Gewinn / Verlust									Verlust	Gewinn	Gewinn	Verlust
	Soll = Haben		Soll = Haben		Soll = Haben		Soll = Haben		Aktiva = Passiv.		Soll = Haben	

- Abschreibungen,
- Abschluß des Privatkontos,
- Buchung der Inventurangaben und Bestandsänderungen,
- Ermittlung der MwSt-Zahllast.

Da diese Buchungen streng nach dem System der Doppik erfolgen (also mit Gegenbuchung in derselben Spalte, auf dem entsprechenden Gegenkonto), gilt auch hier: Sollsumme = Habensumme.

Saldenbilanz II (endgültige Saldenbilanz)

Auf dieselbe Art wie bei der Saldenbilanz I werden hier die Kontoendbestände berechnet und eingetragen.

Bilanz

Die Endbestände aller Bestandskonten werden in die Bilanzspalte übertragen. Sofern ein Gewinn oder Verlust erwirtschaftet wurde, geht die Bilanzgleichung noch nicht auf, sondern erst, wenn der Gewinn/Verlust von der Gewinn- und Verlustrechnung in der letzten Zeile übertragen wurde.

GuV

Die Salden aller Erfolgskonten werden in die GuV-Spalte übertragen, deren Saldo – Gewinn in Soll, Verlust in Haben – in die Bilanzspalte übertragen wird.

Aufgaben

Die Konten der A & B-KG weisen vor dem Abschluß den folgenden Saldenstand auf:

Saldenliste:	Soll	Haben
0 Maschinen	50.000,–	
3 Rohstoffe	40.000,–	
7 Halbfabrikate	60.000,–	
7 Fertigfabrikate	70.000,–	
1 Forderungen	55.000,–	
1 Bank	30.000,–	
1 Kasse	10.000,–	
0 Kapital A (Kompl.)		100.000,–
0 Kapital B (Komm.)		50.000,–

LE 21: Hauptabschlußübersicht

	Soll	Haben
Übertrag	315.000,–	150.000,–
1 Verbindlichkeiten		60.000,–
1 Mehrwertsteuer		10.000,–
4 Löhne	45.000,–	
8 Verkaufserlöse		140.000,–
	360.000,–	360.000,–

Führen Sie den Abschluß mit den folgenden Abschlußangaben durch:

A 1) Abschreibung auf Maschinen 2 % vom Buchwert.
A 2) Im Gesamtbetrag der Forderungen ist eine Forderung über DM 11.000,– gegen einen Kunden enthalten, gegen den das Konkursverfahren mangels Masse abgelehnt worden ist. Sie ist direkt abzuschreiben, die MwSt ist zu berichtigen.
A 3) Vom Restbetrag der Forderungen ist eine Pauschalwertberichtigung von 2 % zu bilden.
A 4) Die Gewerbesteuerschuld wird auf DM 8.000,– geschätzt. Hierfür ist eine Rückstellung zu bilden.
A 5) Der Komplementär, Gesellschafter A, hebt DM 30.000,– vom betrieblichen Bankkonto als Entgelt für seine Geschäftsführertätigkeit ab. (Nicht als kalkulatorische Kosten verbuchen.)
A 6) Während des Geschäftsjahres erfolgte bei der Barrückzahlung einer Schuld von DM 5.000,– versehentlich die Gutschrift auf dem Bankkonto.
A 7) Inventurbestände:
Rohstoffe 20.000,–
Halbfabrikate 50.000,–
Fertigfabrikate 80.000,–

Aufgabe:

1. Geben Sie die Buchungssätze für die Abschlußbuchungen an.
2. Buchen Sie die Abschlußangaben und ermitteln Sie den Gewinn in der Hauptabschlußübersicht.

LE 21: Hauptabschlußübersicht

Lösungen

Abschlußangabe 1:
4 Abschreibung auf Anlagen an 0 Maschinen 1.000,–

Abschlußangabe 2:

Bruttoforderung	11.000,–
MwSt	1.000,–
Nettoforderung	10.000,– Abschreibung nur von der Nettoforderung!
2 a.o. Aufwand	10.000,–
1 MwSt	1.000,– an 1 Forderungen 11.000,–

Abschlußangabe 3:

Restforderungen	44.000,–
MwSt	4.000,–
Nettoforderungen	40.000,– Auch Pauschalabschreibung nur von der Nettoforderung

4 Abschreibung auf Forderungen an 1 Delcredere 800,–

Abschlußangabe 4:
4 Gewerbesteuer an 0 Steuerrückstellung 8.000,–

Abschlußangabe 5:
1 Privat an 1 Bank 30.000,–

Abschlußangabe 6:
1 Bank an 1 Kasse 5.000,–

Abschlußangabe 7:
Rohstoffe

Kontenstand	40.000,–
./. Inventurbestand	20.000,–
= Rohstoffverbrauch	20.000,–

4 Rohstoffverbrauch an 3 Rohstoffe 20.000,–

Halbfabrikate (HF)

Kontenstand	60.000,–
./. Inventurbestand	50.000,–
= Bestandsminderung	10.000,–

8 Bestandsänderung – HF an 7 Halbfabrikate 10.000,–

Fertigfabrikate

Kontenstand	70.000,–
./. Inventurbestand	80.000,–
= Bestandsmehrung	10.000,–

7 Fertigfabrikate an 8 Bestandsänderung FF 10.000,–

Abschlußbuchung 8: Alle Unterkonten müssen auf die Hauptkonten abgeschlossen werden. (Im Beispiel gibt es nur ein Unterkonto, nämlich das Privatkonto.)
0 Eigenkapital an 1 Privat 30.000,–

LE 21: Hauptabschlußübersicht

Hauptabschlußübersicht der Fa. A & B – KG zum 31. 12. 19..

1	Konto	Saldenbilanz I		Umbuchungen		Saldenbilanz II		Bilanz		GuV	
	2	3	4	5	6	7	8	9	10	11	12
1	0 Maschinen	50.000			1.000	49.000		49.000			
2	3 Rohstoffe	40.000			20.000	20.000		20.000			
3	7 Halbfabrikate	60.000			10.000	50.000		50.000			
4	7 Fertigfabrikate	70.000		10.000		80.000		80.000			
5	1 Forderungen	55.000			11.000	44.000		44.000			
6	1 Bank	30.000		5.000	30.000	5.000		5.000			
7	1 Kasse	10.000			5.000	5.000		5.000			
8	1 Privat	–		30.000	30.000	–		–			
9	0 Kapital A		100.000	30.000			70.000		70.000		

LE 21: Hauptabschlußübersicht

	Konto	Saldenbilanz S	Saldenbilanz H	Umbuchungen S	Umbuchungen H	Summenbilanz S	Summenbilanz H	GuV S	GuV H	Schlußbilanz S	Schlußbilanz H
10	0 Kapital B		50.000				50.000				50.000
11	1 Delcredere				800		800				800
12	1 Verbindlichkeiten		60.000				60.000				60.000
13	1 MwSt		10.000	1.000			9.000				9.000
14	0 Steuerrückstellung				8.000		8.000				8.000
15	4 Löhne	45.000				45.000		45.000			
16	4 Rohstoffverbrauch			20.000		20.000		20.000			
17	4 Abschreibung (Anl.)			1.000		1.000		1.000			
18	4 Abschreibung (Fo.)			800		800		800			
19	4 Gewerbe-Steuer			8.000		8.000		8.000			
20	2 a. o. Aufwand			10.000		10.000		10.000			
21	8 Umsatzerlöse		140.000				140.000		140.000		
22	8 BÄ – HF				10.000		10.000		10.000		
23	8 BÄ – FF			10.000		10.000				10.000	
		360.000	360.000	125.800	125.800	347.800	347.800	197.800	253.000	94.800	150.000
								55.200			55.200
								253.000	253.000	150.000	150.000

55.200 = Gewinn

Lerneinheit 22: Die Verbuchung des Erfolgs bei Unternehmen verschiedener Rechtsformen

Lernziele

- *Die buchungstechnische Behandlung des Erfolgs bei Einzelunternehmen*
- *Die stille Gesellschaft*
- *Gewinn- und Verlustverteilung bei der OHG*
- *Die Gewinnverteilungstabelle*
- *Besonderheiten der Kommanditgesellschaft*
- *Gewinnverwendung und Gewinnverteilung bei der AG und GmbH*

Einführung

1. Die Gewinnverwendung der Einzelunternehmung

Da hier im Normalfall keine weiteren Gesellschafter vorhanden sind, steht der gesamte Gewinn dem Unternehmer zu, ebenso wie der gesamte Verlust von ihm zu tragen ist. Der Erfolg (Saldo laut GuV-Konto) wird deshalb direkt zu Lasten oder zu Gunsten des Eigenkapitalkontos gebucht, mit dem Buchungssatz:

bei Gewinn: 9 GuV an 0 Eigenkapital
bei Verlust: 0 Eigenkapital an 9 GuV.

Die in § 239 HGB vorgeschriebene detaillierte Gliederung des Eigenkapitals in »gezeichnetes Kapital«, »Kapitalrücklage«, »Gewinnrücklage«, »Gewinn-/Verlustvortrag«, »Jahresüberschuß/-fehlbetrag« muß von kleineren Unternehmen, die ihren Abschluß nicht veröffentlichen müssen, grundsätzlich nicht eingehalten werden. Es genügt eine Position »Eigenkapital«. Sofern das Unternehmen publizitätspflichtig ist (§ 1 PublG) braucht die detaillierte Untergliederung bei Anteilen von persönlich haftenden Gesellschaftern (z.B. Einzelunternehmer, OHG-Gesellschafter, Komplementär einer KG) ebenfalls nicht eingehalten zu werden (§ 248 HGB).

Da der Einzelunternehmer mit seinem Gesamtvermögen für die Schulden des Unternehmens haftet, ist es auch nicht nötig, das Eigenkapitalkonto stets in Höhe der Haftsumme zu halten (etwa wie bei der AG oder der GmbH).

LE 22: Verbuchung des Erfolgs

Inwieweit der Gewinn dem Unternehmen entnommen werden soll, ist nicht eine Frage der Gewinnverbuchung. Privatentnahmen berühren das GuV-Konto nicht (vgl. S. 22).

Ein Sonderfall der Einzelunternehmung liegt vor, wenn ein **stiller Gesellschafter** beteiligt ist. Das vom stillen Gesellschafter eingebrachte Vermögen geht in das Vermögen des Unternehmers über. Eine stille Gesellschaft ist von Außenstehenden meist nicht erkennbar, da die entsprechenden Bilanzpositionen nicht besonders gekennzeichnet werden müssen.

Hier sind zwei Fälle zu unterscheiden:
a) **Der sog. typische stille Gesellschafter.** Er leistet eine Geld- oder Sacheinlage gegen eine vertraglich festzulegende Gewinnbeteiligung, jedoch mit der Besonderheit, daß er an stillen Reserven nicht beteiligt ist. Entsprechend ist er auch nicht an Gewinnen beteiligt, die aus der Auflösung stiller Reserven resultieren (z. B. aus Anlageverkäufen). Seine Einlage wird **nicht** als Eigenkapital gebucht, sondern als langfristiges Darlehen. Neben einer Gewinnbeteiligung, die gesetzlich zwar gefordert, jedoch nicht näher umrissen wird (§ 336 HGB), ist die Gewährung eines festen Zinses üblich. Verlustbeteiligung ist möglich, aber nicht üblich. Der Gewinnanteil des »Stillen« ist als Aufwand (etwa wie Zinsaufwand) zu buchen. Er erhöht nicht die Einlage, sondern wird ausbezahlt. Ein Verlustanteil reduziert die Einlage des stillen Gesellschafters, sofern Verlustbeteiligung vertraglich vereinbart worden ist.

Buchungen bei Einbringung der stillen Beteiligung:
Verschiedene Aktivkonten an 1 langfristige Verbindlichkeiten.

Buchung bei Gewinn:
9 GuV (Gewinnanteil) an 1 Bank/Kasse bzw. 1 Gewinngutschrift/ sonst. Verbindlichkeit

Buchung bei Verlust:
1 langfristige Verbindlichkeit an 9 GuV
b) **Der sog. atypische stille Gesellschafter.** Er ist an den stillen Reserven sowie an den Gewinnen bei der Auflösung stiller Reserven beteiligt. Da er steuerlich praktisch wie ein Gesellschafter einer OHG behandelt wird, buchen die meisten Unternehmen seine Beteiligung sowie seinen Gewinnanteil wie bei der OHG (also variables Eigenkapitalkonto, siehe unten).

2. Die Offene Handelsgesellschaft – OHG

Wie der Einzelunternehmer haften die OHG-Gesellschafter den Gläubigern des Unternehmens mit ihrem Gesamtvermögen. Da das Eigenkapital deshalb ohnehin nicht die Haftsumme angibt, braucht und kann es nicht in Höhe der Haftsumme fix gehalten zu werden.

Gewinne und Verluste können deshalb direkt an das Eigenkapitalkonto abgeschlossen werden. Die Verwendung der detaillierteren Kontengliederung des § 239 HGB ist jedoch möglich (vgl. auch oben, S. 166).

Die Gewinnverteilung: Da der Erfolg des Unternehmens auf mehrere Gesellschafter zu verteilen ist, sind Vereinbarungen über die Gewinn- und Verlustverteilung erforderlich. Meistens erfolgt dies unternehmensindividuell im Gesellschaftsvertrag. Ist jedoch dort keine Vereinbarung über die Gewinn- und Verlustverteilung getroffen, dann greift die Regelung des § 121 HGB ein:

Im Gewinnfall:
– Zunächst Verzinsung der Kapitalanteile mit 4%,
– ein verbleibender Restgewinn wird gleichmäßig auf alle Gesellschafter (nach Köpfen) verteilt.

Im Verlustfall: Gleichmäßige Verteilung nach Köpfen.

Buchungssatz:

Gewinn:	Verlust:
9 GuV	0 Eigenkapital X
an 0 Eigenkapital X	0 Eigenkapital Y
an 0 Eigenkapital Y	.
. .	.
. .	.
. .	0 Eigenkapital Z
an 0 Eigenkapital Z	an 9 GuV

Die Berechnung der verteilbaren Gewinnanteile erfolgt in einer **Gewinnverteilungstabelle.**

Beispiel für eine typische Gewinnverteilungsregelung in einem Gesellschaftsvertrag. OHG mit 3 Gesellschaftern X, Y und Z.

Im Gesellschaftsvertrag ist vereinbart, daß X vorab 20% des Gewinns für seine Geschäftsführertätigkeit erhält. Y erhält, da er mit einem besonders hohen Privatvermögen haftet, von einem hiernach verbleibenden Gewinnrest bis zu DM 100.000,– als besondere Risikoprämie.

LE 22: Verbuchung des Erfolgs

Ein hiernach verbleibender Restgewinn ist im Verhältnis der Kapitalanteile zu Jahresbeginn zu verteilen. Etwaige Verluste sind nach Köpfen zu verteilen.

	Gewinnverteilungstabelle, XYZ – OHG Gewinn = 500.000,– DM			
	Gesellschafter			Gewinn-rest
	X	Y	Z	
Kapitalanteil zu Jahresbeginn	5.000.000	1.000.000	4.000.000	–
Vorabanteil für Geschäftsführung	100.000	–	–	400.000
Risikoprämie	–	100.000	–	300.000
Verteilung des Restgewinns (5 : 1 : 4)	150.000	30.000	120.000	0
Gewinnanteil je Gesellschafter	250.000	130.000	120.000	–
neues Eigenkapital	5.250.000	1.130.000	4.120.000	

3. Die Kommanditgesellschaft (KG)

Der Gewinn-/Verlustanteil des **Komplementärs** (Vollhafters) einer KG wird wie beim Einzelunternehmer oder OHG-Gesellschafter direkt auf das Kapitalkonto gebucht, da auch er mit seinem Gesamtvermögen haftet.

Die Buchung der Gewinnanteile von **Kommanditisten** ist differenzierter, da sie nur mit ihrer Kapitaleinlage haften (siehe die Abbildung auf S. 170).

Auch für die Gewinnverteilung der KG sieht das HGB eine Regelung vor für den Fall, daß im Gesellschaftsvertrag nichts vereinbart wurde:

- Zunächst 4% Verzinsung der Kapitaleinlage
- Restgewinne werden in angemessenem Verhältnis verteilt
- Verluste werden in angemessenem Verhältnis verteilt.

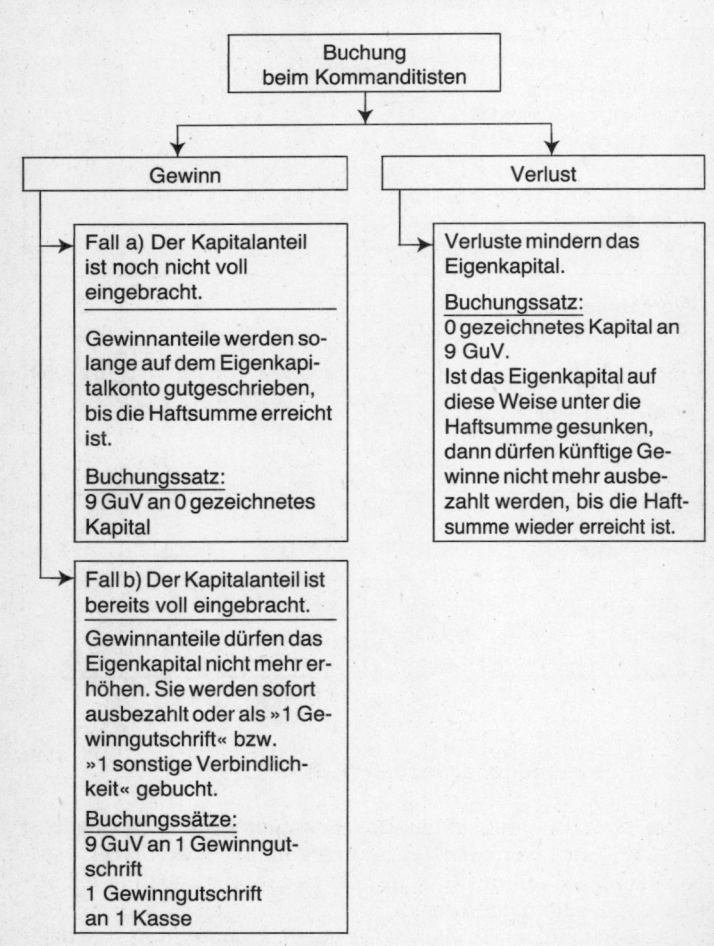

```
                    Buchung
                beim Kommanditisten
          ┌───────────┴───────────┐
        Gewinn                  Verlust
```

Gewinn

Fall a) Der Kapitalanteil ist noch nicht voll eingebracht.

Gewinnanteile werden solange auf dem Eigenkapitalkonto gutgeschrieben, bis die Haftsumme erreicht ist.

Buchungssatz:
9 GuV an 0 gezeichnetes Kapital

Fall b) Der Kapitalanteil ist bereits voll eingebracht.

Gewinnanteile dürfen das Eigenkapital nicht mehr erhöhen. Sie werden sofort ausbezahlt oder als »1 Gewinngutschrift« bzw. »1 sonstige Verbindlichkeit« gebucht.

Buchungssätze:
9 GuV an 1 Gewinngutschrift
1 Gewinngutschrift an 1 Kasse

Verlust

Verluste mindern das Eigenkapital.

Buchungssatz:
0 gezeichnetes Kapital an 9 GuV.
Ist das Eigenkapital auf diese Weise unter die Haftsumme gesunken, dann dürfen künftige Gewinne nicht mehr ausbezahlt werden, bis die Haftsumme wieder erreicht ist.

4. Die Kapitalgesellschaften

Für kaufmännische Unternehmen kommen hier im wesentlichen die Rechtsformen der Aktiengesellschaft (AG) und der Gesellschaft mit beschränkter Haftung (GmbH) in Frage.

Beide sind dadurch gekennzeichnet, daß das gezeichnete Kapital in Höhe der Haftsumme starr gehalten werden muß. Bei der AG heißt es Grundkapital, bei der GmbH Stammkapital. Gewinne, die nicht an die Gesellschafter (Aktionäre bzw. Stammanteilseigner) ausgeschüttet werden sollen, dürfen das feste Stamm- oder Grundkapital ebensowenig erhöhen, wie Verluste es mindern dürfen. Solche Gewinne sind entweder in eine Rücklage einzustellen, wenn sie langfristig im Unternehmen verbleiben sollen, oder als Gewinnvortrag bis zur weiteren Verwendung zu buchen.

Eigenkapital (§ 239 HGB-E)	
Gezeichnetes Kapital bei AG: Grundkapital bei GmbH: Stammkapital	
Kapitalrücklage	

Gewinnrücklage
bei AG: – gesetzliche Rücklage
        – freie Rücklage
        – satzungsmäßige Rücklage
bei GmbH: – freie Rücklage
          – satzungsmäßige Rücklage	

Gewinnvortrag (+) Verlustvortrag (−)	
Jahresüberschuß (+) Jahresfehlbetrag (−)	

Verluste mindern zunächst den Gewinnvortrag aus dem Vorjahr, dann die Rücklagen. Das Grund- bzw. Stammkapital darf im allgemeinen nicht durch Verluste vermindert werden. Verluste können auch kurzfristig als Verlustvortrag in der Bilanz in das nächste Jahr übertragen werden.

In die gesetzliche Rücklage der AG müssen 5% des Jahresüberschusses solange eingebracht werden, bis die gesetzliche Rücklage und die Kapitalrücklage zusammen den zehnten oder den in der Satzung bestimmten höheren Teil des Grundkapitals erreichen.

Für die GmbH gibt es keine derartige Vorschrift.

Möglichkeiten der Gewinnverwendung	Buchung auf Konto
Tantieme für Vorstand	1 Tantiemen (oder 1 sonst. Verbindlichkeiten)
Tantieme für Aufsichtsrat	1 Tantiemen (oder 1 sonst. Verbindlichkeiten)
Dividende an Kapitaleigner	1 Dividende (oder 1 sonst. Verbindlichkeiten)
Rücklagenbildung	0 Rücklagen

Bei gesetzlichen und satzungsmäßigen Rücklagen erfolgt die Einstellung in die Rücklage meist direkt aus dem GuV-Konto mit dem Buchungssatz:

Ein verbleibender Gewinn wird häufig auf ein Gewinnverteilungs-Konto (Kontenklasse 9) übernommen mit dem Buchungssatz:
9 GuV an 9 Gewinnverteilungskonto.
Das GuV-Konto ist damit abgeschlossen.
Die Gewinnverteilung erfolgt mit dem Buchungssatz:
9 Gewinnverteilungskonto
  an 1 Tantiemen Vorstand
  an 1 Tantiemen Aufsichtsrat
  an 1 Dividenden
  an 0 freie Rücklage
  an 0 Gewinnvortrag

Verluste werden direkt dem Verlustvortragskonto belastet mit dem Buchungssatz:
0 Verlustvortrag an 9 GuV.

Aufgaben

Eine Gesellschaft besteht aus zwei Gesellschaftern A und B. Der vorläufige Jahresüberschuß laut GuV-Konto (vor Berücksichtigung einer etwaigen stillen Beteiligung) beträgt DM 400.000,–. Die Kapitalanteile von A und B belaufen sich auf je DM 2.000.000,–.

LE 22: Verbuchung des Erfolgs

1. Wie ist die Gewinnverteilung zu buchen, wenn B ein typischer stiller Gesellschafter des Einzelunternehmers A ist und ihm laut Vertrag neben einer 5%igen Kapitalverzinsung noch 20% des Jahresüberschusses zustehen?
Geben Sie die Buchungssätze an und skizzieren Sie die Bilanz und GuV-Rechnung.

2. Wie ist zu buchen, wenn eine KG vorliegt und A als Komplementär für Geschäftsführung und erhöhtes Haftungsrisiko bis zu maximal DM 200.000,– vom Gewinn vorab erhält? Ein Restgewinn ist nach Köpfen zu verteilen.
Erstellen Sie die Gewinnverteilungstabelle und geben Sie die Buchungssätze an.

3. Die Gesellschaft sei eine GmbH. Laut Beschluß der Gesellschafterversammlung soll der Gewinn wie folgt verwendet werden:
DM 100.000,– Tantieme für die Geschäftsführer (die nicht Gesellschafter sind)
DM 150.000,– Tantieme für die Aufsichtsratsmitglieder,
je DM 50.000,– für jeden Gesellschafter,
DM 50.000,– Einstellung in die Rücklage.
Wie lauten die Buchungssätze und wie sieht die Bilanz nach der Gewinnverteilung aus?

Lösungen

1. Einzelunternehmer A mit stillem Gesellschafter B:

2 Zinsaufwand an 1 sonst. Verbindlichkeit 180.000
9 GuV an 0 Eigenkapital 220.000

	Bilanz	
	Kapital A	2.220.000
	langfristige Verbindlichkeiten	2.000.000
	sonstige Verbindlichkeiten	180.000

	GuV	
Zinsaufwand (= Anteil B)	180.000	
Gewinn	220.000	

2. A und B – KG

Gewinnverteilungstabelle
Gewinn DM 400.000

	A	B	Gewinnrest
Kapitalanteil zu Jahresbeginn	2.000.000,–	2.000.000,–	–
Vorabanteil A	200.000,–	–	200.000,–
Restgewinn (1:1)	100.000,–	100.000,–	–
Gewinnanteil	300.000,–	100.000,–	–
neues Eigenkapital	2.300.000,–	2.000.000,–	–
sonstige Verbindlichkeit	–	100.000,–	–

Buchungssatz:
9 GuV 400.000,–
   an 0 Kapital A 300.000,–
   an 1 sonst. Verbindlichkeit 100.000,–

3. A und B – GmbH

Buchungssätze:
9 GuV an 9 Gewinnverteilungskonto 400.000
9 Gewinnverteilungskonto 400.000
   an 0 Rücklagen 50.000
   an 1 Tantiemen 250.000
   an 1 Dividende A 50.000
   an 1 Dividende B 50.000

	Bilanz	
	Stammkapital	4.000.000
	Rücklage	50.000
	sonstige Verbindlichkeiten	
	1. Tantiemen	250.000
	2. Dividenden	100.000

Anhang

Anhang 1: Die kaufmännischen Grundsätze ordnungsmäßiger Buchführung und Bilanzierung

Die Grundsätze ordnungsmäßiger Buchführung und Bilanzierung (GoB) stellen die allgemeinste, rechtsformunabhängige Buchführungs- und Bilanzierungsnorm für alle Unternehmen dar. Sie kommen insbesondere dann zum Tragen, wenn im Gesetz keine oder keine ausreichenden Regelungen getroffen sind. Ihrem Wesen nach können die GoB folglich nicht in einem Gesetz festgeschrieben werden. Die einschlägigen Gesetze (HGB, AktG, EStG) geben keinerlei Definition des Begriffes GoB, noch führen sie die Grundsätze im einzelnen auf.

Während man früher davon ausging, daß sich die GoB auf induktivem Wege aus der Praxis ordentlicher und ehrenwerter Kaufleute ableiten lassen, gilt inzwischen als herrschende Meinung, daß die GoB nach der deduktiven Methode aus den Zwecken der handelsrechtlichen Rechnungslegung hergeleitet werden müssen (als Bilanzzwecke werden in der Literatur u.a. angeführt: Dokumentationsfunktion, Informationsfunktion, Gläubigerschutzfunktion, Ausschüttungssperrfunktion). Unterstützende Funktion bei der ständigen Fortentwicklung der GoB haben u.a. die einschlägigen Gesetze, die Rechtsprechung (insbesondere die Rechtsprechung des Bundesfinanzhofes, BFH, als höchster steuergerichtlicher Instanz), die Fachverlautbarungen des Instituts der Wirtschaftsprüfer, der Steuerberaterkammer, der Wirtschaftsverbände, die Erkenntnisse der Betriebswirtschaftslehre und selbstverständlich auch – aber nicht dominierend – die Praxis ordentlicher Kaufleute.

Die übergeordnete Gültigkeit der GoB und die Forderung nach ihrer Anwendung und Einhaltung wird in allen einschlägigen Gesetzen festgestellt (so z.B. in den §§ 38 und 237 HGB-E, § 149 AktG, § 5 EStG).

Im einzelnen handelt es sich bei den GoB um folgende Grundsätze:

1) Der Grundsatz der Klarheit und Übersichtlichkeit

Hierzu gehören vor allem die Forderungen
- nach Anwendung eines Kontenrahmens und Kontenplanes,
- nach Anwendung des handelsrechtlichen Gliederungsschemas für Bilanz und GuV,
- nach Anwendung des Bruttoprinzips (Verbot von Saldierungen zwischen Aktiv- und Passivposten bzw. Aufwands- und Ertragsposten).

Die meisten Einzelvorschriften zur formellen Gestaltung der Buchführung, so wie sie in den Gesetzen geregelt sind, können als Unterprinzipien dieses Grundsatzes aufgestellt werden (z. B. Verwendung eindeutiger Abkürzungen, Verbot nachträglicher Änderungen, § 43 HGB).

2) Der Grundsatz der Vollständigkeit

Er gewährleistet, daß alle Vermögens- und Kapitalpositionen vollständig erfaßt werden und daß alle Informationen, die zur Bilanzierung und Bewertung zu berücksichtigen sind, auch tatsächlich berücksichtigt werden.

3) Der Grundsatz der Bilanzkontinuität

- Schlußbilanz des alten Jahres und Eröffnungsbilanz des neuen Jahres müssen identisch sein (Bilanzidentität).
- Form und Gliederung der Bilanz und GuV-Rechnung müssen beibehalten werden (formelle Bilanzkontinuität).
- Gleichmäßigkeit der Bewertungsmethoden und Fortführung der Wertansätze müssen gewährleistet sein (materielle Bilanzkontinuität).

4) Der Grundsatz der Bilanzwahrheit

Die Positionen in Bilanz und Gewinn- und Verlustrechnung sind mit den Werten anzusetzen, die den Bilanzzwecken und Bilanzzielen am besten entsprechen. Selbstverständlich ist hier auch das Verbot von wissentlich falschen Bilanzansätzen enthalten.

5) Der Grundsatz der kaufmännischen Vorsicht

Er fordert die Berücksichtigung von Risiken in der Buchführung und Bilanzierung mit dem Ziel, in der Bilanz nur Vermögenswerte und Gewinne auszuweisen, die selbst bei vorsichtiger Beurteilung der Vermögens- und Ertragslage des Unternehmers als relativ sicher angesehen werden können.

Dieser Grundsatz umfaßt vier Unterprinzipien:
- das **Realisationsprinzip:** Gewinne (und Vermögenswertsteigerungen) dürfen in der Bilanz nur ausgewiesen werden, wenn sie realisiert sind.
- das **Imparitätsprinzip:** Verluste bzw. Vermögenswertminderungen müssen jedoch bereits dann gebucht werden, wenn sie noch nicht realisiert, sondern nur wahrscheinlich sind.
- das **Niederstwertprinzip:** Sind für eine Vermögensposition verschiedene Wertansätze möglich (z.B. Anschaffungswert und Tageswert), dann ist aus Vorsichtsgründen der niedrigere Wert zu aktivieren.
- das **Höchstwertprinzip:** Sind für eine Schuldenposition mehrere Wertansätze möglich (z.B. Verfügungsbetrag und Rückzahlungsbetrag), dann ist aus Vorsichtsgründen der höhere Wert zu passivieren.

Vor allem der letzte Grundsatz der kaufmännischen Vorsicht führt in Verbindung mit den Bewertungsvorschriften des HGB und des EStG (vgl. später S. 178 ff. meist dazu, daß in der Bilanz stille Reserven gebildet werden, die jedoch in Höhe und Art nicht aus der Bilanz erkennbar sind. So stellt sich z.B. erst beim Verkauf einer zu schnell abgeschriebenen Maschine heraus, wie groß in diesem Falle die stillen Reserven waren.

Anhang 2: Bilanzierungs- und Bewertungsvorschriften für die Handels-* und für die Steuerbilanz in übersichtlicher Gesamtdarstellung

Grundsätzlich ist jedes Unternehmen verpflichtet, eine sog. Handelsbilanz zu erstellen. Das ist eine Bilanz, die sich ausschließlich an den Vorschriften des Handelsrechtes orientiert. Für die Besteuerung ist hieraus eine Steuerbilanz abzuleiten, in der die handelsrechtlichen Bilanzansätze immer dann geändert werden müssen, wenn die steuerlichen Vorschriften von den gewählten handelsrechtlichen Ansätzen abweichen. Um Doppelarbeiten zu vermeiden, sind die Unternehmen häufig bestrebt, die Bilanzansätze so zu wählen, daß sie den handels- und den steuerrechtlichen Vorschriften gleichzeitig entsprechen, so daß nur eine Bilanz erstellt werden muß. Dies ist in den meisten Fällen deshalb möglich, weil die steuerrechtlichen Bilanzierungsvorschriften auch handelsrechtlich zulässig sind (vgl. die nachfolgenden Übersichten).

Darüberhinaus sind manche Unternehmen verpflichtet, ihre Handelsbilanz zu veröffentlichen, so etwa die AG gemäß § 177 AktG. Unabhängig von der Rechtsform ist jedes Unternehmen zur Veröffentlichung seines Jahresabschlusses verpflichtet, sofern es zwei der Grenzwerte des § 1 Publizitätsgesetz (PubG) erreicht:

Umsatz   > 250 Millionen DM
Gewinn   > 125 Millionen DM
Beschäftigtenzahl > 5.000.

Vor allem bei publizitätspflichtigen Unternehmen liegen der Handelsbilanz oft erheblich andere Ziele zugrunde als der Steuerbilanz.

Für alle Unternehmen gilt der strenge Grundsatz der **Maßgeblichkeit der Handelsbilanz für die Steuerbilanz.** Hiernach gilt:

- Alle Bestandteile der Handelsbilanz sind für die Steuerbilanz maßgeblich und müssen in diese übernommen werden, sofern sie nicht gegen spezielle Vorschriften des EStG verstoßen. Gegebenenfalls müssen sie für die Steuerbilanz korrigiert werden.
- Läßt das Steuerrecht einen Ermessensspielraum zu (etwa bei der Berechnung der Herstellkosten), dann muß der Wertansatz

---

* Da das Gesetzgebungsverfahren zur Änderung des HGB durch das sog. Bilanzrichtlinie-Gesetz zum Zeitpunkt der Drucklegung noch nicht abgeschlossen ist, werden die entsprechenden Paragraphen des HGB durch den Zusatz HGB-Entwurf (HGB-E) gekennzeichnet.

der Handelsbilanz übernommen werden, wenn er in diesem Spielraum liegt.

Kleinere Unternehmen, die nicht zur Veröffentlichung der Handelsbilanz gesetzlich gezwungen sind, erstellen häufig nur die Steuerbilanz.

Wertbegriffe

Handels- und Steuerrecht sehen im Wesentlichen die folgenden Wertbegriffe vor, mit denen die Wirtschaftsgüter eines Unternehmens zu bewerten sind:

Anschaffungskosten (AK)
= Kaufpreis des Wirtschaftsgutes
+ Anschaffungsnebenkosten (z. B. Fracht, Montage, vgl. S. 67)
− Zahlungsabzüge (z. B. Skonti, Rabatte, vgl. S. 57 ff.).

Herstellungskosten (HK)
= Aufwendungen für die Erstellung eines Wirtschaftsgutes im Unternehmen selbst (vgl. S. 68, 100, z.B. unfertige Erzeugnisse, fertige Erzeugnisse, selbst erstellte Anlagen).

Hier sind in Handels- und Steuerrecht unterschiedliche Aktivierungswahlrechte vorgesehen:

Bestandteile der Herstellungskosten	Handelsbilanz	Steuerbilanz
Fertigungsmaterial	+	+
Materialgemeinkosten	0	+
Fertigungslöhne	+	+
Fertigungsgemeinkosten	0	+
Sondereinzelkosten der Fertigung	+	+
Verwaltungsgemeinkosten	0	0
Vertriebsgemeinkosten	−	−
Hierbei bedeuten: + = Aktivierungspflicht 0 = Aktivierungswahlrecht − = Aktivierungsverbot		

Teilwert
= der Wert, den ein Erwerber des ganzen Betriebs im Rahmen des Gesamtkaufpreises für das einzelne Wirtschaftsgut aufwenden würde, wobei davon auszugehen ist, daß der Erwerber den Betrieb fortführen würde (§ 6 Abs. 1 EStG).

Der Teilwert ist ein rein steuerrechtlicher Begriff, und somit nicht für die Handelsbilanz relevant. Er kann bei den meisten Vermögensposten in der Steuerbilanz angesetzt werden, wenn er niedriger als die evtl. um Abschreibungen geminderten Anschaffungs- bzw. Herstellungskosten ist.

Das Handelsrecht verwendet für die Bewertung des Umlaufvermögens noch die Wertbegriffe **Börsenkurs, Marktpreis** bzw. **beizulegender Wert,** die dann anzusetzen sind, wenn sie niedriger als die Anschaffungskosten oder Herstellungskosten sind (§ 263 HGB-E).

Allgemeine Bewertungsprinzipien

Bei der Bewertung des Vermögens gelten unterschiedliche Grundsätze, je nach dem welche Vermögensart betroffen ist.

Man unterscheidet:

Das strenge Niederstwertprinzip

Der niedrigste Wert muß hiernach angesetzt werden. Dieses Prinzip gilt für das Umlaufvermögen immer (§ 263 I HGB-E).

Für das Anlagevermögen gilt es nur, wenn die Wertminderung voraussichtlich von Dauer ist (§ 261 II HGB-E).

Das gemilderte Niederstwertprinzip

Zwischenwerte zwischen dem niedrigeren Teilwert (bzw. dem niedrigeren Börsen-, Markt- oder beizulegenden Wert) und den Anschaffungs- oder Herstellungskosten dürfen hiernach angesetzt werden.

Dieses Prinzip findet nur Anwendung bei Wertminderungen im Anlagevermögen, die voraussichtlich nicht von Dauer sind, bei Finanzanlagen besteht ein Abwertungswahlrecht.

Bei Sachanlagen und immateriellen Anlagegegenständen besteht sogar ein Abwertungsverbot (§ 261 II HGB-E).

Das Prinzip des eingeschränkten Wertzusammenhangs

Wenn der dem Gegenstand beizulegende Wert (bzw. der Teilwert) gestiegen ist, dann kann der höhere Wert angesetzt werden, auch wenn der Bilanzansatz des Vorjahres niedriger war. Dieses Prinzip gilt für das nicht abnutzbare Anlagevermögen und für das Umlaufvermögen in der Handelsbilanz (§ 264 I HGB-E) und in der Steuerbilanz (§ 6 I Nr. 2 EStG).

Für das abnutzbare Anlagevermögen gilt es nur in der Handelsbilanz. Steuerlich ist hier eine Wertzuschreibung verboten (§ 6 I Nr. 1 EStG).

Anhang 2

Das Prinzip des uneingeschränkten Wertzusammenhangs

Der Wertansatz darf hier nicht höher sein als der Wertansatz in der Schlußbilanz des Vorjahres.

Dieses Prinzip hat nur steuerliche Bedeutung und gilt für das abnutzbare Anlagevermögen (§ 6 Nr. 1 EStG).

Allgemeine Bewertungsprinzipien in Handels- und Steuerbilanz		
	gemildertes Niederstwertprinzip: Abwertungswahlrecht § 261 HGB-E	strenges Niederstwertprinzip: Abwertungspflicht § 263 HGB-E
Eingeschränkter Wertzusammenhang (§ 264 I HGB-E § 6 I Nr. 2 EStG)	nicht abnutzbares Anlagevermögen (in Handels- und Steuerbilanz)	Umlaufvermögen (in Handels- und Steuerbilanz)
	abnutzbares Anlagevermögen (nur in Handelsbilanz)	
Uneingeschränkter Wertzusammenhang (§ 6 I Nr. 1 EStG)	abnutzbares Anlagevermögen (nur in Steuerbilanz)	–

Die wichtigsten Bilanzierungs- und Bewertungsvorschriften im Überblick

Bilanzposition	Beispiele	Handelsbilanz	Steuerbilanz
Anlagevermögen Aufwendungen für die Ingangsetzung und Erweiterung des Geschäftsbetriebs	Aufwendungen für den Aufbau der Organisation	Aktivierungs-Wahlrecht (Bilanzierungshilfe, § 241 III HGB-E). Bewertung: Entstandene Kosten, Abschreibung mit mindestens 20% je Jahr.	Aktivierungsverbot, da kein Wirtschaftsgut
Geschäfts- oder Firmenwert entgeltlich erworben (derivativ)	Wert der Organisation, Fertigungstechniken, Verfahrenstechniken, Wert des Kundenstammes	Aktivierungspflicht (§ 260 V HGB-E). Bewertung: AK, Abschreibung mindestens 20% je Jahr.	Aktivierungspflicht (§ 5 II EStG). Bewertung: AK, keine planmäßige Abschreibung, aber gegebenenfalls niedriger Teilwert.
nicht entgeltlich erworben (originär)		Aktivierungsverbot (§ 242 II HGB-E)	Aktivierungsverbot (§ 5 II EStG)
andere immaterielle Wirtschaftsgüter entgeltlich erworben (derivativ)	Patente, Lizenzen, Gebrauchsmuster, Warenzeichen, Konzessionen, Nutzungsrechte, Software u. a.	Aktivierungspflicht (§ 244 II HGB-E). Bewertung: AK, gegebenenfalls vermindert um Abschreibungen (§§ 260, 261 HGB-E)	Aktivierungspflicht (§ 5 II EStG). Bewertung: AK, gegebenenfalls vermindert um Abschreibungen oder niedrigerer Teilwert (§ 6 I Nr. 1 u. 2 EStG)
selbst erstellt (originär)		Aktivierungsverbot (§ 242 II HGB-E)	Aktivierungsverbot (§ 5 II EStG)
Sachanlagevermögen		Aktivierungspflicht (§ 244 HGB-E) Bewertung: AK, HK (§ 260 I HGB-E)	Aktivierungspflicht (Maßgeblichkeitsprinzip) Bewertung: AK, HK (§ 6 I EStG)
Nicht abnutzbares Sachanlagevermögen bei dauernder Wertminderung	Grundstücke	Abwertungspflicht (außerplanmäßige Abschreibung § 261 II HGB-E)	Abwertungspflicht, (Teilwertabschreibung, weg. Maßgeblichkeitsprinzip)
bei vorübergehender Wertminderung		Abwertungsverbot (§ 261 II HGB-E)	Abwertungsverbot (Maßgeblichkeitsprinzip)

Anhang 2

Bilanzposition	Beispiele	Handelsbilanz	Steuerbilanz
Abnutzbares Sachanlagevermögen Planmäßige Abschreibung außerplanmäßige Abschreibung bei dauernder Wertminderung	Gebäude, Maschinen, Geschäftsausstattung	Pflicht (§ 261 I HGB) Abwertungspflicht, § 261 II HGB-E (beizulegender Wert)	Pflicht (§ 7 I EStG) Abwertungspflicht (Maßgeblichkeitsprinzip), Teilwert
bei vorübergehender Wertminderung		Abwertungsverbot (§ 261 II HGB-E)	Abwertungsverbot (Maßgeblichkeitsprinzip)
Finanzanlagevermögen	Beteiligungen (Aktien, Stammanteile, stille Beteiligungen, Kommanditeinlagen, Kapitaleinlagen der persönlich haftenden Gesellschafter). Festverzinsliche Wertpapiere (Obligationen, Pfandbriefe, öffentliche Anleihen). Ausleihungen mit einer Laufzeit von mindestens 4 Jahren (Finanz- und Kapitalforderungen)	Aktivierungspflicht (§ 244 I HGB-E) Bewertung: AK, HK (§ 260 I HGB-E)	Aktivierungspflicht Bewertung: AK, HK (§ 6 I Nr. 2 EStG)
bei dauernder Wertminderung		Abwertungspflicht (§ 261 II HGB-E)	Abwertungspflicht (Maßgeblichkeitsprinzip)
bei vorübergehender Wertminderung		Abwertungswahlrecht (§ 261 II HGB-E)	Abwertungswahlrecht (Maßgeblichkeitsprinzip)
Bewertungsvereinfachung beim Anlagevermögen	etwa bei Gerüstteilen, Schalungsteilen, Hotelgeschirr, Hotelbettwäsche, Gleisanlagen, Schreib- und Rechenmaschinen	Festwertansatz in bestimmten Fällen erlaubt (§ 266 I HGB-E) Alle Sammelbewertungsverfahren im Rahmen der GoB erlaubt (§ 266 II HGB-E)	Festwertansatz erlaubt (Maßgeblichkeitsprinzip) Als Sammelbewertungsverfahren nur Durchschnittswertansatz erlaubt (Abschn. 36 EStR)
Umlaufvermögen	Roh-, Hilfs- und Betriebsstoffe, fertige und unfertige Erzeugnisse, Waren, geleistete Anzahlungen, Forderungen aus Lieferungen und Leistungen, Wertpapiere des Umlaufvermögens, Wechsel, Schecks, Bankguthaben, Kassenbestand	Aktivierungspflicht (§ 246 I HGB-E) Bewertung: AK, HK (§ 262 I HGB-E)	Aktivierungspflicht (Maßgeblichkeitsprinzip) Bewertung: AK, HK (§ 6 I Nr. 2 EStG)
bei dauernder oder vorübergehender Wertminderung		Abwertungspflicht auf den niedrigeren – Börsenkurs oder – Marktpreis oder – beizulegenden Wert (§ 263 I HGB-E, strenges Niederwertprinzip), weitergehendes Abwertungswahlrecht auf den niedrigeren – Zukunftswert (§ 263 II HGB-E) – steuerlichen Wert (§ 265 I HGB-E)	Abwertungspflicht (Maßgeblichkeitsprinzip) weitergehendes Abwertungswahlrecht auf den niedrigeren Teilwert (§ 6 Nr. 2 EStG)

Bilanzposition	Beispiele	Handelsbilanz	Steuerbilanz
Bewertungsvereinfachung beim Vorratsvermögen	Roh-, Hilfs- und Betriebsstoffe, unfertige, fertige Erzeugnisse, Handelswaren	Sammelbewertungsverfahren (FIFO, HIFO usw.), ohne Nachweis des tatsächlichen Lagerdurchgangs grundsätzlich im Rahmen der GoB erlaubt (§ 266 HGB-E)	Sammelbewertungsverfahren: nur Durchschnittswertansatz generell erlaubt, sonstige Verfahren nur bei Nachweis des tatsächlichen Lagerdurchgangs erlaubt (Abschn. 36 EStR)
Rechnungsabgrenzungsposten transitorische Aktiva	vorausbezahlte Aufwendungen (z. B. Mieten, Versicherungsprämien), bestimmte Zölle	Aktivierungspflicht (§ 247 I HGB-E)	Aktivierungspflicht (§ 5 III EStG)
Damnum	Darlehensabgeld, Disagio	Aktivierungs-Wahlrecht (§ 247 III HGB-E) Abschreibung über die Darlehenslaufzeit (§ 267 II HGB-E)	Aktivierungspflicht Abschreibung über Darlehenslaufzeit
Für Anlagevermögen und Umlaufvermögen gemeinsam gilt:		Wahlrecht zur Abwertung auf den niedrigeren steuerlichen Wert (§ 265 I HGB-E) generelles Beibehaltungs-Wahlrecht des niedrigeren Werts in Folgejahren (§ 264 I HGB-E) Ein Wertaufholungsgebot, falls die Gründe für die Abwertung entfallen, gilt nur für Kapitalgesellschaften. Diese können in Höhe der Zuschreibung eine Wertaufholungsrücklage passivieren (§ 264 II HGB-E)	generelles Beibehaltungs-Wahlrecht nur beim nicht abnutzbaren Anlagevermögen und beim Umlaufvermögen (§ 6 I Nr. 2 EStG) Wertaufholung für abnutzbares Anlagevermögen verboten (§ 6 I Nr. 1 EStG)
Eigenkapital gezeichnetes Kapital	Kapitalanteile, Haftungsbeschränktes Kapital, Grundkapital, Stammkapital	Passivierungspflicht zum Nennbetrag (§ 268 I HGB-E)	Passivierungspflicht zum Nennbetrag
Kapitalrücklagen	Agio (bei Ausgabe von Anteilen und Wandelschuldverschreibungen), Zuzahlungen der Gesellschafter		
Gewinnrücklage	Nicht ausgeschütteter Gewinn		

Bilanzposition	Beispiele	Handelsbilanz	Steuerbilanz
Rückstellungen		Passivierungspflicht für Rückstellungen (§ 250 I HGB-E) für – ungewisse Verbindlichkeiten – drohende Verluste aus schwebenden Geschäften – Gewährleistungen ohne rechtliche Verpflichtung – latente Steuern (§ 251 HGB-E) Passivierungswahlrecht für – Aufwandsrückstellungen (§ 250 II HGB-E) – unterlassene Instandhaltung – Pensionsrückstellungen (§ 250 III HGB-E) Bewertung: nach vernünftiger kaufmännischer Beurteilung (§ 268 II HGB-E)	Passivierungspflicht bzw. – Wahlrecht wie in Handelsbilanz (Maßgeblichkeitsprinzip), aber: Rückstellungen für latente Steuern und Aufwandsrückstellungen sind steuerlich nicht vorgesehen. Bewertung: Maßgeblichkeitsprinzip, Pensionsrückstellungen nach § 6a EStG
Verbindlichkeiten	Anleihen, Verbindlichkeiten gegenüber Banken, Erhaltene Anzahlungen, Verbindlichkeiten aus Lieferungen und Leistungen	Passivierungspflicht (§ 252 HGB-E) Bewertung: Rückzahlungsbetrag (§ 268 II HGB-E)	Passivierungspflicht, Maßgeblichkeitsprinzip Bewertung: Rückzahlungsbetrag (strenges Höchstwertprinzip, § 6 I Nr. 3 EStG)
Rechnungsabgrenzungsposten transitorische Passiva	im Voraus vereinnahmte Erträge (z. B. Mieten, Zinsen)	Passivierungspflicht für transitorische Passiva (§ 247 II HGB-E)	Passivierungspflicht für transitorische Passiva (§ 5 III EStG)

Die Abschreibungsverfahren nach dem Einkommensteuergesetz

Abschreibungs-verfahren / Wirtschafts-gut	Lineare AfA (in gleichbleibenden Jahresbeträgen) § 7 Abs. 1 Satz 1	Degressive AfA (in fallenden Jahresbeträgen) § 7 Abs. 2 EStG Buchwertverfahren	andere Verfahren	Absetzung nach Leistung und Inanspruchnahme § 7 Abs. 1 Satz 3	Absetzung für außergewöhnliche technische oder wirtschaftliche Abnutzung § 7 Abs. 1 Satz 4	Teilwert-abschreibung § 6
	Abschreibungs-betrag = AK bzw. HK / Nutzungsdauer	Abschreibungs-betrag = p % des letzten Buchwerts	z.B. arithmetisch degressiv: Abschreibungsbe-träge nehmen um konstante Beträge je Jahr ab	Abschreibungs-betrag = Jahresistleistung / Gesamtleistung × AK (bzw. HK)	ohne Formel nach geschätzter effekti-ver Wertminderung	Ansetzen des nied-rigeren Teilwerts
alle abnutzbaren Wirtschaftsgüter	zulässig	–	–		zulässig, falls sonst linear abgeschrie-ben wird	zulässig
bewegliche Güter des Anlage-vermögens	zulässig	zulässig, falls: %-Satz ≦ 30% und ≦ 3-facher linearer AfA-Satz	zulässig, falls: AfA des 1. Jahres ≦ AfA im ersten Jahr bei Buchwert-methode; gesamte AfA der ersten drei Jahre ≦ gesamte AfA der ersten drei Jahre bei Buchwert-methode	zulässig, falls der Verbrauch nach-weisbar ist (z.B. Fahrtenschreiber)	–	zulässig
Gebäude	bei Altbauten § 7 Abs. 4 vor 1925: jährlich 2,5% nach 1925: jährlich 2%	Jahr 1– 8: 5% Jahr 9–14: 2,5% Jahr 15–50: 1,25% § 7 Abs. 5 EStG	Sondervorschriften für Umweltschutzbauten, Ein- und Zweifamilienhäuser und Eigentumswohnungen		–	zulässig

Anhang 3: Gesetze zur Buchführung und Bilanzierung

Im folgenden werden die wichtigsten Stellen derjenigen Gesetze angeführt, die Vorschriften zur Buchführung und Bilanzierung enthalten. Es sind dies vor allem das Handelsgesetzbuch (HGB) und das Einkommensteuergesetz (EStG). Bis 1984 waren alle wesentlichen Buchführungs-, Bilanzierungs- und Bewertungsvorschriften im Aktiengesetz (AktG) enthalten, während das HGB nur wenige, überwiegend formale Regelungen in den §§ 38–44 vorsah. Als es durch die sog. 4. EG-Richtlinie (4. Richtlinie des Rates der Europäischen Gemeinschaften zur Koordinierung des Gesellschaftsrechts) auch erforderlich wurde, die Bilanzierungs- und Bewertungsvorschriften zu überarbeiten, wurden alle den Jahresabschluß betreffenden Regelungen überarbeiten, wurden alle den Jahresabschluß betreffenden Regelungen in das HGB aufgenommen. So wird das HGB nunmehr alle Rechnungslegungsvorschriften für alle Kaufleute und Gesellschaften enthalten. Da das Gesetzgebungsverfahren zur Änderung des HGB durch das sog. Bilanzrichtlinie-Gesetz zum Zeitpunkt der Drucklegung noch nicht abgeschlossen ist, geben die nachfolgend aufgeführten Paragraphen des HGB den Stand des HGB-Entwurfes zum 20. Juni 1984 wieder. Die Regelungen in den gesellschaftsrechtlichen Spezialgesetzen (so auch im AktG) sind auf rechtsformspezifische Besonderheiten beschränkt.

Aus Raumgründen können hier nur Auszüge aus den entsprechenden Gesetzesteilen wiedergegeben werden. Für ein eingehendes Studium der Bilanzierungs- und Bewertungsprobleme in Handels- und Steuerbilanz ist das Arbeiten mit den vollständigen Gesetzestexten nebst zugehörigen Durchführungsverordnungen, Richtlinien und Kommentaren unerläßlich.

1. Die Vorschriften des Handelsgesetzbuches (HGB)

§ 38 [Buchführungspflicht]
(1) Jeder Kaufmann ist verpflichtet, Bücher zu führen und in diesen seine Handelsgeschäfte und die Lage seines Vermögens nach den Grundsätzen ordnungsmäßiger Buchführung ersichtlich zu machen.

Die Buchführung muß so beschaffen sein, daß sie einem sachverständigen Dritten innerhalb angemessener Zeit einen Überblick über die Geschäftsvorfälle und über die Vermögens-, Finanz- und Ertragslage des Unternehmens vermitteln kann. Die Geschäftsvorfälle müssen sich in ihrer Entstehung und Abwicklung verfolgen lassen.

§ 39 [Inventar, Bilanz]
(1) Jeder Kaufmann hat bei Beginn seines Handelsgewerbes seine Wirtschaftsgüter (seine Grundstücke, seine Forderungen und Schulden, den Betrag seines baren Geldes und seine sonstigen Vermögensgegenstände) genau zu verzeichnen (Inventar). Er hat dabei den Wert der einzelnen Wirtschaftsgüter anzugeben und einen sein Vermögen und das Verhältnis seiner aktiven und passiven Wirtschaftsgüter darstellenden Abschluß (Eröffnungsbilanz) aufzustellen.

(2) Jeder Kaufmann hat danach für den Schluß eines jeden Geschäftsjahrs ein solches Inventar sowie einen Jahresabschluß nach den Vorschriften im Ersten Abschnitt des Dritten Buchs und den sonst für das Unternehmen geltenden Vorschriften aufzustellen; die Dauer des Geschäftsjahrs darf zwölf Monate nicht überschreiten.

(3) Der Kaufmann hat das Inventar und die Eröffnungsbilanz innerhalb der einem ordnungsgemäßen Geschäftsgang entsprechenden Zeit aufzustellen. Er hat den Jahresabschluß, soweit nicht eine kürzere Frist vorgeschrieben ist oder besondere Umstände die unverzügliche Aufstellung des Jahresabschlusses erforderlich machen, in den ersten fünf Monaten des Geschäftsjahrs für das vergangene Geschäftsjahr aufzustellen; bei Fristverlängerung für die Einreichung der Steuererklärung darf er den Jahresabschluß auch später aufstellen, wenn dies einem ordnungsgemäßen Geschäftsgang entspricht und anderweitig vorgeschriebene Fristen hierdurch nicht überschritten werden. Er hat die Eröffnungsbilanz und den Jahresabschluß unter Angabe von Ort und Tag zu unterzeichnen.

§ 40 [Bewertung]

(1) Die Eröffnungsbilanz und der Jahresabschluß sind in deutscher Sprache und in Deutscher Mark aufzustellen.

(2) Bei der Aufstellung des Inventars, der Eröffnungsbilanz und des Jahresabschlusses sind sämtliche Wirtschaftsgüter mit dem Wert anzusetzen, der ihnen nach den Vorschriften im Ersten Abschnitt des Dritten Buchs und den sonstigen für das Unternehmen geltenden Vorschriften beizulegen ist.

§ 43 [Äußere Einrichtung der Handelsbücher]

(1) Bei der Führung der Handelsbücher und den sonst erforderlichen Aufzeichnungen hat sich der Kaufmann einer lebenden Sprache zu bedienen. Werden Abkürzungen, Ziffern, Buchstaben oder Symbole verwendet, muß im Einzelfall deren Bedeutung eindeutig festliegen.

(2) Die Eintragungen in Büchern und die sonst erforderlichen Aufzeichnungen müssen vollständig, richtig, zeitgerecht und geordnet vorgenommen werden.

(3) Eine Eintragung oder eine Aufzeichnung darf nicht in einer Weise verändert werden, daß der ursprüngliche Inhalt nicht mehr feststellbar ist. Auch solche Veränderungen dürfen nicht vorgenommen werden, deren Beschaffenheit es ungewiß läßt, ob sie ursprünglich oder erst später gemacht worden sind.

(4) Die Handelsbücher und die sonst erforderlichen Aufzeichnungen können auch in der geordneten Ablage von Belegen bestehen oder auf Datenträgern geführt werden, soweit diese Formen der Buchführung einschließlich des dabei angewandten Verfahrens den Grundsätzen ordnungsmäßiger Buchführung entsprechen. Bei der Führung der Handelsbücher und der sonst erforderlichen Aufzeichnungen auf Datenträgern muß insbesondere sichergestellt sein, daß die Daten während der Dauer der Aufbewahrungsfrist verfügbar sind und jederzeit innerhalb angemessener Frist lesbar gemacht werden können. Absätze 1 bis 3 gelten sinngemäß.

§ 44 [Aufbewahrungspflicht]

(1) Jeder Kaufmann ist verpflichtet, die folgenden Unterlagen geordnet aufzubewahren:
1. Handelsbücher, Inventare, Jahresabschlüsse, Lageberichte, die Eröffnungsbilanz sowie die zu ihrem Verständnis erforderlichen Arbeitsanweisungen und sonstigen Organisationsunterlagen,
2. die empfangenen Handelsbriefe,
3. Wiedergaben der abgesandten Handelsbriefe,
4. Belege für Buchungen in den von ihm nach § 38 Abs. 1 zu führenden Büchern (Buchungsbelege).

(2) Handelsbriefe sind nur Schriftstücke, die ein Handelsgeschäft betreffen.

(3) Mit Ausnahme der Jahresabschlüsse und der Eröffnungsbilanz können die in Absatz 1 aufgeführten Unterlagen auch als Wiedergabe auf einem Bildträger oder auf anderen Datenträgern aufbewahrt werden, wenn dies den Grundsätzen ordnungsmäßiger Buchführung entspricht und sichergestellt ist, daß die Wiedergaben oder die Daten
1. mit den empfangenen Handelsbriefen und den Buchungsbelegen bildlich und mit den anderen Unterlagen inhaltlich übereinstimmen, wenn sie lesbar gemacht werden,
2. während der Dauer der Aufbewahrungsfrist verfügbar sind und jederzeit innerhalb angemessener Frist lesbar gemacht werden können.
Sind Unterlagen auf Grund des § 43 Abs. 4 Satz 1 auf Datenträgern hergestellt worden, können statt des Datenträgers die Daten auch ausgedruckt aufbewahrt werden; die ausgedruckten Unterlagen können auch nach Satz 1 aufbewahrt werden.

(4) Die in Absatz 1 Nr. 1 aufgeführten Unterlagen sind zehn Jahre, die sonstigen in Absatz 1 aufgeführten Unterlagen sechs Jahre aufzubewahren.

(5) Die Aufbewahrungsfrist beginnt mit dem Schluß des Kalenderjahrs, in dem die letzte Eintragung in das Handelsbuch gemacht, das Inventar, die Eröffnungsbilanz, der Jahresabschluß oder der Lagebericht aufgestellt, der Handelsbrief empfangen oder abgesandt worden oder der Buchungsbeleg entstanden ist.

§ 237 [Inhalt des Jahresabschlusses]

(1) Der Jahresabschluß besteht bei Unternehmen, die ihren Jahresabschluß offenzulegen haben, aus der Bilanz, der Gewinn- und Verlustrechnung und dem Anhang, die eine Einheit bilden. Satz 1 gilt für andere Unternehmen mit der Maßgabe, daß der Anhang nicht aufgestellt zu werden braucht.

(2) Der Jahresabschluß ist klar und übersichtlich aufzustellen. Er hat unter Beachtung der Grundsätze ordnungsmäßiger Buchführung ein den tatsächlichen Verhältnissen entsprechendes Bild der Vermögens-, Finanz- und Ertragslage des Unternehmens zu vermitteln. Führen besondere Umstände dazu, daß der Jahresabschluß trotz Anwendung der Grundsätze ordnungsmäßiger Buchführung ein den tatsächlichen Verhältnissen entsprechendes Bild im Sinne des Satzes 2 nicht vermittelt, so

haben Unternehmen, die ihren Jahresabschluß offenzulegen haben, im Anhang zusätzliche Angaben zu machen.

§ 238 [Allgemeine Grundsätze über die Gliederung]

(1) Die Form der Darstellung, insbesondere die Gliederung der aufeinanderfolgenden Bilanzen und Gewinn- und Verlustrechnungen, ist beizubehalten, soweit nicht in Ausnahmefällen wegen besonderer Umstände Abweichungen erforderlich sind. Unternehmen, die ihren Jahresabschluß offenzulegen haben, müssen Abweichungen im Anhang angeben und begründen.

§ 239 [Gliederung der Bilanz]

(1) Unternehmen, die ihren Jahresabschluß offenzulegen haben, haben die Bilanz in Kontoform aufzustellen und dabei unbeschadet einer weiteren Gliederung auf der Aktivseite die in Absatz 2 und auf der Passivseite die in Absatz 3 bezeichneten Posten gesondert und in der vorgeschriebenen Reihenfolge auszuweisen, sofern nicht eine abweichende Gliederung vorgeschrieben ist. An die Stelle der Gliederung nach den Absätzen 2 und 3 tritt bei prüfungspflichtigen Unternehmen die Gliederung nach Anlage 1, bei großen prüfungspflichtigen Unternehmen die Gliederung nach Anlage 2.

(2) Aktivseite

A. Anlagevermögen:
  I. Immaterielle Wirtschaftsgüter;
  II. Sachanlagen:
  1. Grundstücke und Bauten;
  2. Maschinen, technische und andere Anlagen, Betriebs- und Geschäftsausstattung;
  3. geleistete Anzahlungen und Anlagen im Bau;
  III. Finanzanlagen:
  1. Beteiligungen;
  2. Wertpapiere, Ausleihungen und sonstige Finanzanlagen; davon durch Grundpfandrecht gesicherte Ausleihungen.
B. Umlaufvermögen:
  I. Vorräte:
  1. Roh-, Hilfs- und Betriebsstoffe;
  2. unfertige Erzeugnisse;
  3. fertige Erzeugnisse und Waren;
  4. geleistete Anzahlungen;
  II. Forderungen und sonstige Wirtschaftsgüter:
  1. Forderungen aus Lieferungen und Leistungen;
  2. sonstige Forderungen und Wirtschaftsgüter;
  III. Wertpapiere;
  IV. Flüssige Mittel.
C. Rechnungsabgrenzungsposten

(3) Passivseite

A. Eigenkapital:
  I. Gezeichnetes Kapital;
  II. Kapitalrücklage;

Anhang 3 191

   III. Gewinnrücklagen;
   IV. Gewinnvortrag/Verlustvortrag;
   V. Jahresüberschuß/Jahresfehlbetrag.
B. Rückstellungen
C. Verbindlichkeiten:
   1. Verbindlichkeiten gegenüber Kreditinstituten;
   2. Verbindlichkeiten aus Lieferungen und Leistungen;
   3. Verbindlichkeiten aus der Annahme gezogener und der Ausstellung eigener Wechsel;
   4. andere Verbindlichkeiten.
D. Rechnungsabgrenzungsposten

§ 241 [Vollständigkeitsgebot. Verrechnungsverbot. Bilanzierungshilfen]

(1) In die Bilanz sind die bilanzierungsfähigen Wirtschaftsgüter des Unternehmens und die Rechnungsabgrenzungsposten vollständig aufzunehmen. Wirtschaftsgüter und Rechnungsabgrenzungsposten brauchen nicht aufgenommen zu werden, soweit das Unternehmen gesetzlich eingeräumte Wahlrechte in Anspruch nimmt. Werden Wirtschaftsgüter auf Grund eines solchen Wahlrechts lediglich im Anhang angegeben, so dürfen diese bei der Ermittlung des Jahresergebnisses nicht berücksichtigt werden.

(2) Forderungen dürfen nicht mit Verbindlichkeiten, nicht abgerechnete Leistungen nicht mit Anzahlungen, andere Posten der Aktivseite nicht mit anderen Posten der Passivseite, Grundstücksrechte nicht mit Grundstückslasten verrechnet werden.

(3) Die Aufwendungen für die Ingangsetzung des Geschäftsbetriebs und dessen Erweiterung dürfen, soweit sie nicht bilanzierungsfähig sind, als Bilanzierungshilfe aktiviert werden; der Posten ist in der Bilanz vor dem Posten »Anlagevermögen« unter der Bezeichnung »Aufwendungen für die Ingangsetzung und Erweiterung des Geschäftsbetriebs« auszuweisen und von Unternehmen, die ihren Jahresabschluß offenzulegen haben, im Anhang zu erläutern. Werden solche Aufwendungen in der Bilanz ausgewiesen, so dürfen Gewinne nur ausgeschüttet oder entnommen werden, soweit die nach der Ausschüttung verbleibenden jederzeit auflösbaren Gewinnrücklagen zuzüglich eines Gewinnvortrags und abzüglich eines Verlustvortrags dem angesetzten Betrag mindestens entsprechen.

§ 242 [Bilanzierungsverbote]

(1) Aufwendungen für die Gründung des Unternehmens und für die Beschaffung des Eigenkapitals dürfen nicht in die Bilanz aufgenommen werden.

(2) Für immaterielle Wirtschaftsgüter des Anlagevermögens, die nicht entgeltlich erworben wurden, darf ein Aktivposten nicht angesetzt werden.

§ 244 [Anlagevermögen]

(1) Beim Anlagevermögen sind die Wirtschaftsgüter auszuweisen, die bestimmt sind, dauernd dem Geschäftsbetrieb des Unternehmens zu dienen.

(2) Zu den immateriellen Wirtschaftsgütern gehören insbesondere der Geschäfts- oder Firmenwert, Konzessionen, gewerbliche Schutzrechte und ähnliche Rechte und Werte sowie Lizenzen an solchen Rechten und Werten sowie die auf immaterielle Wirtschaftsgüter geleisteten Anzahlungen. Als immaterielle Wirtschaftsgüter kommen auch andere Rechte, rechtsähnliche Werte und sonstige Vorteile in Betracht.

(3) Zu den Sachanlagen gehören Grundstücke und grundstücksgleiche Rechte mit Geschäfts-, Fabrik- und anderen Bauten, Grundstücke und grundstücksgleiche Rechte mit Wohnbauten, Grundstücke und grundstücksgleiche Rechte ohne Bauten, Bauten auf fremden Grundstücken einschließlich Mietereinbauten, technische Anlagen, Maschinen und andere Anlagen, Betriebs- und Geschäftsausstattung, Anlagen im Bau sowie die auf Sachanlagen geleisteten Anzahlungen.

(4) Zu den Finanzanlagen gehören Beteiligungen, Anteile an Unternehmen, Wertpapiere und Ausleihungen sowie die auf Finanzanlagen geleisteten Anzahlungen.

§ 245 [Beteiligungen]

Beteiligungen sind Anteile an anderen Unternehmen, die bestimmt sind, dem eigenen Geschäftsbetrieb durch Herstellung einer dauernden Verbindung zu jenen Unternehmen zu dienen. Dabei ist es unerheblich, ob die Anteile in Wertpapieren verbrieft sind oder nicht. Als Beteiligung gelten im Zweifel Anteile an einer Kapitalgesellschaft, deren Nennbeträge insgesamt den fünften Teil des Nennkapitals dieser Gesellschaft überschreiten. Auf die Berechnung ist § 16 Abs. 2 und 4 des Aktiengesetzes entsprechend anzuwenden. Die Mitgliedschaft in einer Personengesellschaft oder einer Genossenschaft gilt als Beteiligung.

§ 246 [Umlaufvermögen]

(1) Beim Umlaufvermögen sind diejenigen Wirtschaftsgüter auszuweisen, die nicht bestimmt sind, dauernd dem Geschäftsbetrieb des Unternehmens zu dienen.

(2) Zu den Vorräten gehören Roh-, Hilfs- und Betriebsstoffe, unfertige Erzeugnisse, fertige Erzeugnisse und Waren sowie auf Wirtschaftsgüter des Vorratsvermögens geleistete Anzahlungen.

(3) Zu den Forderungen und sonstigen Wirtschaftsgütern gehören Forderungen aus Lieferungen und Leistungen sowie alle sonstigen Forderungen und sonstigen Wirtschaftsgüter einschließlich der nicht abgerechneten Leistungen.

(4) Zu den Wertpapieren gehören auch nicht verbriefte Anteile an Unternehmen, soweit sie nicht Anlagevermögen sind. Wechsel dürfen als Wertpapiere nur ausgewiesen werden, wenn dem Unternehmen nicht die der Ausstellung zugrunde liegende Forderung zusteht.

(5) Zu den flüssigen Mitteln gehören Schecks, Kassenbestand, Bundesbank- und Postscheckguthaben und Guthaben bei Kreditinstituten.

§ 247 [Rechnungsabgrenzungsposten]

(1) Als Rechnungsabgrenzungsposten sind auf der Aktivseite Ausgaben vor dem Abschlußstichtag auszuweisen, soweit sie Aufwand für eine

bestimmte Zeit nach diesem Tag darstellen. Ferner sind auszuweisen
1. als Aufwand berücksichtigte Zölle und Verbrauchsteuern, soweit sie auf am Abschlußstichtag auszuweisende Wirtschaftsgüter des Vorratsvermögens entfallen,
2. als Aufwand berücksichtigte Umsatzsteuer auf am Abschlußstichtag auszuweisende oder von den Vorräten offen abgesetzte Anzahlungen.

(2) Als Rechnungsabgrenzungsposten sind auf der Passivseite Einnahmen vor dem Abschlußstichtag auszuweisen, soweit sie Ertrag für eine bestimmte Zeit nach diesem Tag darstellen.

(3) Ist der Rückzahlungsbetrag von Verbindlichkeiten oder Anleihen höher als der Ausgabebetrag, so darf der Unterschiedsbetrag abzüglich der nach § 267 Abs. 2 vorzunehmenden Abschreibungen in den Rechnungsabgrenzungsposten auf der Aktivseite aufgenommen werden. Unternehmen, die ihren Jahresabschluß offenzulegen haben, müssen diesen Betrag gesondert ausweisen.

§ 248 [Eigenkapital]

(1) Die Einlagen oder Kapitalanteile von persönlich haftenden Gesellschaftern oder Einzelkaufleuten dürfen abzüglich der Entnahmen mit dem Posten »Gezeichnetes Kapital« unter der Bezeichnung »Einlagen und gezeichnetes Kapital« zusammengefaßt ausgewiesen werden; auch dürfen Gewinne zugeschrieben und Verluste abgeschrieben werden. Im Falle einer Zusammenfassung nach Satz 1 müssen Unternehmen, die ihren Jahresabschluß offenzulegen haben, den Betrag von in das Handelsregister eingetragenen und in diesem Posten enthaltenen Hafteinlagen vermerken. Ausstehende Einlagen und ein die Einlagen übersteigender Verlust dürfen auf der Aktivseite unter den Forderungen gesondert ausgewiesen werden, soweit eine Zahlungsverpflichtung besteht; sie sind als Einzahlungsverpflichtungen zu bezeichnen.

(2) Gezeichnetes Kapital ist das Kapital, auf das die Haftung der Gesellschafter oder Mitglieder für die Verbindlichkeiten des Unternehmens gegenüber den Gläubigern beschränkt ist, soweit die Gesellschafter oder Mitglieder sich zu dessen Aufbringung verpflichtet haben. Die ausstehenden Einlagen auf das gezeichnete Kapital sind auf der Aktivseite vor dem Anlagevermögen gesondert auszuweisen und entsprechend zu bezeichnen; die davon eingeforderten Einlagen sind zu vermerken. Die nicht eingeforderten ausstehenden Einlagen dürfen aber auch von dem Posten »Gezeichnetes Kapital« offen abgesetzt werden; in diesem Falle ist der verbleibende Betrag als Posten »Eingefordertes Kapital« in der Hauptspalte auszuweisen und ist außerdem der eingeforderte, aber noch nicht eingezahlte Betrag unter den Forderungen gesondert auszuweisen und entsprechend zu bezeichnen.

(3) Als Kapitalrücklage sind auszuweisen
1. der Betrag, der bei der Ausgabe von Anteilen einschließlich von Bezugsanteilen über den Nennbetrag hinaus erzielt wird;
2. der Betrag, der bei der Ausgabe von Wandelschuldverschreibungen über ihren Rückzahlungsbetrag hinaus erzielt wird;

3. der Betrag von Zuzahlungen, die Gesellschafter gegen Gewährung eines Vorzugs für ihre Anteile leisten.

(4) Als Gewinnrücklagen dürfen nur Beträge ausgewiesen werden, die im Geschäftsjahr oder in einem früheren Geschäftsjahr aus dem Ergebnis gebildet worden sind. Dazu gehören gesetzliche oder auf Gesellschaftsvertrag, Satzung oder Statut beruhende Rücklagen und andere Rücklagen. In die anderen Rücklagen darf der Eigenkapitalanteil einer nur bei der steuerlichen Gewinnermittlung gebildeten Rücklage aufgenommen werden, die nach § 265 nicht in den Sonderposten mit Rücklageanteil aufgenommen werden kann. Unternehmen, die ihren Jahesabschluß offenzulegen haben, müssen diese Rücklage gesondert ausweisen.

(5) Jahresüberschuß oder Jahresfehlbetrag ist der Betrag, der sich aus der Gewinn- und Verlustrechnung als Überschuß der Erträge über die Aufwendungen oder der Aufwendungen über die Erträge ergibt.

§ 249 [Sonderposten mit Rücklageanteil]

Werden auf der Passivseite Posten ausgewiesen, die nach § 265 Abs. 1 auf Grund steuerlicher Vorschriften gebildet werden und erst bei ihrer Auflösung zu versteuern sind, so sind diese Posten unter Angabe der Vorschriften, nach denen sie gebildet sind, auf der Passivseite unter der Bezeichnung »Sonderposten mit Rücklageanteil« vor den Rückstellungen auszuweisen. Der Sonderposten ist nach Maßgabe des Steuerrechts aufzulösen. In den Sonderposten sind auch die nach § 265 Abs. 2 in Form von Wertberichtigungen zu berücksichtigenden Beträge aufzunehmen und entsprechend zu bezeichnen.

§ 250 [Rückstellungen]

(1) Rückstellungen sind für ungewisse Verbindlichkeiten und für drohende Verluste aus schwebenden Geschäften zu bilden. Ferner sind Rückstellungen zu bilden für
1. im Geschäftsjahr unterlassene Aufwendungen für Instandhaltung, die im folgenden Geschäftsjahr innerhalb von drei Monaten nachgeholt werden;
2. Gewährleistungen, die ohne rechtliche Verpflichtung erbracht werden; diese Rückstellungen sind unter näherer Bezeichnung ihres Zwecks gesondert auszuweisen. Im Falle des Satzes 2 Nr. 1 dürfen Rückstellungen außerdem gebildet werden, wenn die Instandhaltung nach Ablauf der Frist innerhalb des Geschäftsjahrs nachgeholt wird.

(2) Rückstellungen dürfen außerdem für ihrer Eigenart nach genau umschriebene, dem Geschäftsjahr oder einem früheren Geschäftsjahr zuzuordnende Aufwendungen, die mit Sicherheit in einem späteren Geschäftsjahr zu erwarten sind, gebildet werden, wenn die Aufwendungen erforderlich werden, um die Betriebsfähigkeit vorhandener Wirtschaftsgüter des Anlagevermögens zu erhalten, und wegen der Höhe dieser zukünftigen Aufwendungen eine unverhältnismäßige Belastung des Ergebnisses des betreffenden Geschäftsjahrs nur durch Verteilung der Aufwendungen auf mehrere Geschäftsjahre vermieden werden kann. Diese Rückstellungen sind gesondert auszuweisen und von Unternehmen, die ihren Jahresabschluß offenzulegen haben, im Anhang zu erläutern.

(3) Rückstellungen brauchen für laufende Pensionen, Anwartschaften auf Pensionen und ähnliche Verpflichtungen nicht gebildet zu werden. Unterbleiben Rückstellungen ganz oder teilweise, so haben Unternehmen, die ihren Jahresabschluß offenzulegen haben, den Betrag, der nach Absatz 1 Satz 1 zurückzustellen wäre, im Anhang anzugeben; andere Unternehmen haben auf das Bestehen solcher Verpflichtungen in geeigneter Weise hinzuweisen. Für Pensionen und ähnliche Verpflichtungen gebildete Rückstellungen sind gesondert auszuweisen; sie dürfen nur aufgelöst werden, soweit die Verpflichtung entfallen ist.

(4) Für andere als die in den Absätzen 1 bis 3 bezeichneten Zwecke dürfen Rückstellungen nicht gebildet werden. Unternehmen, die nicht der Körperschaftsteuer unterliegen, dürfen für Zwecke der Veröffentlichung außerdem Rückstellungen für Steuern vom Einkommen bilden, die vom Unternehmer oder von Mitunternehmern auf den ihnen steuerlich zugerechneten Gewinn des Unternehmens zu zahlen sind. In den Fällen des Satzes 2 darf statt der vom Unternehmer oder von Mitunternehmern zu zahlenden Steuern der Betrag zurückgestellt werden, den ein der Körperschaftsteuer unterliegendes Unternehmen im Falle der Vollausschüttung des Jahresüberschusses als Körperschaftsteuer zu zahlen hätte. Die Sätze 2 und 3 sind auf die vom Unternehmer oder von Mitunternehmern auf die Beteiligung zu zahlenden Steuern vom Vermögen entsprechend anzuwenden.

§ 251 [Steuerabgrenzung]

Ist der Steueraufwand des Geschäftsjahrs im Verhältnis zum Jahresergebnis zu hoch oder zu niedrig, weil der nach den steuerrechtlichen Vorschriften zu versteuernde Gewinn höher oder niedriger als das handelsrechtliche Jahresergebnis ist, und gleicht sich der zu hohe oder zu niedrige Steueraufwand des Geschäftsjahrs in späteren Geschäftsjahren voraussichtlich aus, so ist bei einem zu niedrigen Steueraufwand in Höhe der voraussichtlichen Steuerbelastung nachfolgender Geschäftsjahre eine Rückstellung nach § 250 Abs. 1 Satz 1 zu bilden und gesondert auszuweisen. Ist der Steueraufwand zu hoch, so darf ein Aktivposten nicht gebildet werden. Dieser Betrag darf auch nicht mit einer nach Satz 1 zu bildenden Rückstellung verrechnet werden.

§ 252 [Verbindlichkeiten]

(1) Zu den Verbindlichkeiten gehören Anleihen, Verbindlichkeiten gegenüber Kreditinstituten, erhaltene Anzahlungen auf Bestellungen, soweit diese Anzahlungen nicht von dem Posten »Vorräte« offen abgesetzt werden, Verbindlichkeiten aus Lieferungen und Leistungen, Verbindlichkeiten aus der Annahme gezogener Wechsel und der Ausstellung eigener Wechsel sowie die sonstigen Verbindlichkeiten einschließlich der Verbindlichkeiten aus Steuern und der Verbindlichkeiten im Rahmen der sozialen Sicherheit.

(2) Rücklagen, Wertberichtigungen, Rückstellungen und Beträge, die im Sonderposten mit Rücklageanteil auszuweisen sind, dürfen nicht als Verbindlichkeiten ausgewiesen werden.

§ 253 [Gliederung, Vollständigkeitsgebot]

(1) Unternehmen, die ihren Jahresabschluß offenzulegen haben, haben die Gewinn- und Verlustrechnung in Staffelform nach dem Gesamtkostenverfahren aufzustellen und dabei unbeschadet einer weiteren Gliederung die nachstehend bezeichneten Posten in der angegebenen Reihenfolge gesondert auszuweisen, sofern nicht eine abweichende Gliederung vorgeschrieben ist:

1. Umsatzerlöse
2. Erhöhung oder Verminderung des Bestands an fertigen und unfertigen Erzeugnissen
3. andere aktivierte Eigenleistungen
4. sonstige betriebliche Erträge
5. Materialaufwand:
   a) Aufwendungen für Roh-, Hilfs- und Betriebsstoffe und für bezogene Waren:
   b) Aufwendungen für bezogene Leistungen
6. Personenaufwand:
   a) Löhne und Gehälter;
   b) soziale Abgaben und Aufwendungen für Altersversorgung und für Unterstützung, davon für Altersversorgung
7. Abschreibungen:
   a) auf immaterielle Wirtschaftsgüter und Sachanlagen sowie auf aktivierte Aufwendungen für die Ingangsetzung und Erweiterung des Geschäftsbetriebs;
   b) auf Wirtschaftsgüter des Umlaufvermögens, soweit diese die in dem Unternehmen üblichen Abschreibungen überschreiten
8. sonstige betriebliche Aufwendungen
9. Zwischensumme
10. Erträge aus Beteiligungen,
    davon aus verbundenen Unternehmen
11. Erträge aus Wertpapieren, Ausleihungen und sonstigen Finanzanlagen,
    davon aus verbundenen Unternehmen
12. sonstige Zinsen und ähnliche Erträge,
    davon aus verbundenen Unternehmen
13. Abschreibungen auf Finanzanlagen und auf Wertpapiere des Umlaufvermögens
14. Zinsen und ähnliche Aufwendungen,
    davon betreffend verbundene Unternehmen
15. Ergebnis der gewöhnlichen Geschäftstätigkeit
16. außerordentliche Erträge
17. außerordentliche Aufwendungen
18. außerordentliches Ergebnis
19. Steuern vom Einkommen und vom Ertrag
20. sonstige Steuern
21. Jahresüberschuß/Jahresfehlbetrag

§ 254 [Verrechnungsverbot]

Aufwendungen dürfen nicht mit Erträgen verrechnet werden.

§ 255 [Vorschriften zu einzelnen Posten der Gewinn- und Verlustrechnung]

(1) Als Umsatzerlöse sind die Erlöse aus dem Verkauf und der Vermietung oder Verpachtung von für die gewöhnliche Geschäftstätigkeit des Unternehmens typischen Erzeugnissen und Waren sowie aus von für die gewöhnliche Geschäftstätigkeit des Unternehmens typischen Dienstleistungen nach Abzug von Erlösschmälerungen und der Umsatzsteuer auszuweisen.

(2) Als Bestandsveränderungen sind sowohl Änderungen der Menge als auch solche des Wertes zu berücksichtigen; letztere jedoch nur, soweit sie nicht die in dem Unternehmen sonst üblichen Abschreibungen überschreiten und deshalb unter dem Posten »Abschreibungen auf Wirtschaftsgüter des Umlaufvermögens« auszuweisen sind.

(3) Zu den anderen aktivierten Eigenleistungen gehören auch Bestandsveränderungen selbsterzeugter Roh-, Hilfs- und Betriebsstoffe, soweit diese nicht unfertige oder fertige Erzeugnisse sind, und die in den aktivierten Eigenleistungen enthaltenen Aufwendungen für bezogene Materialien und bezogene Leistungen.

(4) Zu den sonstigen betrieblichen Erträgen gehören alle Erträge aus der gewöhnlichen Geschäftstätigkeit, soweit sie nicht in vorhergehenden Posten enthalten sind oder als Erträge aus Beteiligungen, Erträge aus Wertpapieren, Ausleihungen und sonstigen Finanzanlagen oder als sonstige Zinsen und ähnliche Erträge auszuweisen sind. Hierzu gehören insbesondere Erträge aus dem Abgang von Wirtschaftsgütern des Anlagevermögens und aus Zuschreibungen zu Wirtschaftsgütern des Anlagevermögens, Erträge aus Zuschreibungen zu Forderungen wegen einer Kürzung der Pauschalwertberichtigung, Erträge aus der Auflösung von Rückstellungen und Erträge aus der Auflösung von Rücklagen nach § 248 Abs. 4 Satz 3 und § 264 Abs. 2 Satz 2.

(5) Zu den sonstigen betrieblichen Aufwendungen gehören alle Aufwendungen der gewöhnlichen Geschäftstätigkeit, soweit sie nicht in vorhergehenden Posten enthalten sind und auch nicht als Abschreibungen auf Finanzanlagen und auf Wertpapiere des Umlaufvermögens oder als Zinsen und ähnliche Aufwendungen auszuweisen sind. Hierzu gehören insbesondere Verluste aus dem Abgang von Wirtschaftsgütern des Anlagevermögens, Verluste aus dem Abgang von Wirtschaftsgütern des Umlaufvermögens, Abschreibungen auf Forderungen, soweit diese den üblichen Rahmen nicht überschreiten, und Einstellungen in die Rücklagen nach § 248 Abs. 4 Satz 3 und § 264 Abs. 2 Satz 2.

§ 256 [Außerordentliche Erträge und Aufwendungen]

(1) Unter den Posten »außerordentliche Erträge« und »außerordentliche Aufwendungen« sind Erträge und Aufwendungen auszuweisen, die außerhalb der gewöhnlichen Geschäftstätigkeit des Unternehmens anfallen.

(2) Unternehmen, die ihren Jahresabschluß offenzulegen haben, müssen die in Absatz 1 bezeichneten Erträge und Aufwendungen hinsichtlich ihres Betrags und ihrer Art im Anhang erläutern, soweit diese für die Beurteilung der Ertragslage nicht von untergeordneter Bedeutung sind. Dies gilt auch für Erträge und Aufwendungen, die einem anderen Geschäftsjahr zuzurechnen sind.

§ 257 [Steuern]

(1) Im Posten »Steuern vom Einkommen und vom Ertrag« sind die Beträge auszuweisen, die das Unternehmen als Steuerschuldner vom Einkommen und Ertrag zu entrichten hat oder die auf die Steuerschuld des Unternehmens angerechnet werden. Unternehmen, die nicht der Körperschaftsteuer unterliegen, dürfen für Zwecke der Veröffentlichung unter diesem Posten außerdem die Steuern vom Einkommen ausweisen, die vom Unternehmer oder von Mitunternehmern auf den ihnen steuerlich zugerechneten Gewinn des Unternehmens zu zahlen sind. In den Fällen des Satzes 2 darf statt der vom Unternehmer oder von Mitunternehmern zu zahlenden Steuern der Betrag ausgewiesen werden, den ein der Körperschaftsteuer unterliegendes Unternehmen im Falle der Vollausschüttung des Jahresüberschusses als Steuer vom Einkommen zu zahlen hätte. Die Wahlrechte nach Satz 2 oder 3 können nur in Übereinstimmung mit der Handhabung in der Bilanz ausgeübt werden; auf die Inanspruchnahme des Wahlrechts ist in geeigneter Form hinzuweisen.

(2) Die Steuern vom Vermögen sind unter dem Posten »sonstige Steuern« auszuweisen. Unter diesem Posten sind nur Beträge auszuweisen, die das Unternehmen als Steuerschuldner zu entrichten hat. Absatz 1 Satz 2 und 3 ist entsprechend auf die vom Unternehmer oder von Mitunternehmern auf die Beteiligung zu zahlenden Steuern vom Vermögen anzuwenden. In diesem Falle ist Absatz 1 Satz 4 anzuwenden.

(3) Die Steuern vom Einkommen und Ertrag sind auf der Grundlage des Beschlusses über die Verwendung des Ergebnisses zu berechnen; liegt ein solcher Beschluß im Zeitpunkt der Feststellung des Jahresabschlusses nicht vor, so ist vom Vorschlag über die Verwendung des Ergebnisses auszugehen. Weicht der Beschluß über die Verwendung des Ergebnisses vom Vorschlag ab, so braucht der Jahresabschluß nicht geändert zu werden. Unternehmen, die ihren Jahresabschluß offenzulegen haben, müssen jedoch die zusätzlichen Erträge oder Aufwendungen im Rahmen der Darstellung der Ergebnisverwendung nach § 258 gesondert angeben.

§ 258 [Darstellung der Ergebnisverwendung]

(1) Unternehmen, die ihren Jahresabschluß offenzulegen haben, müssen die Verwendung des Jahresergebnisses, wenn eine bestimmte Darstellung nicht vorgeschrieben ist, in der Bilanz, in der Gewinn- und Verlustrechnung, im Anhang oder gesondert darstellen. Dabei sind anzugeben:
1. Jahresüberschuß/Jahresfehlbetrag
2. Gewinnvortrag/Verlustvortrag aus dem Vorjahr
3. Entnahmen aus der Kapitalrücklage
4. Entnahmen aus Gewinnrücklagen

5. Einstellungen in Gewinnrücklagen
6. auszuschüttender Betrag
7. Gewinnvortrag/Verlustvortrag
8. zusätzlicher Aufwand oder Ertrag auf Grund des Beschlusses über die Verwendung des Ergebnisses, wenn die Bilanz vor oder nach teilweiser Berücksichtigung der Verwendung des Jahresergebnisses aufgestellt wird.

Bewertungsvorschriften
§ 259 [Allgemeine Grundsätze]
(1) Die Bewertung der im Jahresabschluß ausgewiesenen Wirtschaftsgüter hat den Grundsätzen ordnungsmäßiger Buchführung zu entsprechen. Insbesondere gilt folgendes:
1. Die auf den vorhergehenden Jahresabschluß angewendeten Bewertungsmethoden sind beizubehalten.
2. Die Fortsetzung der Unternehmenstätigkeit ist zu unterstellen, solange von dieser Unterstellung ausgegangen werden kann.
3. Der Grundsatz der Vorsicht ist einzuhalten, namentlich sind
   a) nur die am Abschlußstichtag realisierten Gewinne auszuweisen;
   b) vorhersehbare Risiken und Verluste, die in dem Geschäftsjahr oder einem früheren Geschäftsjahr entstanden sind, zu berücksichtigen, selbst wenn diese Umstände erst zwischen dem Abschlußstichtag und dem Tag der Aufstellung des Jahresabschlusses bekanntgeworden sind.
4. Aufwendungen und Erträge für das Geschäftsjahr, auf das sich der Jahresabschluß bezieht, sind ohne Rücksicht auf den Zeitpunkt ihrer Ausgabe oder Einnahme zu berücksichtigen.
5. Die im Jahresabschluß ausgewiesenen Wirtschaftsgüter sind einzeln zu bewerten.
6. Die Wertansätze in der Eröffnungsbilanz des Geschäftsjahrs müssen mit den Wertansätzen in der Schlußbilanz des vorhergehenden Geschäftsjahrs übereinstimmen.

(2) Soweit von den in Absatz 1 Satz 2 aufgeführten Grundsätzen nicht auf Grund gesetzlicher Vorschriften abzuweichen ist oder abgewichen werden darf, sind Abweichungen nur in Ausnahmefällen zulässig. Die angewandte abweichende Bewertungsmethode muß zulässig sein und den Grundsätzen ordnungsmäßiger Buchführung entsprechen. Unternehmen, die ihren Jahresabschluß offenzulegen haben, müssen Abweichungen im Anhang angeben und begründen; ihr Einfluß auf die Vermögens-, Finanz- und Ertragslage ist darzustellen; die angewandte abweichende Bewertungsmethode ist zu erläutern.

§ 260 [Wertansätze der Wirtschaftsgüter des Anlagevermögens]
(1) Wirtschaftsgüter des Anlagevermögens sind mit den Anschaffungs- oder Herstellungskosten, vermindert um Abschreibungen nach den §§ 261, 265 Abs. 1 oder Wertberichtigungen nach § 265 Abs. 2, anzusetzen.
(2) Anschaffungskosten sind die Aufwendungen, die geleistet werden, um ein Wirtschaftsgut zu erwerben und es in einen betriebsbereiten

Zustand zu versetzen. Dazu gehören außer dem Anschaffungspreis, abzüglich der Anschaffungspreisminderungen, alle Aufwendungen, die in Zusammenhang mit dem Erwerb und der Versetzung des Wirtschaftsguts in einen betriebsbereiten Zustand stehen, soweit sie dem Wirtschaftsgut einzeln zugeordnet werden können.

(3) Herstellungskosten sind die Aufwendungen, die durch den Verbrauch von Gütern und die Inanspruchnahme von Diensten für die Herstellung eines Wirtschaftsguts, seine Erweiterung oder für eine über seinen ursprünglichen Zustand hinausgehende wesentliche Verbesserung entstehen. Dazu gehören die Materialkosten, die Fertigungskosten und die Sonderkosten der Fertigstellung. Bei der Berechnung der Herstellungskosten dürfen auch angemessene Teile der notwendigen Materialgemeinkosten, der notwendigen Fertigungsgemeinkosten und des Wertverzehrs des Anlagevermögens, soweit er durch die Fertigung veranlaßt ist, eingerechnet werden. Kosten der allgemeinen Verwaltung sowie Aufwendungen für soziale Einrichtungen des Betriebs, für freiwillige soziale Leistungen und für betriebliche Altersversorgung brauchen nicht eingerechnet zu werden. Bei Anwendung der Sätze 3 und 4 dürfen Aufwendungen jedoch nur insoweit berücksichtigt werden, als sie auf den Zeitraum der Herstellung entfallen.

(4) Zinsen für Fremdkapital gehören nicht zu den Herstellungskosten. Zinsen für Fremdkapital, das zur Finanzierung der Herstellung eines Wirtschaftsguts verwendet wird, dürfen aktiviert werden, soweit sie auf den Zeitraum der Herstellung entfallen; in diesem Falle gelten sie als Herstellungskosten des Wirtschaftsguts. Unternehmen, die ihren Jahresabschluß offenzulegen haben, müssen die Einbeziehung von Zinsen für Fremdkapital im Anhang angeben.

(5) Als Geschäfts- oder Firmenwert ist der Unterschiedsbetrag, vermindert um Abschreibungen nach § 267 Abs. 1, anzusetzen, um den die für die Übernahme eines Unternehmens bewirkte Gegenleistung die Werte der einzelnen Wirtschaftsgüter des Unternehmens im Zeitpunkt der Übernahme übersteigt.

§ 261 [Abschreibungen auf Wirtschaftsgüter des Anlagevermögens]

(1) Bei den Wirtschaftsgütern des Anlagevermögens, deren Nutzung zeitlich begrenzt ist, sind die Anschaffungs- oder Herstellungskosten um planmäßige Abschreibungen zu vermindern. Der Plan muß die Anschaffungs- oder Herstellungskosten nach einer den Grundsätzen ordnungsmäßiger Buchführung entsprechenden Abschreibungsmethode auf die Geschäftsjahre verteilen, in denen das Wirtschaftsgut voraussichtlich genutzt werden kann.

(2) Bei Wirtschaftsgütern des Anlagevermögens sind im Falle einer voraussichtlich dauernden Wertminderung ohne Rücksicht darauf, ob ihre Nutzung zeitlich begrenzt ist, außerplanmäßige Abschreibungen vorzunehmen, um die Wirtschaftsgüter mit dem niedrigeren Wert, der ihnen am Abschlußstichtag beizulegen ist, anzusetzen. Gehören Wirtschaftsgüter zu den Finanzanlagen, so dürfen Abschreibungen nach Satz 1 auch vorgenommen werden, wenn eine Wertminderung nicht von Dauer ist. Unter-

Anhang 3

nehmen, die ihren Jahresabschluß offenzulegen haben, müssen den Betrag der außerplanmäßigen Abschreibungen in der Gewinn- und Verlustrechnung gesondert ausweisen oder im Anhang gesondert angeben.

§ 262 [Wertansätze der Wirtschaftsgüter des Umlaufvermögens]

(1) Wirtschaftsgüter des Umlaufvermögens sind mit den Anschaffungs- oder Herstellungskosten, vermindert um Abschreibungen nach den §§ 263, 265 Abs. 1 oder Wertberichtigungen nach § 265 Abs. 2, anzusetzen.

(2) Auf die Feststellung der Anschaffungs- und Herstellungskosten ist § 260 Abs. 2 bis 4 anzuwenden. Die Vertriebskosten dürfen nicht in die Herstellungskosten einbezogen werden.

§ 263 [Abschreibungen auf Wirtschaftsgüter des Umlaufvermögens]

(1) Bei Wirtschaftsgütern des Umlaufvermögens sind Abschreibungen vorzunehmen, um diese mit dem Wert anzusetzen, der sich aus einem niedrigeren Börsenkurs oder Marktpreis am Abschlußstichtag ergibt. Ist ein Börsenkurs oder Marktpreis nicht festzustellen und übersteigen die Anschaffungs- oder Herstellungskosten den Wert, der dem Wirtschaftsgut am Abschlußstichtag beizulegen ist, so ist das Wirtschaftsgut auf diesen Wert abzuschreiben.

(2) Bei einem Wirtschaftsgut des Umlaufvermögens dürfen außerdem Abschreibungen vorgenommen werden, soweit diese nach vernünftiger kaufmännischer Beurteilung notwendig sind, um zu verhindern, daß in der nächsten Zukunft der Wertansatz dieses Wirtschaftsguts auf Grund von Wertschwankungen geändert werden muß. Unternehmen, die ihren Jahresabschluß offenzulegen haben, müssen den Betrag dieser Abschreibungen in der Gewinn- und Verlustrechnung gesondert ausweisen oder im Anhang gesondert angeben.

§ 264 [Beibehaltung von Wertansätzen, Wertaufholungsgebot]

(1) Ein niedrigerer Wertansatz auf Grund von § 261 Abs. 2 oder § 263 darf beibehalten werden, auch wenn die Gründe dafür nicht mehr bestehen.

(2) Haben Unternehmen in der Rechtsform der Aktiengesellschaft, der Kommanditgesellschaft auf Aktien oder der Gesellschaft mit beschränkter Haftung bei einem Wirtschaftsgut eine außerplanmäßige Abschreibung nach § 261 Abs. 2 oder eine Abschreibung nach § 263 vorgenommen und stellt sich in einem späteren Geschäftsjahr heraus, daß die Gründe dafür nicht mehr bestehen, so ist der Betrag dieser Abschreibung im Umfang der Werterhöhung unter Berücksichtigung der Abschreibungen, die inzwischen vorzunehmen gewesen wären, zuzuschreiben. In Höhe des zugeschriebenen Betrags kann auf der Passivseite der Bilanz in Höhe des Eigenkapitalanteils eine Wertaufholungsrücklage gebildet werden; diese ist unter den Eigenkapitalposten gesondert auszuweisen. Die Wertaufholungsrücklage ist um den Betrag einer Abschreibung auf das Wirtschaftsgut sowie bei dem Abgang des Wirtschaftsguts aufzulösen.

§ 265 [Berücksichtigung steuerlicher Vorschriften]

(1) Macht das Steuerrecht die Anerkennung eines Wertansatzes, der auf einer nur steuerlich zulässigen Abschreibung, Wertminderung oder Rücklage oder einer nur steuerlich zulässigen Beibehaltung eines niedrigeren Wertansatzes beruht, bei der steuerlichen Gewinnermittlung davon abhängig, daß sich dieser Wert aus dem nach Handelsrecht vorgeschriebenen Jahresabschluß des Unternehmens ergibt, so darf insoweit von den handelsrechtlichen Bewertungs- und Passivierungsvorschriften bei der Aufstellung des handelsrechtlichen Jahresabschlusses abgewichen werden.

§ 266 [Bewertungsvereinfachungsverfahren]

(1) Wirtschaftsgüter des Sachanlagevermögens sowie Roh-, Hilfs- und Betriebsstoffe können, wenn sie regelmäßig ersetzt werden und ihr Gesamtwert für das Unternehmen von nachrangiger Bedeutung ist, mit einer gleichbleibenden Menge und einem gleichbleibenden Wert angesetzt werden, sofern ihr Bestand in seiner Größe, seinem Wert und seiner Zusammensetzung nur geringen Veränderungen unterliegt. Jedoch ist in der Regel alle drei Jahre eine körperliche Bestandsaufnahme durchzuführen.

(2) Gleichartige Wirtschaftsgüter des Vorratsvermögens sowie andere gleichartige oder annähernd gleichwertige bewegliche Wirtschaftsgüter können jeweils zu einer Gruppe zusammengefaßt und mit dem gewogenen Durchschnittswert angesetzt werden. Soweit es den Grundsätzen ordnungsmäßiger Buchführung entspricht, kann für den Wertansatz gleichartiger Wirtschaftsgüter des Vorratsvermögens unterstellt werden, daß die zuerst oder zuletzt angeschafften oder hergestellten Wirtschaftsgüter zuerst oder in einer sonstigen bestimmten Folge verbraucht oder veräußert worden sind.

(3) Unternehmen, die ihren Jahresabschluß offenzulegen haben, müssen für den Fall, daß die Bewertung wegen der Anwendung einer Bewertungsmethode nach Absatz 2 im Vergleich zu einer Bewertung auf der Grundlage des letzten vor dem Abschlußstichtag bekannten Börsenkurses oder Marktpreises einen erheblichen Unterschied ausweist, den Unterschiedsbetrag im Anhang pauschal für die jeweilige Gruppe ausweisen.

§ 267 [Abschreibung der Aufwendungen für die Ingangsetzung und Erweiterung des Geschäftsbetriebs sowie des Geschäftswerts und eines Disagios]

(1) Für die Ingangsetzung und Erweiterung des Geschäftsbetriebs oder für den Geschäfts- oder Firmenwert ausgewiesene Beträge sind in jedem folgenden Geschäftsjahr zu mindestens einem Fünftel durch Abschreibungen zu tilgen.

(2) Ein nach § 247 Abs. 3 ausgewiesener Unterschiedsbetrag ist durch planmäßige jährliche Abschreibungen, die auf die gesamte Laufzeit verteilt werden können, zu tilgen.

Anhang 3

§ 268 [Wertansätze von Passivposten]

(1) Das gezeichnete Kapital ist zum Nennbetrag anzusetzen. Fehlt ein Nennbetrag, so ist der eingezahlte oder einzuzahlende Betrag, bei Sacheinlagen der Betrag, zu dem sie geleistet worden sind, anzusetzen. Satz 2 ist auf die Kapitalanteile und Einlagen persönlich haftender Gesellschafter und des Einzelkaufmanns entsprechend anzuwenden.

(2) Verbindlichkeiten sind zu ihrem Rückzahlungsbetrag, Rentenverpflichtungen sind zum Barwert der zukünftigen Auszahlungen anzusetzen; § 259 Abs. 1 Satz 2 Nr. 3 bleibt unberührt. Rückstellungen sind in Höhe des Betrags anzusetzen, der nach vernünftiger kaufmännischer Beurteilung notwendig ist.

§ 269 [Stille Rücklagen]

Unternehmen, die nicht in der Rechtsform der Aktiengesellschaft, der Kommanditgesellschaft auf Aktien oder der Gesellschaft mit beschränkter Haftung betrieben werden, dürfen von den §§ 260, 262 über die Bewertung von Wirtschaftsgütern und von § 268 Abs. 2 Satz 2 über die Bewertung von Rückstellungen abweichen, soweit die Bildung stiller Rücklagen durch einen niedrigeren Wertansatz auf der Aktivseite der Bilanz oder durch einen höheren Wertansatz auf der Passivseite nach vernünftiger kaufmännischer Beurteilung im Interesse des Unternehmens notwendig ist. Unter den gleichen Voraussetzungen dürfen über die §§ 261, 263 hinausgehende Abschreibungen vorgenommen werden.

2. Steuerrechtliche Buchführungs- und Bilanzierungsvorschriften

Die Abgabenordnung (AO) weist in ihren §§ 145–147 Ordnungsvorschriften für Buchführung und Aufzeichnungen auf. Weiterhin sind in einigen Sondervorschriften die Erweiterung des Kreises der Buchführungspflichtigen über die im HGB vorgesehenen Kaufleute hinaus (§ 141 AO) sowie genaue Vorschriften über die Führung eines Wareneingangs- und Warenausgangsbuches festgelegt (§§ 143 und 144 AO).

Das Einkommensteuergesetz (EStG) regelt neben der Definition des Gewinns (§ 4 Abs. 1 EStG), der Betriebsausgaben (§ 4 Abs. 4 EStG) und der Gewinnermittlung (§ 5 EStG) vor allem die Frage, mit welchen Werten die einzelnen Bilanzpositionen zum Zwecke der Besteuerung zu bewerten sind (§ 6 EStG) sowie die Zulässigkeit von Abschreibungsmethoden für einzelne Wirtschaftsgüter.

§ 6 [Bewertung]

(1) Für die Bewertung der einzelnen Wirtschaftsgüter, die nach § 4 Abs. 1 oder nach § 5 als Betriebsvermögen anzusetzen sind, gilt das Folgende:

1. Wirtschaftsgüter des Anlagevermögens, die der Abnutzung unterliegen, sind mit den Anschaffungs- oder Herstellungskosten, vermindert um die Absetzungen für Abnutzung nach § 7, anzusetzen. Ist der Teilwert niedriger, so kann dieser angesetzt werden. Teilwert ist der Betrag, den ein Erwerber des ganzen Betriebs im Rahmen des Gesamtkaufpreises für das einzelne Wirtschaftsgut ansetzen würde; dabei ist davon auszugehen, daß der Erwerber den Betrieb fortführt. Bei Wirtschaftsgütern, die bereits am Schluß des vorangegangenen Wirtschaftsjahrs zum Anlagevermögen des Steuerpflichtigen gehört haben, darf der Bilanzansatz nicht über den letzten Bilanzansatz hinausgehen.
2. Andere als die in Ziffer 1 bezeichneten Wirtschaftsgüter des Betriebs (Grund und Boden, Beteiligungen, Geschäfts- oder Firmenwert, Umlaufvermögen) sind mit den Anschaffungs- oder Herstellungskosten anzusetzen. Statt der Anschaffungs- oder Herstellungskosten kann der niedrigere Teilwert (Ziffer 1 Satz 3) angesetzt werden. Bei Wirtschaftsgütern, die bereits am Schluß des vorangegangenen Wirtschaftsjahrs zum Betriebsvermögen gehört haben, kann der Steuerpflichtige in den folgenden Wirtschaftsjahren den Teilwert auch dann ansetzen, wenn er höher ist als der letzte Bilanzansatz; es dürfen jedoch höchstens die Anschaffungs- oder Herstellungskosten angesetzt werden. Bei land- und forstwirtschaftlichen Betrieben ist auch der Ansatz des höheren Teilwerts zulässig, wenn das den Grundsätzen ordnungsmäßiger Buchführung entspricht.
3. Verbindlichkeiten sind unter sinngemäßer Anwendung der Vorschriften der Ziffer 2 anzusetzen.
4. Entnahmen des Steuerpflichtigen für sich, für seinen Haushalt oder für andere betriebsfremde Zwecke sind mit dem Teilwert anzusetzen.
7. Bei entgeltlichem Erwerb eines Betriebs sind die Wirtschaftsgüter mit dem Teilwert, höchstens jedoch mit den Anschaffungs- oder Herstellungskosten anzusetzen.

(2) Die Anschaffungs- oder Herstellungskosten von abnutzbaren beweglichen Wirtschaftsgütern des Anlagevermögens, die einer selbständigen Nutzung fähig sind, können im Jahr der Anschaffung oder Herstellung in voller Höhe als Betriebsausgaben abgesetzt werden, wenn die Anschaffungs- oder Herstellungskosten, vermindert um einen darin enthaltenen Vorsteuerbetrag (§ 9b Abs. 1), für das einzelne Wirtschaftsgut 800 Deutsche Mark nicht übersteigen.

§ 7 [Absetzung für Abnutzung oder Substanzverringerung]

(1) Bei Wirtschaftsgütern, deren Verwendung oder Nutzung durch den Steuerpflichtigen zur Erzielung von Einkünften sich erfahrungsgemäß auf einen Zeitraum von mehr als einem Jahr erstreckt, ist jeweils für ein Jahr der Teil der Anschaffungs- oder Herstellungskosten abzusetzen, der bei gleichmäßiger Verteilung dieser Kosten auf die Gesamtdauer der Verwendung oder Nutzung auf ein Jahr entfällt (Absetzung für Abnutzung in

Anhang 3

gleichen Jahresbeträgen). Die Absetzung bemißt sich hierbei nach der betriebsgewöhnlichen Nutzungsdauer des Wirtschaftsguts. Bei beweglichen Wirtschaftsgütern des Anlagevermögens, bei denen es wirtschaftlich begründet ist, die Absetzung für Abnutzung nach Maßgabe der Leistung des Wirtschaftsguts vorzunehmen, kann der Steuerpflichtige dieses Verfahren statt der Absetzung für Abnutzung in gleichen Jahresbeträgen anwenden, wenn er den auf das einzelne Jahr entfallenden Umfang der Leistung nachweist. Absetzungen für außergewöhnliche technische oder wirtschaftliche Abnutzung sind zulässig.

(2) Bei beweglichen Wirtschaftsgütern des Anlagevermögens kann der Steuerpflichtige statt der Absetzung für Abnutzung in gleichen Jahresbeträgen die Absetzung für Abnutzung in fallenden Jahresbeträgen bemessen. Die Absetzung für Abnutzung in fallenden Jahresbeträgen kann nach einem unveränderlichen Hundertsatz vom jeweiligen Buchwert (Restwert) vorgenommen werden; der dabei anzuwendende Hundertsatz darf höchstens das Dreifache des bei der Absetzung für Abnutzung in gleichen Jahresbeträgen in Betracht kommenden Hundertsatzes betragen und 30 vom Hundert nicht übersteigen. Durch Rechtsverordnung kann die Anwendung anderer Verfahren der Absetzung für Abnutzung in fallenden Jahresbeträgen zugelassen werden, wenn sich danach für das erste Jahr der Nutzung und für die ersten drei Jahre der Nutzung insgesamt nicht höhere Absetzungen für Abnutzung als bei dem in Satz 2 bezeichneten Verfahren ergeben. Bei Wirtschaftsgütern, bei denen die Absetzung für Abnutzung in fallenden Jahresbeträgen bemessen wird, sind Absetzungen für außergewöhnliche technische oder wirtschaftliche Abnutzung nicht zulässig.

Anhang 4: Branchenkontenrahmen

Kontenrahmen für Industriebetriebe (GKR)

Klasse 0	Klasse 1	Klasse 2	Klasse 3	Klasse 4	Kl. 5/6	Klasse 7	Klasse 8	Klasse 9
Anlagevermögen u. langfristiges Kapital	Finanz-Umlaufvermögen und kurzfristige Verbindlichkeiten	Neutrale Aufwendungen u. Erträge	Stoffe-Bestände	Kostenarten	Kostenstellen	Kostenträger Bestände	Kostenträger Erträge	Abschlußkonten
00 Grundstücke u. Gebäude	10 Kasse	20 Betriebsfremde Aufwendungen u. Erträge	30 Rohstoffe	40 Fertigungsmaterial	Frei für Kostenstellenrechnung	78 Bestände an unfertigen Erzeugnissen (Halberzeugnisse)	83 Verkaufskonten	98 Ergebniskonten
01/02 Maschinen u. maschinelle Anlagen	11 Geldanstalten (Banken, Postscheck)	21 Aufwendungen u. Erträge für Grundstücke und Gebäude	33 Hilfsstoffe	41 Gemeinkostenmaterial		79 Bestände an fertigen Erzeugnissen (Fertigerzeugnisse)	85 Erlöse für Handelswaren	980 Betriebsergebnis
03 Fahrzeuge, Werkzeuge, Betriebs- u. Geschäftsausstattung	12 Schecks u. Besitzwechsel	22 frei	34 Betriebsstoffe	42 Brennstoffe u. Energie			86 Erlöse aus Nebengeschäften	987 Neutrales Ergebnis
04 Sachanlagen-Sammelkonto	13 Wertpapiere	23 Bilanzmäßige Abschreibungen	38 Bezogene Bestand- u. Fertigteile, auswärtige Bearbeitung	43 Löhne u. Gehälter			87 Eigenleistungen	989 Gewinn- u. Verlustkonto
05 Sonst. Anlagevermögen	14 Forderungen aus Warenlieferungen u. Leistungen	24 Zinsaufwendungen und -erträge (einschl. Diskont u. Skonto)	39 Handelswaren und auswärts bezogene Fertigerzeugnisse	44 Sozialkosten			88 Erlösschmälerung	99 Bilanzkonten
06 Langfristiges Fremdkapital	15 Sonstige Forderungen	25 Betriebliche außerordentliche Aufwendungen u. Erträge	**Klasse 2**	45 Instandhaltung			89 Bestandsveränderungen an Halb- u. Fertigerzeugnissen	998 EBK
07 Eigenkapital	16 Verbindlichkeiten aus Warenlieferungen und Leistungen		27/28 Gegenposten der Kosten- und Leistungsrechnung	46 Steuern, Gebühren, Versicherungsprämien u. dgl.				999 SBK
08 Wertberichtigungen, Rückstellungen und dergl.	17 Sonstige Verbindlichkeiten	29 Betriebl. periodenfremde Aufwendungen u. Erträge	29 Das Gesamtergebnis betreffende Aufwendungen u. Erträge	47 Verschiedene Kosten				
09 Rechnungsabgrenzung	18 Schuldwechsel Bankschulden			48 Abschreibungen				
	19 Durchgangs-, Übergangs- u. Privatkonten			49 Sondereinzelkosten				

Anhang 4

Kontenrahmen für den Großhandel

Klasse 0	Klasse 1	Klasse 2	Klasse 3	Klasse 4	Klasse 5	Kl. 6	Kl. 7	Klasse 8	Klasse 9
Anlage- und Kapitalkonten	Finanzkonten	Abgrenzungskonten	Wareneinkaufskonten	Boni und Skonti	Konten der Kostenarten			Warenverkaufskonten	Abschlußkonten
00 Bebaute Grundstücke	10 Forderungen auf Grund von Warenlieferungen und Leistungen	20 Außerordentl. und betriebsfremde Aufwendungen	30 Warengruppe I	40 Boni, an Kunden gewährt	50 Personalkost.	Kosten für Nebenbetriebe	frei	80 Warengruppe I	90 Abgrenzungssammelkonto
01 Unbebaute Grundstücke		21 Zinsaufwendungen	31 Warengruppe II usw.	41 Skonti, an Kunden gewährt	51 Raumkosten			81 Warengruppe II usw.	91 Monats-Gewinn- und Verlustkonto
02 Maschinen u. maschinelle Anlagen einschl. Transporteinrichtungen	11 Sonstige Forderungen	22 Ertrags- und Vermögenssteuern			52 Steuern, Abgaben und Pflichtbeiträge				
	12 Wertpapiere			47 Boni, nachträglich von Lieferanten gewährt	53 Nebenkosten des Geldverkehrs				93 Jahres-Gewinn- und Verlustkonto
	13 Banken (ohne Landeszentralbank und Postscheck)	23 Haus- und Grundstücksaufwendungen							
03 Betriebs- u. Geschäftsausstattung		24 Großreparaturen und im Bau befindliche Anlagen		48 Skonti, von Lieferanten gewährt	54 Werbe- und Reisekosten				94 Bilanzkonten
04 Rechtswerte	14 Wechsel				55 Provisionen				
05 Beteiligungen	15 Zahlungsmittel				56 Transportkost. u. Verpackung				
06 Langfristige Forderungen	16 Privatkonten	27 Außerordentl. und betriebsfremde Erträge			57 Kosten des Fuhr- und Wagenparkes				
07 Langfristige Verbindlichk.	17 Verbindlichkeiten auf Grund von Warenlieferungen und Leistungen	28 Zinserträge			58 Allgemeine Verwaltungskosten				
08 Kapital und Rücklagen	18 Schuldwechsel	29 Haus- und Grundstückserträge			59 Abschreibungen				
09 Wertberichtig., Rückstellung., Abgrenzungsposten der Jahresrechn.	19 Sonstige Verbindlichk.								

Kontenrahmen für den Einzelhandel

Klasse 0	Klasse 1	Klasse 2	Klasse 3	Klasse 4	Kl. 5	Kl. 6	Kl. 7	Klasse 8	Klasse 9
Anlage- und Kapitalkonten	Finanzkonten	Abgrenzungskonten	Wareneinkaufskonten	Konten der Kostenarten				Erlöskonten	Abschlußkonten
00 Bebaute Grundstücke 01 Unbebaute Grundstücke 02 Maschinen, masch. Anlagen, Werkzeuge und Transporteinrichtungen 03 Betriebs- und Geschäftsausstattung 04 Rechtswerte 05 Beteiligungen 06 Langfristige Forderungen 07 Langfristige Verbindlichk. 08 Kapital und Rücklagen 09 Wertberichtig., Rückstellg., Posten der Jahresabgrenzung	10 Kasse 11 Postscheck u. Landeszentralbank 12 Banken und Sparkassen 13 Besitzwechsel, Schecks und sonstige Wertpapiere 14 Forderungen aus Warenlieferungen u. Leistungen 15 Sonstige Forderungen 16 Verbindlichk. aus Warenlieferungen u. Leistungen 17 Schuldwechsel 18 Sonstige Verbindlichk. 19 Privatkonten	20 Außerordentl. und betriebsfremde Aufwendungen 21 Außerordentliche und betriebsfremde Erträge 22 Haus- und Grundstücksaufwendungen und -erträge	30-35 Wareneinkäufe, netto (reine Einkaufspreise) 37 Warenbezugs- und -nebenkosten 38 Nachlässe 39 Konsignations- und Kommissionsware	40 Personalkosten 41 Miete oder Mietwert 42 Sachkosten für Geschäftsräume 43 Steuern, Abgaben und Pflichtbeiträge 44 Sachkosten für Werbung 45 Sachkosten für Warenabgabe u. -zustellung 46 Zinsen 47 Abschreibungen 48 Sonstige Geschäftsausgaben 49 Sonstige Einzelkosten	frei für Kostenstellenrechnung	frei für Kosten von Nebenbetrieben	frei	80-88 Warenverkäufe 89 Erlösschmälerungen	90 Warenabschlußkonto 93 Jahres-Gewinn- und -Verlustkonto 94 Bilanzkonten

Literaturverzeichnis

Angermann, Adolf (1973): Industriekontenrahmen (IKR) und Gemeinschaftskontenrahmen (GKR) in der Praxis, Berlin 1975.
Arens, Rolf/Straube, Waldemar/Trappe, Hermann (1973): Kaufmännische Buchführung, Teil 1, Darmstadt 1973; Teil 2, Darmstadt 1975.
dieselben (1975): Großhandelsbuchführung, Darmstadt 1975.
dieselben (1975): Industriebuchführung, Darmstadt 1975.
Arens, Eberhard/Straube, Waldemar (1975): Einzelhandelsbuchführung, Darmstadt 1975.
Bähr, Gottfried/Fischer-Winkelmann, Rolf (1978): Buchführung und Bilanzen, Wiesbaden, 1978.
Effenberger, Herward/Horváth, Péter (1972): Einführung in die doppelte Buchführung, Teil II, Wiesbaden 1972.
Efferoth, Michael/Horváth, Péter (1976): Einführung in die doppelte Buchführung, Teil I, Wiesbaden 1976.
Engelhardt, Werner/Raffée, Hans (1976): Grundzüge der doppelten Buchhaltung, Wiesbaden 1976.
Falterbaum, Hermann (1975): Buchführung und Bilanz, Düsseldorf und Achim 1975.
Haase, Klaus Dietmar, Finanzbuchhaltung, Düsseldorf 1971.
Hahn, Wilhelm/Hahn, Hans/Lenz, Hans/Tunissen, Werner (1976): Einführung in die kaufmännische Buchführung und Bilanz, Bad Homburg/Berlin/Zürich 1976.
dieselben (1976): Die Buchführung der Industriebetriebe, Bad Homburg/Berlin/Zürich 1976.
dieselben (1976): Die Buchführung der Großhandelsbetriebe, Bad Homburg/Berlin/Zürich 1976.
dieselben (1976): Einführung in den Industriekontenrahmen, Bad Homburg/Berlin/Zürich 1976.
Heinhold, Michael: Buchführung, Stuttgart 1980.
Hesse, Kurt (1980): Buchführung und Bilanz, Wiesbaden 1980.
Kresse, Werner (1978): Die neue Schule des Bilanzbuchhalters, 3 Bände, Wolfenbüttel 1978.
Kresse, Werner/Dörnig, Johannes (1976): So bucht man nach dem Industriekontenrahmen, Stuttgart 1976.
Pohlner, K./Blödtner, Wolfgang (1982): Optisches Steuerrecht, Heft 3: 20 Schaubilder zur Buchführung und Bilanz, Herne 1982.

Stichwortverzeichnis

AG 171
Abgaben, noch abzuführende 93
Abgabenordnung 34
Abgang 13
Abgrenzung, zeitliche 125
Abgrenzungskonten 39
Abgrenzungssammelkonto 46
Abgänge 21
Abkürzungen 176
Abschluß 27
Abschluß, vorläufiger 158
Abschlußarbeiten 33
Abschlußbuchungen, vorbereitende 158
Abschlußkonten 37, 39
Abschreibung 58, 77, 79, 133, 180
Abschreibung, außerplanmäßige 183
Abschreibung, degressive 70, 109
Abschreibung, direkte 69, 85
Abschreibung, geometrisch-degressive 70
Abschreibung, indirekte 69, 85
Abschreibung, lineare 70
Abschreibung, planmäßige 183
Abschreibungen, bilanzielle 109
Abschreibungen, kalkulatorische 109f.
Abschreibungsart 70
Abschreibungsarten, Zulässigkeit der 70
Abschreibungsbetrag 69f.
Abschreibungsdauer 70
Abschreibungsprozentsatz 70
Abschreibungstechnik 86
Abschreibungstechniken 85
Abschreibungsverfahren, Merkmale der 69
 ungspflicht 181, 183
 ungswahlrecht 180f., 183
138

Aktiengesellschaft 171
Aktienverkäufe 139
Aktionäre 171
Aktiv-Passiv-Mehrung 9
Aktiv-Passiv-Minderung 9
Aktiva, transitorische 184
Aktivierung 67f.
Aktivierungspflicht 67, 179, 182f.
Aktivierungsverbot 179, 182f.
Aktivierungswahlrecht 179, 184
Aktivkonto 13
Aktivseite 8
Aktivtausch 9
Aktivum, transitorisches 126
Akzept 117
Anfangsbestand 13, 21
Angebotspreise 45
Anlagegegenstände 58
Anlagegüter, Abschreibung von 69
Anlagegüter, Anschaffung von 67
Anlagegüter, Leasing von 76
Anlagegüter, Verkauf von 71
Anlagekonten 39, 69, 71
Anlagen, Abschreibungen auf 69
Anlagen, Aktivierung selbsterstellter 68
Anlagen, Alter der 70
Anlagen, Anzahlungen auf 68
Anlagen, immaterielle 8
Anlagen, selbsterstellte 68, 179
Anlagenwagnis 109
Anlagevermögen 2, 8, 37, 68, 76, 180, 182
Anlagevermögen, Bewertungsvereinfachung beim 183
Anlagevermögen, Wertpapiere des 138
Anlagevermögen, abnutzbares 181

Stichwortverzeichnis

Anlagevermögen, nicht abnutzbares 180
Anleihen 8
Anleihenkauf 140
Anschaffung 71
Anschaffungsausgaben 69
Anschaffungskosten 58, 69, 71, 78f., 133, 180
Anschaffungskosten, Minderung der 58
Anschaffungskurswert 141
Anschaffungsnebenkosten 57, 67, 139f., 179
Anschaffungsnebenkosten, anteilige 139, 141
Anschaffungswert 177
Anschaffungswert, Verkäufe zum 141
Anzahlungen, erhaltene 68
Anzahlungen, geleistete 69
Anzahlungen, von Kunden 68
Arbeitgeberanteil 93
Arbeitnehmer, Warenentnahmen von 93
Arbeitnehmeranteil 93
Aufsichtsrat, Tantieme für 172
Aufwand, außerordentlicher 128
Aufwand, betriebsbedingter 107
Aufwand, das Gesamtergebnis betreffender 134
Aufwand, neutraler 107, 133
Aufwandsanteil 78
Aufwandsarten 107
Aufwandskonten 20
Aufwendungen 19, 44
Aufwendungen, außerordentliche neutrale 45
Aufwendungen, betriebsfremde neutrale 45
Aufwendungen, für die Ingangsetzung 182
Aufwendungen, neutrale 44ff., 107
Aufwendungen, wertverschiedene neutrale 45
Ausdruckbereitschaft 34
Ausfall, tatsächlicher 87
Ausgangsrechnungen 49
Ausschüttungssperrfunktion 175
Aussteller 115f., 119
Außer-Haus-Buchführung 34

BFH 175
Bankauszahlung 139
Barentnahme 49
Beleg 31
Belegbeschriftung 33
Berichtigungsbuchung 87
Besitzwechsel 117, 120
Bestandsänderung 19, 100, 102
Bestandsaufnahme 1
Bestandsbuchungen 15
Bestandsdifferenzen 27
Bestandserhöhungen 100
Bestandskonten 27, 160
Bestandsminderung 59, 100
Bestandsveränderungen 27, 37
Bestandszunahme 100
Bestände 100
Beständewagnis 109
Beteiligung 138
Beteiligung, Einbringung der stillen 167
Betriebsabrechnung 102, 104, 110
Betriebsabrechnungsbogen 99
Betriebserfolg 44ff.
Betriebsergebnis 99f., 108
Betriebsergebniskonto 45f., 59
Betriebssteuern 133
Betriebsstoffe 98
Betriebsstoffverbrauch 99
Betriebszweck 44f.
Betriebsübersicht 158
Bewegungsdaten 33
Bewertungsart 86
Bewertungsprinzipien 180
Bewertungsvereinfachung 183f.
Bewertungsvorschriften 177ff., 182
Bezogener 115, 116
Bezugskosten 57
Bilanz 7, 13, 26, 159f.
Bilanz, Form und Gliederung der 7f., 176
Bilanzansatz, des Vorjahres 180

Stichwortverzeichnis

Bilanzansätze, handelsrechtliche 178
Bilanzgleichung 8, 27
Bilanzidentität 176
Bilanzierungsnorm 175
Bilanzierungsvorschriften 178, 182
Bilanzkontinuität, Grundsatz der 176
Bilanzkontinuität, formelle 176
Bilanzkontinuität, materielle 176
Bilanzkonto 26
Bilanzposition 13
Bilanzveränderungen 9
Bilanzverkürzung 9
Bilanzverlängerung 9
Bilanzwahrheit, Grundsatz der 176
Bilanzzwecke 175f.
Bilanzübersicht 158
Bildschirm 34
Bildschirm-Terminals 34
Boni 39, 57, 59
Branchenkontenrahmen 37
Bruttogehalt 93
Bruttolohn 93
Bruttoprinzip 176
Bruttoskontobetrag 58
Bruttoverfahren 50, 60
Buchbestand 99
Buchführung und Bilanzierung, ordnungsmäßige 175
Buchführung, Formen der 32
Buchhaltungsprogramm 33
Buchung 13f.
Buchungen, erfolgswirksame 19
Buchungsmaschinen 32
Buchungssatz 15, 31, 33
Buchwert 69, 100
Buchwertabschreibung 70
Buchwerte 27
Bundesanleihen 138
Bundesfinanzhof 175
Börsenkurs 180
Börsenumsatzsteuer 133, 139

Courtage 139

DATEV 34
DM-Gegenwert 141
Damnum 128, 137, 184
Damnum, noch nicht abgeschriebener Teil des 128
Darlehen 128, 167
Darlehen, Laufzeit des 128
Darlehensabgeld 128
Datenträger 33f.
Delcredere 86f.
Delcredere-Konto, Auflösung des 87
Delcredere-Konto, Fortschreiben des 88
Devisen 141
Devisenbestandskonten 137
Devisenbestände 141
Devisenbuchungen 137
Devisengeschäfte 137, 141
Devisenkonto, gemischtes 137
Dezimalsystem 35
Dialog 34
Dienstleistungen 49
Disagio 79, 128
Diskette 34
Diskontaufwand 117f.
Diskontertrag 117f.
Diskontierung 118
Dividende 137
Dividendenpapiere 137f.
Dividendenpapiere, Kauf von 139
Dividendenpapiere, Verkauf von 139
Dokumentationsfunktion 175
Doppik 110
Dubiose 84, 87
Durchlaufsteuern 134
Durchschreibebuchführung, manuelle 32
Durchschreibebuchführung, maschinelle 32

EDV-Buchführung 33
EDV-Buchhaltungssystem 34
EDV-System 33
Eigenkapital 2, 8, 20, 109, 166ff., 171, 184
Eigenkapitalkonto 19f., 27, 166

Stichwortverzeichnis

Eigenkapitalkonto, variables 167
Eigenleistungen, aktivierte 68
Eigennutzung 110
Eigentum 76
Eigenverbrauch 49
Einbringlichkeit 84
Eingangsfracht 57
Eingangsrechnungen 50
Einkaufskommission 146, 148
Einkaufskommission, Buchung der 149
Einkaufskommissionsgeschäfte 148
Einkaufspreise 21
Einkommensteuer 134
Einkommensteuerrichtlinien 34
Einlagen 2
Einlösung 118
Einzelabschreibung 85
Einzelbewertung 1
Einzelhandel 39
Einzelkosten 99, 102
Einzelunternehmer 166
Einzelunternehmung, Gewinnverwendung der 166
Einzelwagnisse 109
Einzelwertberichtigung 86
Empfänger 115
Endbestand 13, 21, 139
Entgelt 79
Entgelt, steuerpflichtiges 94
Entgeltminderung 118
Entnahmen 2, 60, 134
Entwicklungswagnis 109
Erbschaftsteuer 134
Erfolg, neutraler 45
Erfolgskonten 20, 27, 160
Erfolgssammelkonto 20
Erfolgsvorgänge, jahresübergreifende 125
Ergebnis, neutrales 108
Ergebniskonto, neutrales 46
Erhaltungsaufwand 68
Erinnerungswert 70 f.
Erlöse 39
Erlöskonten 45
Erlösschmälerung 39, 58 f.
Ermessensspielraum 178

Ertragskonten 20
Erträge 19 f., 44
Erträge, außerordentliche neutrale 45
Erträge, betriebliche 37
Erträge, neutrale 45 f.
Erzeugniskonten 100
Erzeugnisse, fertige 179
Erzeugnisse, unfertige 179
Eröffnungsbilanz 26 f.
Eröffnungsbilanzkonto 26

Fertigfabrikate 101
Fertigung, Sondereinzelkosten der 179
Fertigungsgemeinkosten 179
Fertigungslöhne 179
Fertigungsmaterial 179
Finanzanlagen 8, 180
Finanzanlagevermögen 183
Finanzierungs-Leasing 77, 79
Finanzkonten 39
Finanzumlaufvermögen 2, 8, 37
Finanzwechsel 117
Firmenwert 182
Forderung, Nettobetrag der 86 f.
Forderung, sonstige 127
Forderungen 84 ff.
Forderungen, Abschreibung auf 86
Forderungen, Arten von 84
Forderungen, Wertberichtigung auf 86
Forderungen, abgeschriebene 85
Forderungen, dubiose 84
Forderungen, pauschalwertberichtigte 87
Forderungen, sonstige 93, 127
Forderungen, uneinbringliche 84
Forderungen, vollwertige 84
Forderungen, zweifelhafte 84
Forderungsart 86
Forderungsausfall 84 f.
Forderungsausfall, tatsächlicher 87
Forderungsbetrag 87
Forderungsverluste, wahrscheinliche 87

Stichwortverzeichnis

Forderungswagnis 109
Fracht 67
Fremdkapital 8, 109
Fremdkapitalzinsen, effektive 109

GKR 37
Garantierückstellungen 129
Gebrauchsmuster 182
Gegenbuchung 14, 31
Gegenkonto 31
Gehaltsabrechnung 94
Gehaltsbuchungen 93
Gehaltsvorschüsse 93
Gehälter 93
Geldeinlage 167
Geldverkehr, Nebenkosten des 117f.
Gelegenheitsgesellschaft 146
Gemeinkosten 99, 102
Gemeinschaftskontenrahmen 44
Gemeinschaftskontenrahmen der Industrie 35, 37
Gesamtergebnis 46
Gesamtkaufpreis 179
Gesamtkostenverfahren 100ff.
Gesamtvermögen 166, 168f.
Geschäftsausstattung 183
Geschäftsführertätigkeit 168
Geschäftsvorfall 9
Geschäftswert 182
Gesellschaft mit beschränkter Haftung 171
Gesellschaft, stille 167
Gesellschafter, atypischer stiller 167
Gesellschafter, mitarbeitende 108
Gesellschafter, stiller 167
Gesellschafter, typischer stiller 167
Gesellschaftsteuer 134
Gesellschaftsvertrag 168
Gewerbesteuer 133
Gewinn 170
Gewinn- und Verlustkonto 20
Gewinnbeteiligung 167
Gewinngutschrift 170
Gewinnrest 168
Gewinnrücklage 166, 171, 184

Gewinnverbuchung 167
Gewinnverteilung 168
Gewinnverteilung, der KG 170
Gewinnverteilungs-Konto 172
Gewinnverteilungstabelle 168f.
Gewinnverwendung, Möglichkeiten der 172
Gewinnvortrag 8, 166, 171
Gewinnzuschlag 78
Gewährleistungswagnis 109
Gliederungsschema 176
Gläubigerschutzfunktion 175
GmbH 171
GoB 175
Großhandel 39
Großreparaturen 68
Grundbuch 31f., 36
Grundbuchblatt 32
Grunderwerbsteuer 133
Grundkapital 171, 184
Grundmietzeit 77, 79
Grundstücke 182
GuV 159f.
GuV-Konto 27, 45f., 108
Gutschriften 13, 57, 59

Haben 13
Habenbuchung 13
Habenüberschuß 158
Haftsumme 166, 170
Halb- und Fertigfabrikate 37, 98f.
Halb- und Fertigfabrikate, Lagerbestandsänderungen bei 99
Halbfabrikate 101, 103
Halbjahreszins 140
Handelsbetriebe 39
Handelsbilanz 178f., 182ff.
Handelsgesellschaft, offene 168
Handelsrecht 178
Hauptabschlußübersicht 158f.
Hauptbuch 31, 32, 36
Hauptbuchkonten 32
Haus- und Grundstücksaufwand 134
Herstellkosten 44, 68, 102f., 107, 178
Herstellkosten der fertiggestellten Produkte 103

Stichwortverzeichnis 215

Herstellkosten der verkauften Produkte 103
Herstellkosten, gesamte 100
Herstellung 68, 71
Herstellungsaufwand 68
Herstellungskosten 71, 78, 179f.
Hilfskonto 26
Hilfsstoffe 98
Hilfsstoffverbrauch 99
Höchstwertprinzip 177

IKR 38
Imparitätsprinzip 177
Industriebuchführung, besondere Probleme der 98
Industriekontenrahmen 38f.
Industrieobligationen 138
Informationsfunktion 175
Ingangsetzung, Aufwendungen für die 182
Inventar 1, 7
Inventar, Endbestand laut 101
Inventur 1, 21, 27, 102
Inventurbestand 99
Inventurwert 27, 100
Investmentanteile 138

Jahresabschluß, Veröffentlichung des 178
Jahreserfolg 2
Jahresfehlbetrag 8, 166, 171
Jahresüberschuß 8, 166, 171
Journal 31
Journal, amerikanisches 32, 36
Journalblatt 32

KG, Gewinnverteilung der 170
KG, Komplementär einer 166
Kalkulation 107
Kapital, gezeichnetes 8, 166, 170, 184
Kapital, langfristiges 37
Kapitalanteil 168f., 170
Kapitaleigner, Dividende an 172
Kapitaleinlage 169
Kapitalerhöhungen 22
Kapitalgesellschaften 171
Kapitalherabsetzungen 22

Kapitalkonten 39, 169
Kapitalrücklage 166, 171, 184
Kaufleute 175
Kaufoption 77
Kaufpreis 57, 179
Kirchensteuer 134
Klarheit 176
Kleinstbetriebe 32
Kommanditgesellschaft 169
Kommanditist 169f.
Kommissionsgeschäfte 146, 148
Kommissionsware 148, 152
Kommissionswarenkonto 148
Kommissionswarenkonto, gemischtes 152
Kommissionär 148, 152
Kommissionär, Buchungen des 149f.
Kommittent 148, 152
Kommittent, Buchungen des 149f.
Komplementär 166, 169
Konkurs 84
Konten, gemischte 21, 27, 152
Kontenabschluß 102, 158
Kontenarten 35
Kontenbezeichnung 33, 39
Konteneröffnung 102
Kontengruppen 35
Kontenklasse 35, 39
Kontennummer 33, 35, 39
Kontenplan 35, 176
Kontenrahmen 35, 37, 176
Kontierung 37
Kontierungsstempel 15
Konto 13
Konto, gemischtes 141
Kontoform 7
Kontokarte 32
Kontokorrent 146ff.
Korrekturbuchung 27
Kosten 44, 46, 78, 107
Kosten, kalkulatorische 107f., 110
Kosten, verrechnete kalkulatorische 108
Kostenanteile 79
Kostenarten 37, 39, 107
Kostenkonten 45
Kostenrechnung 107

Kostenstellen 37
Kostenstellenkonten 39
Kostensteuern 133
Kraftfahrzeugsteuer 133
Kunden, Anzahlungen von 68
Kundenskonti 58
Kursdifferenzen 141
Kursgewinne 141
Kursverluste 141
Kurswert 137, 139f.
Kuxe 138
Körperschaftsteuer 134

Lager 98
Lager, Produktion auf 98f.
Lagerabgänge 100
Lagerbestandsänderungen 99
Lagerbestandsbewegung 104
Lagerbestände, Fortschreibung der 104
Lagerkartei 99
Lagerverkäufe, Herstellkosten der 99
Lagerzugänge 100
Lastschrift 13
Leasing 76
Leasing, Finanzierungs- 77, 79
Leasing, operate 77
Leasing-Geber 76ff.
Leasing-Gegenstand 77
Leasing-Gut 79
Leasing-Nehmer 76ff.
Leasing-Rate 77ff.
Leasing-Unternehmung 78
Leasing-Vertrag 76
Leasinggut, Zurechnung des 76
Leistungen 44
Leistungen, sonstige 49
Leistungen, vermögenswirksame 94
Lieferantenskonti 58
Lieferung 80
Lieferung, interne 148
Liquidierbarkeit 8
Liquidität 2
Liquiditätsgründe 138
Lochkarten 34
Lohnbuchungen 93

Lohnscheine 102
Lohnsteuer 93, 134
Lohnsteuertabellen 93
Lohnvorschüsse 93
Löhne 93

Magnetband 34
Marktpreis 180
Maschinen 183
Materialentnahmescheine 102
Materialgemeinkosten 179
Materialkosten 58
Materialverbrauch 98
Maßgeblichkeit, der Handelsbilanz für die Steuerbilanz 178
Mehrbestand 101
Mehrwert 49
Mehrwertbesteuerung 49
Mehrwertsteuer 49, 58, 134
Mehrwertsteuerkorrektur 59, 84, 86
Meta-Abrechnung 147
Meta-Einkauf 147
Meta-Verkauf 147
Metaabrechnungskonto 146
Metaführer 146
Metageschäft 146
Metageschäft und Umsatzsteuer 146
Metawareneinkaufskonto 146
Metawarenverkaufskonto 146
Methode, deduktive 175
Metist 146
Miete, kalkulatorische 110
Mietverhältnis 77
Mietvorauszahlung 126
Minderbestand 101
Mittelherkunft 8
Mittelverwendung 8
Montage 67
MwSt, berechnete 49
MwSt-Berichtigung 88, 119
MwSt-Korrektur 85f.
Mängelrügen 59, 84

Nebenbetriebe 39
Nebenkosten 57, 139
Nennwert 84, 137

Stichwortverzeichnis

Nettoanteil 58
Nettosteuer 49
Nettoverfahren 50, 60
Niederstwertprinzip 177
Niederstwertprinzip, gemildertes 180f.
Niederstwertprinzip, strenges 180f.
Nutzungsdauer 77
Nutzungsdauer, betriebsgewöhnliche 77
Nutzungsdauer, gewöhnliche 70
Nutzungsjahre 69ff.

OHG 168
OHG-Gesellschafter 166
Offene Handelsgesellschaft 168
Operate Leasing 77
Optionsrecht 77

Partizipationsgeschäft 146
Passiva, transitorische 185
Passivierungspflicht 184
Passivkonto 13
Passivseite 8
Passivtausch 9
Passivum, transitorisches 126
Pauschalwertberichtigung 85f.
Pensionsrückstellungen 129, 185
Periodenerfolg 125
Periodenumsätze 103
Personengesellschaft 60
Pfandbriefe 138
Preisnachlässe 57, 59
Privateinlage 22
Privatentnahme 2, 22, 108, 134, 167
Privatkonto 22, 27
Privatsteuern 134
Privatvermögen 168
Produkte, abgesetzte 102
Produkte, Herstellkosten der abgesetzten 100
Produkte, Herstellkosten der fertiggestellten 103
Produkte, Herstellkosten der verkauften 99, 103
Produktion 98

Produktion, auf Lager 99
Produktion, industrielle 98
Prolongation 119
Protest, mangels Zahlung 119
Protestkosten 120
Protestwechsel 120
Provision 120
Prozeßgliederungsprinzip 37
Prozeßrückstellungen 129
Publizitätsgesetz 178

Querschreiben 116

Rabatte 57, 59
Realisationsprinzip 177
Rechnungsabgrenzung 128
Rechnungsabgrenzung, antizipative 126
Rechnungsabgrenzungskonto 126
Rechnungsabgrenzungsposten 125, 184f.
Rechnungsabgrenzungsposten, aktive 126f.
Rechnungsabgrenzungsposten, passive 126f.
Rechnungsabgrenzungsposten, transitorische 126
Rechnungslegung, handelsrechtliche 175
Rechtsformen, Verbuchung des Erfolgs 166
Regreßnehmer 120
Regreßpflichtiger 120
Reinvermögen 2
Remittent 115f.
Reparaturen 68
Reparaturen, Rückstellungen für unterlassene 129
Reserven, Auflösung stiller 167
Reserven, stille 167, 177
Restbuchwert 70f.
Restgewinn 168
Restkaufpreis 79
Restlaufzeit 128
Risiken 176
Risikoprämie 168
Rohgewinn 60

Stichwortverzeichnis

Rohstoffe 98
Rohstoffeinkaufskonto 58
Rohstoffkonto 59
Rohstoffverbrauch 99
Rollgeld 67
Rückgriff 119
Rückgriffssumme 120
Rücklage 8, 137, 171 f.
Rücklage, freie 171
Rücklage, gesetzliche 171
Rücklage, satzungsmäßige 171
Rücklagenbildung 172
Rücksendungen 57, 59
Rückstellung 125, 128, 129, 134, 185
Rückstellungen, Zuführungen zu 128
Rückstellungen, für unterlassene Reparaturen 129
Rückstellungsbildung 128
Rückzahlungsbetrag 128, 177

Schlußbilanzkonto 26
Sachanlagen 8
Sachanlagevermögen 182
Sachanlagevermögen, abnutzbares 183
Sachanlagevermögen, nicht abnutzbares 182
Sacheinlage 167
Sachkonten 31 f.
Sachumlaufvermögen 2
Saldenbilanz 158 f.
Saldenbilanz I 159
Saldenbilanz II 159 f.
Saldenbilanz, endgültige 160
Saldenbilanz, vorläufige 158
Saldieren 13
Saldierungen 176
Saldo 13
Sammelbewertung 1
Schecks, ausländische 141
Schlußbilanz 26 f., 181
Schlußbilanzkonto 26 f.
Schuldwechsel 117
Selbstkosten 45, 107
Service-Rechenzentren 34
Skonti 39, 57

Skontiaufwendungen 58
Skontierträge 58
Skontobetrag 58
Soll 13
Sollbuchung 13
Sollüberschuß 158
Sonderabschreibungen 109
Sondereinzelkosten der Fertigung 179
Sonderzahlungen 79
Sozialkosten 93
Sozialversicherung 93
Sozialversicherung, Arbeitgeberanteil zur 93
Sozialversicherung, Arbeitnehmeranteil zur 93
Sparen, vermögenswirksames des Arbeitnehmers 94
Sparzulage 94
Speicherbuchführung 34
Spekulation 138
Spesen 117
Staffelform 7
Stammanteilseigner 171
Stammdaten 33
Stammkapital 171, 184
Steuerbilanz 178 ff., 180, 182 ff.
Steuerkonten 50
Steuern 133
Steuern, Buchung von 133
Steuern, aktivierungspflichtige 133
Steuerrückstellung 129, 133
Steuersätze 50
Stoffbestände 37
Stoffverbrauch 98 f.
Summenbilanz 158 f.

Tageswert 177
Teilwert 179
Teilwert, niedrigerer 180
Terminals 34
Tilgungsanteil 78 ff.
Transportversicherung 67

USt, Bemessungsgrundlage für die 79
USt, bei Anzahlung 69

Stichwortverzeichnis

USt-Voranmeldung 50
Umbuchungen 158f.
Umlaufvermögen 8, 180, 183
Umlaufvermögen, Wertpapiere des 138
Umsatzerlöse 37, 100f.
Umsatzkostenverfahren 100, 102
Umsatzkostenverfahren, Anwendung des 104
Umsatzkostenverfahren, Buchungen beim 103
Umsatzsteuer 49ff., 134
Umsatzsteuergesetz 49
Umsatzsteuerpflicht auf Diskont und Spesen 117
Umsatzsteuerzahllast 50
Umsätze, steuerpflichtige 49
Unterkonto 22
Unternehmen, publizitätspflichtige 178
Unternehmereigenschaft 146
Unternehmerlohn, kalkulatorischer 108

Verbindlichkeit 37, 78, 152, 185
Verbindlichkeit, sonstige 127, 129, 170
Verbindlichkeiten, sonstige 127f.
Verbrauchskostenkonten 99
Verbrauchsteuern 133
Verfalltag 115, 118
Verfügungsbetrag 128, 177
Verfügungsmacht, wirtschaftliche 76
Vergleichsverfahren 84
Verkaufserlös 71, 140
Verkaufserlöse 60, 99
Verkaufskommission 146, 148
Verkaufskommission, Buchungen bei der 150
Verkaufskosten 139f.
Verkaufspreise 21
Verkaufstag, Kurswert am 140
Verlust 170
Verlustanteil 167
Verlustbeteiligung 167
Verluste, wahrscheinliche 84
Verlustverteilung 168

Verlustvortrag 8, 166, 171
Verlustvortragskonto 172
Verlängerungsoption 77, 79
Verlängerungsraten 79
Vermögen 2
Vermögensart 180
Vermögensgegenstand 1
Vermögensteuer 133f.
Verpackungen 57
Vertreterprovision 57
Vertriebsgemeinkosten 100, 179
Vertriebskosten 57, 103
Vertriebskostenkonten 57
Verwaltungs- und Vertriebskosten 100, 103
Verwaltungsgemeinkosten 100, 179
Verwaltungskosten 103
Verzugszinsen 120
Vollhafter 169
Vollständigkeit, Grundsatz der 176
Vorbesitzer, anteiliger Zins für 140
Vorgänge, antizipative 125
Vorgänge, transitorische 125
Vorkonto 45
Vormänner 120
Vorratsvermögen, Bewertungsvereinfachung beim 184
Vorräte 8
Vorschriften, steuerliche 178
Vorschüsse 93
Vorsicht, kaufmännische 176
Vorstand, Tantieme für 172
Vorsteuer 49f., 60, 134

Wagnisse, kalkulatorische 109f.
Wagnisverluste 110
Ware in Kommission 148
Wareneinkaufskonten 22, 39, 57
Wareneinsatz 60
Warenentnahme 57, 60, 93
Warengewinn 60
Warenkonten 59f.
Warenkonten, Bruttoabschluß der 60
Warenkonten, Nettoabschluß der 57, 60

Warenkonten, geteilte 60
Warenkonto, gemischtes 22
Warenverkauf 59
Warenverkaufskonto 22
Warenwechsel 117
Wechsel 115, 141
Wechsel, Verwendung des 118
Wechselbesitzer 120
Wechseleinreicher 118
Wechselformular 116
Wechselgesetz 116f.
Wechselkurse 141
Wechselnehmer 116
Wechselobligo 120
Wechselprolongation 119
Wechselprotest 119
Wechselschuld 117
Wechselspesen 118
Wechselsteuer 117, 133
Wechselsteuermarke 116
Wechselsumme 117
Wechselverkehr, Buchungen beim 115
Weitergabevermerk 117
Wert, beizulegender 180
Wert, wahrscheinlicher 84
Wertansätze 176
Wertbegriffe 179
Wertberichtigung 71
Wertberichtigungskonto 70f.
Wertminderung 180
Wertminderung, dauernde 182
Wertminderung, vorübergehende 182
Wertpapier 115, 141
Wertpapierbestandskonten 137
Wertpapierbuchungen 137
Wertpapiergeschäfte 137

Wertpapierkonto, gemischtes 137, 141
Wertpapierkonto, geteiltes 141
Wertpapierverkäufe, zum Anschaffungswert 139
Wertschöpfung 49
Wertverzehr 69
Wertzusammenhang, eingeschränkter 180f.
Wertzusammenhang, uneingeschränkter 181
Wertzuschreibung 180
Wiederbeschaffungswert 109
Wirtschaftsgüter 179
Wirtschaftsgüter, geringwertige 71
Wirtschaftsgüter, immaterielle 182
Währung, ausländische 141

Zahlungsabzüge 179
Zahlungseingang 85, 87
Zahlungsfrist, Verlängerung der 119
Zahlungsmittel 117f.
Zahlungsverzug 84
Zins, anteiliger für Vorbesitzer 140f.
Zinsanteile 79
Zinsen 78, 137
Zinsen, kalkulatorische 109f.
Zinspapiere 137f.
Zinspapiere, Kauf von 140
Zinspapiere, Verkauf von 140
Zinsteil 80
Zinstermin 140
Zusatzkosten 107
Zuzahlungen 184
Zwangsvollstreckung 84
Zwischenabschlüsse 33

Angaben zum Autor

Prof. Dr. Michael Heinhold, Steuerberater, geboren am 6. 12. 1946 in München, Studium der Betriebswirtschaftslehre an der Ludwig-Maximilians-Universität München, 1972 Diplomkaufmann, 1974 Promotion zum Dr. oec. mit einer Dissertation über Standortprobleme im öffentlichen Bereich. 1974 bis 1978 zunächst wissenschaftlicher Assistent, dann Akademischer Rat am Lehrstuhl für Allgemeine und Industrielle Betriebswirtschaftslehre der Technischen Universität München (Leiter: Prof. Dr. K. F. Bussmann). 1978 Habilitation mit einer Arbeit über betriebliche Steuerplanung und Ernennung zum Privatdozent. 1978 Berufung auf eine außerordentliche Professur an die Universität Konstanz. 1979 bis 1983 Ordinarius für Betriebswirtschaftliche Steuerlehre an der Universität Bamberg. Seit 1983 Ordinarius für Betriebswirtschaftliche Steuerlehre an der Wirtschaftsuniversität Wien. Steuerberater seit 1979.

Schwerpunkte seiner Tätigkeit: Betriebswirtschaftliche Steuerlehre, insbesondere Steuerplanung mit quantitativen Methoden, Allgemeine Betriebswirtschaftslehre, insbesondere Bilanzierung, Investition und Finanzierung.

Einige Buchveröffentlichungen: Betriebswirtschaftliche Steuerlehre, München 1976, Betriebliche Steuerplanung mit quantitativen Methoden, München 1979, Fachwissen Wirtschaft-Buchführung, Stuttgart 1980, Arbeitsbuch zur Investitionsrechnung, München 1980, Grundlagen der Steuerlehre in Fallbeispielen, Stuttgart 1982, Quantitative Untersuchungen zum deutschen Einkommensteuertarif, München 1983.

SAMMLUNG POESCHEL

*Das wissenschaftliche Taschenbuch für
Allgemeine und Spezielle Betriebswirtschaftslehre*

Betriebswirtschaftliche Grundlagen

- P 50 Bellinger *Geschichte der Betriebswirtschaftslehre*
- P 89 Bussmann *Kaufmännisches Rechnen und Finanzmathematik, 4. Auflage*
- P 22 Castan *Typologie der Betriebe*
- P 92 Chmielewicz *Forschungskonzeptionen der Wirtschaftswissenschaft, 2. Auflage*
- P 41 Hampe *Statistik für Betriebswirte I, 2. Auflage*
- P 59 Hampe *Statistik für Betriebswirte II, 2. Auflage*
- P 23 Hartmann *Preisbildung und Preispolitik*
- P 83 Hörschgen *Grundbegriffe der Betriebswirtschaftslehre I/II*
- P 30 Kern *Operations Research, 5. Auflage*
- P 81 Kern *Grundzüge der Investitionsrechnung*
- P 76 Koberstein *Statistik in Bildern*
- P 61 Mertens *Simulation, 2. Auflage*
- P 82 Meyer *Betriebliche Kennzahlen und Kennzahlen-Systeme*
- P 52 Philipp *Risiko und Risikopolitik*
- P 70 Seyffert *Über Begriff, Aufgaben und Entwicklung der Betriebswirtschaftslehre, 6. Auflage*
- P 84 Weber/Kolb *Einführung in das Studium der Betriebswirtschaftslehre*

Bankwesen/Finanzierung

- P 75 Büschgen *Grundriß der Bankbetriebslehre*
- P 29 Hahn *Geld- und Devisenhandel*
- P 37 Hartmann *Kreditprüfung und Kreditüberwachung*
- P 110 Hielscher/Dorn/Lampe *Innovationsfinanzierung mittelständischer Unternehmungen*
- P 58 Krasensky *Kurzgefaßte Bankgeschichte*
- P 9 Runge *Der Bankbetrieb, 2. Auflage*
- P 40 Sandig *Finanzierung mit Fremdkapital, 2. Auflage*
- P 55 Sandig/Köhler *Finanzen und Finanzierung der Unternehmung, 3. Auflage*
- P 14 Seischab/Junge *Effekten-Materialienbuch*

Marketing/Absatzwirtschaft

- P 86 Bauer *Markt-Segmentierung*
- P 45 Behrens *Kurze Einführung in die Handelsbetriebslehre, 2. Auflage*
- P 73 Hansen/Leitherer *Produktpolitik, 2. Auflage*
  Titel der 1. Auflage: *Produktgestaltung*
- P 71 Ihde *Logistik*
- P 98 Kirsch/Kutschker/Lutschewitz *Ansätze und Entwicklungstendenzen im Investitionsgütermarketing, 2. Auflage*
- P 34 Leitherer *Absatzlehre, 3. Auflage*
- P 47 Leitherer *Werbelehre, 2. Auflage*
- P 106 Meissner *Außenhandels-Marketing*
- P 64 Meissner *Außenwirtschaft*
- P 97 Raffée *Marketing und Umwelt*
- P 108 Zentes *Grundbegriffe des Marketing*

Beschaffung

- P 96 Grochla/Schönbohm *Beschaffung in der Unternehmung*

Organisation/Personalwesen/Management

- P 80 Berthel *Betriebliche Informationssysteme*
- P 105 Gebert *Belastung und Beanspruchung in Organisationen*
- P 93 Grochla *Einführung in die Organisationstheorie*
- P 100 Grochla *Grundlagen der organisatorischen Gestaltung*
- P 101 Hentze *Arbeitsbewertung und Personalbeurteilung*
- P 56 Kluth *Soziologie der Großbetriebe, 3. Auflage*
- P 7 Kolbinger *Das betriebliche Personalwesen I, 2. Auflage*
- P 18 Kolbinger *Das betriebliche Personalwesen II, 2. Auflage*
- P 78 Kubicek *Empirische Organisationsforschung*
- P 3 Nordsieck *Betriebsorganisation, 4. Auflage*
- P 88 Steinle *Führung*
- P 95 v. Rosenstiel *Grundlagen der Organisationspsychologie*
- P 113 Schiemenz *Betriebskybernetik*
- P 79 W. Weber *Personalplanung*
- P 85 Wente *Angewandte Informatik in der Betriebswirtschaft*

Produktionswirtschaft

- P 90 Backhaus *Fertigungsprogrammplanung*
- P 111 Ellinger/Haupt *Produktions- und Kostentheorie*
- P 5 Kern *Industrielle Produktionswirtschaft, 3. Auflage*

Planung

- P 46 Hill *Unternehmungsplanung, 2. Auflage*
- P 77 Szyperski/Winand *Entscheidungstheorie*
- P 91 Szyperski/Winand *Grundbegriffe der Unternehmungsplanung*

Rechnungswesen/Jahresabschluß/Steuern

- P 74 Hartmann *Bilanzen*
- P 63 Heigl/Uecker *Die aktienrechtliche Prüfung*
- P 94 Heinhold *Buchführung in Fallbeispielen, 2. Auflage*
- P 103
  P 104 Heinhold *Grundlagen der Steuerlehre in Fallbeispielen*
- P 31 Schönfeld *Grundlagen des Rechnungswesens, 2. Auflage*
- P 66 Schönfeld *Kostenrechnung I, 7. Auflage*
- P 67 Schönfeld *Kostenrechnung II, 7. Auflage*
- P 68 Schönfeld *Kostenrechnung III, 7. Auflage*
- P 66–68 Schönfeld *Kostenrechnung I–III* (Sonderausgabe der 7. Auflage)
- P 28 Schwarz *Konzernrechnungswesen*
- P 44 Vormbaum *Kalkulationsarten und Kalkulationsverfahren, 4. Auflage*
- P 87 H. K. Weber *Wertschöpfungsrechnung*
- P 38 v. Wysocki *Kameralistisches Rechnungswesen*

Recht

- P 119 Lehmann *Bürgerliches Recht und Handelsrecht – eine juristische und ökonomische Analyse*

Wirtschaft, alllgemein

- P 115 Poser *Wirtschaftspolitik*

Fachliteratur zu Rechnungswesen/Jahresabschluß/Steuern

Adler/Düring/Schmaltz
Rechnungslegung und Prüfung der Aktiengesellschaft
Handkommentar
4. Auflage, völlig neu bearbeitet von Prof. Dr. Kurt Schmaltz, Prof. Dr. Karl-Heinz Forster, Dr. Reinhard Goerdeler und Dipl.- Kfm. Hans Havermann.
Band 1: Rechnungslegung §§ 148–160, 311–313 AktG 1965, § 14 EG
1968. VIII, 1089 Seiten, 204*
(AktG 1965, EG zum AktG 1965). Ln.
Band 2: Prüfung/Feststellung/Rechtsbehelfe §§ 161–178, 256–261 AktG 1965
1971. VIII, 844 Seiten. Ln.
Gesamtpreis
Die Bände 1 und 2 werden nur zusammen abgegeben.
Band 3: Rechnungslegung im Konzern §§ 329–338 AktG 1965 mit Exkursen zum Publizitätsgesetz
1972. VIII, 465 Seiten, 20* (Publizitätsgesetz). Ln.

Hans E. Büschgen (Hrsg.)
Handwörterbuch der Finanzwirtschaft (HWF)
Ungekürzte Studienausgabe 1982.
1976. XXIV, 1990 Spalten. Kart.
Enzyklopädie der Betriebswirtschaftslehre (EdBWL), Band VI.

Walther Busse von Colbe/ Gert Laßmann (Hrsg.)
Zum Vorentwurf eines Bilanzrichtlinie-Gesetzes gemäß 4. EG-Richtlinie
Stellungnahmen
auf dem Betriebswirtschaftertag 1980
1981. VIII, 97 Seiten. Kart.
Berichte aus der Arbeit der Schmalenbach-Gesellschaft – Deutsche Gesellschaft für Betriebswirtschaft e.V.

Karl Ferdinand Bussmann
Industrielles Rechnungswesen
2., neu bearbeitete Auflage 1979.
X, 219 Seiten. Geb.

Karl Ferdinand Bussmann
Kaufmännisches Rechnen und Finanzmathematik
4., neu bearbeitete und erweiterte Auflage 1980. 326 Seiten. Kart.
Sammlung Poeschel, Band 89.

Klaus Chmielewicz (Hrsg.)
Entwicklungslinien der Kosten- und Erlösrechnung
Kommission Rechnungswesen im Verband der Hochschullehrer für Betriebswirtschaft e.V.
1983. VIII, 232 Seiten. Geb.

Adolf G. Coenenberg/Klaus v. Wysocki (Hrsg.)
Handwörterbuch der Revision (HWRev)
1983. LXVIII, 1922 Spalten. Ln.
Enzyklopädie der Betriebswirtschaftslehre (EdBWL), Band VIII.

Ulrich Döring
Kostensteuern
Der Einfluß von Steuern auf kurzfristige Produktions- und Absatzentscheidungen
Ca. 240 Seiten.
Ln.
Betriebswirtschaftliche Abhandlungen, Band 60.
Erscheint voraussichtlich September 1984.

Eduard Gaugler/Otto H. Jacobs/ Alfred Kieser (Hrsg.)
Strategische Unternehmensführung und Rechnungslegung
1984. VIII, 239 Seiten. Geb.

Jürgen Guth/Rainer Ling
Abgabenordnung
Ein Fachbuch mit Fallbeispielen
Teil I: Zuständigkeiten, Steuergeheimnis, Lehre vom Steuerverwaltungsakt, Erhebungsverfahren
2., unveränderte Auflage 1983.
XXII, 280 Seiten. Kart.
Teil II: Die Korrekturen von Steuerverwaltungsakten
1984. XXII, 245 Seiten. Kart.
Teil III: Steuerrechtliche Haftung
2., unveränderte Auflage 1983.
XVI, 88 Seiten. Kart.
Teil IV: Das außergerichtliche Rechtsbehelfsverfahren: In Vorbereitung.

Winfried Hamel
Bilanzierung unter Mitbestimmungseinfluß
1982. XIV, 312 Seiten, mit 2 Falttafeln.
Kart.   Geb.
Betriebswirtschaftliche Abhandlungen, Band 57.

Fortsetzung auf der nächsten Seite . . .

Michael Heinhold
Buchführung in Fallbeispielen
2. Auflage 1984. Ca. 240 Seiten.
Kart.
Sammlung Poeschel, Band 94.

Michael Heinhold unter Mitarbeit von Peter Storz
Grundlagen der Steuerlehre in Fallbeispielen
1982. XVI, 434 Seiten. Kart.
Sammlung Poeschel, Band 103/104.

Otto H. Jacobs/Ulrich Schreiber
Betriebliche Kapital- und Substanzerhaltung in Zeiten steigender Preise
1979. VIII, 225 Seiten. Geb.

Karl Käfer/Paul Weilenmann
Kapitalflußrechnungen
2. Auflage 1984. LX, 420 Seiten. Geb.
(Co-Produktion mit dem SKV, Zürich)

Erich Kosiol/Klaus Chmielewicz/
Marcell Schweitzer (Hrsg.)
**Handwörterbuch des
Rechnungswesens (HWR)**
2., völlig neu gestaltete Auflage 1981.
XLVIII, 2064 Spalten. Ln.
Enzyklopädie der Betriebswirtschaftslehre
(EdBWL), Band III.
Erich Kosiol (Hrsg.)
Ungekürzte Sonderausgabe der 1. Auflage 1970
1984. VIII, 2032 Spalten und 72 Seiten
Register. Geb.

Ulrich Leffson
Bilanzanalyse
3., verbesserte Auflage 1984.
1984. XVI, 214 Seiten. Geb.

Wolfgang Männel
Die Wahl zwischen Eigenfertigung und Fremdbezug
Theoretische Grundlagen – Praktische Fälle
2., überarbeitete und erweiterte Auflage
1981. XVI, 406 Seiten. Geb.

Alexander Paufler
Die Steuerhinterziehung
Eine betriebswirtschaftliche Systematik der
Methoden im Bereich der Gewinnsteuern und ein
EDV-System zur Aufdeckung und Bekämpfung
der Steuerhinterziehung
1983. XIV, 324 Seiten. Kart.

Erwin Pougin
Ertragsteuerbilanz
1981. XII, 179 Seiten. Geb.

Hans Schedlbauer
Sonderprüfungen
Ca. 300 Seiten. Geb.
Erscheint voraussichtlich September 1984.

Günter Sieben/Bernhard Zapf (Hrsg.)
Unternehmensbewertung als Grundlage unternehmerischer Entscheidungen
Bericht des Arbeitskreises „Unternehmensbewertung im Rahmen der unternehmerischen Zielsetzung"
1981. VIII, 99 Seiten. Kart.
Berichte aus der Arbeit der Schmalenbach-
Gesellschaft – Deutsche Gesellschaft
für Betriebswirtschaft e.V.

Helmut Kurt Weber
**Rentabilität, Produktivität,
Liquidität der Unternehmung**
Bedeutung – Ermittlung – Aussagewert
1983. X, 161 Seiten. Kart.

Helmut Kurt Weber
Wertschöpfungsrechnung
1980. VIII, 92 Seiten. Kart.
Sammlung Poeschel, Band 87.

Schriften der Bundesfinanzakademie
Hrsg. von Dr. Günter Jürgens, Leiter der
Bundesfinanzakademie Siegburg

Werner Klein/Friedhelm Nohl/Hans Zschiegner/
Klaus-Günter Klein
**Konzernrechnungslegung
und Konzernverrechnungspreise**
1983. XXII, 345 Seiten. Kart.

Siegfried Schröder
Die steuerliche Betriebsprüfung bei der Revision EDV-gestützter Buchführungssysteme
1983. XIV, 135 Seiten. Kart.

Wichtiges Informationsorgan für Forschung,
Lehre und Wirtschaftspraxis: Fachzeitschrift
„Die Betriebswirtschaft (DBW)".

Bitte ausführliches Prospektmaterial und
Probeheft der Fachzeitschrift DBW anfordern.

Stand: 6/84.

**Der Verlag
im Dienste der Wirtschaft
C. E. Poeschel
Stuttgart**
Postfach 529 · 7000 Stuttgart 1